Gedichte im Unterricht

Grundschule und Orientierungsstufe

Von

Heinz-Jürgen und Ursula Kliewer

Schneider Verlag Hohengehren GmbH

Umschlagsidee und Zeichnung: Ursula Kliewer

Gedruckt auf umweltfreundlichem Papier (chlor- und säurefrei hergestellt).

Die Deutsche Bibliothek – CIP-Einheitsaufnahme

Ein Titeldatensatz für diese Publikation ist bei
Der Deutschen Bibliothek erhältlich

ISBN 3-89676-596-5 (Lehrerband)

ISBN 3-89676-595-7 (Schülerband)

ISBN 3-89676-597-3 (Lehrer- und Schülerband)

Inhaltsverzeichnis

VII. »Kunstfiguren«

VIII. Wie entstehen Gedichte?

IX. Gedichte erzählen Geschichten

X. In Gedichten steckt eine Lehre

XI. Über Gedichte kann man lachen

XII. Von seltsamen Leuten

XIII. Traumbilder – Phantastische Vorstellungen

XIV. Märchenhafte Gedichte

XV. Stimmungen im Gedicht

XVI. Gedichte zum Nachdenken

XX. Gedichte kann man unterschiedlich verstehen

XXI. Gedichte nur für Erwachsene?

XXII. Sein eigenes Gedicht entdecken

Bernd Lunghard

Gedichtbehandlung

Heut haben wir ein Gedicht durchgenommen.
Zuerst hat's der Lehrer vorgelesen,
da ist es noch sehr schön gewesen.

Dann sind fünf Schüler drangekommen,
die mussten es auch alle lesen;
das war recht langweilig gewesen.

Dann mussten drei Schüler es nacherzählen –
für eine Note; sie hatten noch keine,
da verlor das Gedicht schon Arme und Beine.

Dann wurde es ganz auseinander genommen
und jeder Vers wurde einzeln besprochen.
Das hat dem Gedicht das Genick gebrochen.

»Warum tat der Dichter dies Wort wohl wählen?
Warum benutzte er jenes nicht?«
Und schließlich: »Was lehrt uns dieses Gedicht?«

Dann mussten wir in unsre Hefte eintragen:
Das Gedicht ist ab Montag aufzusagen.
Die ersten Fünf kommen Montag dran.

Mich hat das zwar nicht weiter gestört;
ich hab das Gedicht so oft heut gehört,
dass ich es jetzt schon auswendig kann.

Aber viele machten lange Gesichter
und schimpften auf das Gedicht und den Dichter.
Dabei war das Gedicht zunächst doch sehr schön.

So haben wir oft schon Gedichte behandelt.
So haben wir oft schon Gedichte verschandelt.
So sollen wir lernen, sie zu verstehn.

Einleitung

Es ist kaum noch möglich, über Gedichte im Unterricht zu sprechen, ohne dass man in die durch die Tradition belasteten Begriffe tritt wie in zähflüssigen Honig. Ob sie nun „durchgenommen" werden oder „behandelt", als sei der Lehrer ein Arzt, der dem armen Kranken wieder Leben einhauchen will, ob er sie (durch Handauflegen) „besprechen" will oder eher einer Analyse unterziehen, ob er sie als Medium benutzen will, um die Seele des Kindes zu streicheln oder gegen die Zwänge des Alltags zu immunisieren, immer kann ihm Missbrauch vorgeworfen werden, immer scheint die jeweils aktuelle didaktische Konzeption die beste.

● Entwicklung der Didaktik der Kinderlyrik

Als 1974 mein Buch unter dem Titel *Das Gedicht in der Grundschule* erscheinen sollte, musste es stattdessen seine Grundthese plakativ im Titel vorzeigen und hieß *Elemente und Formen der Lyrik. Ein Curriculum für die Primarstufe.* Wilhelm Steffens, der im übrigen ähnliche Ziele verfolgte wie ich, hatte ihn 1973 dem Lehrerkommentar zu seiner Gedichtanthologie *Klang Reim Rhythmus* (1972) gegeben. Die Anordnung der Texte in „Inhaltsblöcken" folgte nicht den traditionellen thematischen Inhalten: Tages- und Jahreszeiten, Tiere, Freundschaft u. ä., sondern „übergreifenden Strukturmomenten"; ähnlich war auch, dass die didaktische Konzeption wie in den *Elementen* an einem konkreten Textkorpus demonstriert wurde.

Sich nach fast dreißig Jahren wieder dem Thema *Gedichte im Unterricht* zuzuwenden, um einen möglichst neutralen Titel zu wählen, gibt die Möglichkeit, sich Gesichtspunkte des Wandels zu vergegenwärtigen. *Elemente und Formen der Lyrik* folgte einem schlüssigen Konzept, das sich an strukturalistischen Verfahren der Literaturwissenschaft orientierte mit der didaktischen Begründung, dass emotionale Wirkungen von Texten rationale Ursachen haben, die von Kindern erkannt werden müssen, um ihnen nicht manipulativ ausgesetzt zu sein. Auf der Basis der Poetologie Wolfgang Kaysers etwa oder von Walther Killys *Elemente der Lyrik* (2. Auflage 1972) wurden Unterrichtsreihen entwickelt zu den Bereichen Klang, Äußerer Aufbau, Rhythmus, das lyrische Bild (Personifikation, Vergleich, Sinnbild), Innerer Aufbau, Erzählende Gedichte, Lehrhafte Gedichte, ergänzt um eine Reihe „Stimmungen im Gedicht" sowie Vergleich „Themengleicher Gedichte". Lautmalerei und Aufbau sind Darstellungsmittel, die verschiedenen Schichten eines Gedichts angehören, wenn man dem Systematisierungsversuch Kaysers folgt. Sich überlagernd und durchdringend konstituieren äußerer Aufbau, Schicht des Rhythmus, des Klanges und der Bedeutung das Gedicht. Der Analyse des ersten Bereichs dienen Grundbegriffe des Verses, der des letzten die rhetorischen Figuren wie Bild, Vergleich, Metapher u. a. Die ersten drei Schichten können als eine Auseinanderfaltung der Lautschicht betrachtet werden, die Ingarden in seiner Theorie als Fundament für die Schicht der Bedeutung und die Schicht der dargestellten Gegenständlichkeit gesetzt hatte (Ingarden 1931). Soweit die beiden Systeme überhaupt vergleichbar sind, entsprächen der dritten etwa die Grundbegriffe des Inhalts (Kayser) wie Stoff, Motiv, Thema. Braak schließlich nennt die Schicht der Bedeutung „Stilform" und die Lautschicht „Schallform" (Braak 1964).

Alle diese Ansätze der Elementarisierung und Systematisierung liefern notwendige Kriterien beim Interpretieren. Sie sind Hilfen beim Erkennen von sprachlichen Mitteln, deren Funktion und Wirkung. Der äußere Aufbau des Gedichts wird bestimmt durch Zeile und Strophe, Reim und Reimstellung. Besonderer Hinweise bedarf der Zeilensprung, der Kehrreim, das auch in der neueren Kinderlyrik immer häufigere reimlose Gedicht, zuweilen in freien Rhythmen verfasst, verschiedene Arten der Wiederholung durch Ketten- und Reihenbildung. Die Schicht des Rhythmus ist ohne Begriffe wie Hebung und Senkung, Takt, Taktarten nicht fassbar. Die Schicht des Klanges kann am besten verdeutlicht werden, wo die klanglichen Qualitäten der Sprache potenziert werden: in der Lautmalerei und in nonsense-artigen Klangspielen. Die Schicht der Bedeutung überschreitet den optisch, akustisch und motorisch wahrnehmbaren Sektor und fordert zu ihrer Erschließung gleichermaßen emotionale wie rationale Fähigkeiten. Über Personifikation und Vergleich führt der Weg zum Symbol. Freilich ist in der Kinderlyrik das Gestaltungselement der zeichenhaften Verdichtung nicht so häufig anzutreffen wie im allgemeinen in der Lyrik. Auch das Vermeiden sprachlicher Redundanz, das anspruchsvollere Lyrik auszeichnet, ist für das Kindergedicht nicht unbedingt zwingend. Information und narrative Elemente gehören durchaus zu diesem Bereich der Lyrik wie das Prinzip der Einfachheit. Am Beispiel der Antithese lässt sich der innere Aufbau des Gedichts demonstrieren; in der semantischen Ebene liegen Komik und Nonsense, die zu bemerken relativ einfach ist, zu beschreiben und analysieren jedoch große Anforderungen an das sprachliche Ausdrucksvermögen stellen. Noch deutlicher erscheint dieser Anspruch, wenn es darum geht, Stimmungsqualitäten zu erkennen oder Reflexionen, die schon in den existentiellen oder philosophischen Bereich gehen, nachzuvollziehen.

Diese Kriterien fügen sich zu einem Instrumentarium, mit dessen Hilfe es möglich ist, sich Texten nicht nur zu nähern in einer emotional identifizierenden Weise, sondern auch rational beschreibend und verstehend. Von wem werden diese Fähigkeiten verlangt? Nun – zunächst von denen, die Kindern, Schülern und Schülerinnen diese Gedichte erschließen helfen, den Lehrenden. Sie sollten immer mehr wissen als das, was in einem Unterricht davon zur Sprache kommt. Ihre Kompetenz wird sie befähigen, Unterrichtsprozesse offener und unbeschwerter zu verfolgen, halb geahnte, vielleicht unfertig formulierte Einfälle von SchülerInnen aufzunehmen und zu einer wichtigen Einsicht für andere werden zu lassen.

Aus diesem Grunde wurden alle Interpretationen nicht abgelöst von den eigentlichen RezipientInnen betrachtet, sondern immer auch im Blick auf die Möglichkeiten, die die betreffenden Texte für das Verständnis und die Welterschließung von Kindern anbieten. Diese Überlegungen beginnen schon bei der Auswahl und der Entscheidung für ein Gedicht, das in einer bestimmten Altersstufe, in einer bestimmten Lerngruppe, vielleicht in einer besonderen Situation im Mittelpunkt des Unterrichts stehen kann. Wie viel von seinem Gehalt lässt sich weitergeben, wie viel von dem, was Lehrer oder Lehrerin selbst über dieses Gedicht erfahren haben oder auch wie viel Freude an dem Text lässt sich vermitteln? Davon auszugehen, dass Kinder Gedichte lieben, wie Unterrichtsmodelle es immer wieder vorgaukeln, entzieht einem reflektierten Lehr- und Lernprozess jede Basis. Die Trennung von Literaturwissenschaft und Fachdidaktik in der Ausbildung ist das eine Problem, das andere die literarische Abstinenz vieler Studierender der Germanistik; speziell Gedichtstunden lassen sich im Praktikum kaum an den Mann, auch nicht an die im Fach vorherrschende Frau bringen.

Das entscheidende Novum der *Elemente und Formen* lag darin, dass der konsequente, vielleicht zu rigide curriculare Aufbau, also die Stufung jeder Reihe nach Schwierigkeitsgraden und Schuljahren, die Beobachtung eines Lernfortschritts ermöglichte. Was heute leider nicht mehr selbstverständlich ist: die Grundlage eines effektiven Unterrichts ist die gründliche Vorbereitung, d.h. Sachanalyse des Lehrgegenstands, das gilt auch für Kindergedichte und für Gedichte, die man Kindern vermitteln will. Deshalb findet sich als Voraussetzung der didaktischen Überlegungen und der methodischen Anregungen für jeden einzelnen Text eine Textanalyse. An diesem Fundament wird festgehalten (einige Interpretationen werden aus den *Elementen und Formen* übernommen) sowie an der Gliederung des Bandes nach offenen Unterrichtsreihen, wenn auch aus heutiger Sicht die einseitige Konzentration auf die formalen Aspekte der Texte für ein didaktisches Konzept nicht mehr tragfähig ist und die starre Zuordnung auf Schuljahre als Gängelung empfunden wird. Es sei jedoch daran erinnert, dass die produktionsorientierte Literaturdidaktik sich u. a. auf Günter Waldmann beruft, dessen *Produktiver Umgang mit Lyrik* (1988, 1998) sich im Untertitel als „systematische Einführung in die Lyrik" zu erkennen gibt, was gern übersehen wird, wo man allein das methodische Verfahren übernimmt. Die Gratwanderung zwischen Lernzielorientierung, Textorientierung auf der einen Seite und Beachtung der Schülerinteressen und damit besonders leserorientierten Analyseverfahren auf der andern muss jeder neu beginnen, der nicht die Ansprüche der Kunst dem Unterhaltungs- und Therapiebedürfnis der Fun-Generation opfern will. Auch wenn die hundertste Fassung von *ottos mops* den Kindern Spaß macht, hat das nichts mit Kreativität zu tun. Das gute Konzept darf nicht zum „reproduktiven" Umgang mit Texten verkommen. Das Entscheidende am Jandl-Gedicht ist die Idee, der Einfall, und der lässt sich nicht wiederholen.

Einen konsequenten Weg des entschulten Umgangs mit Gedichten scheint Ute Andresen zu gehen, wenn sie in *Versteh mich nicht so schnell. Gedichte lesen mit Kindern* (1992) und in verschiedenen Aufsätzen grundsätzlich gegen die Didaktikerzunft polemisiert. Natürlich kann man jeder curricularen Überlegung den Vorwurf machen, sie instrumentalisiere die Poesie. Es ist das Dilemma der Schule, dass sie auch bei der Vermittlung von Gedichten nach dem Warum und Wozu des Lernens fragt; man kann ihm nicht entgehen, indem man mit literarisch sensibilisierten Kindern in der Kleingruppe Gespräche führt und das Verfahren dem Alltag unserer Schulen empfiehlt.

● **Wandel des Kanons**

Während die Prosatexte der Lesebücher weitgehend aus der Erwachsenenliteratur stammten (Märchen, Sagen, Fabeln und Legenden, Schwänke) und die Kinderliteratur erst in den letzten Jahren Aufnahme fand, kamen die Gedichte bis in die Mitte der 60er Jahre fast ausschließlich aus dem Fundus der Kinderlyrik des 19. und der ersten Hälfte des 20. Jahrhunderts. Vergleicht man die klassische Anthologie *Sonniges Jugendland* von Paul Faulbaum, die zwischen 1922 und 1979 fünfzehn Auflagen erlebte und den Kanon bestimmte, mit den Lesebüchern der neuen Generation in der Folge von Klaus Gerths *Lesebuch 65*, dann wird der Paradigmenwechsel ganz deutlich: statt der Kinderreime, statt Friedrich Güll und Hoffmann von Fallersleben, statt Trojan, Holst und Paula Dehmel, statt eines obligatorischen Goethe-Gedichts, einem Text von Claudius oder Mörike, finden wir nun neben der neuen Kinderlyrik, für die stellvertretend Krüss und Guggenmos stehen, auch Heine und Eichendorff, Goes und Britting. Folgt man der Chronologie, dann muss an dieser Stelle zunächst eine Anthologie genannt werden, die 1978 im Kinderbuchverlag Berlin erschien. Edith George fand für ihre Anthologie *Was sieht die Ringeltaube?* (1978) „viele der Gedichte in Büchern, die für erwachsene Leser herausgegeben wurden". Die Situation war freilich in der DDR insofern eine andere, als fast kein Autor nicht auch für Kinder und Jugendliche geschrieben hat. Den nächsten westdeutschen Schritt in Richtung Öffnung des Kanons ging, wenn zunächst auch erst außerhalb der Schule, Uwe-Michael Gutzschhahn mit seinem Dutzend Bände *RTB Gedichte*. Für den Ravensburger Taschenbuch Verlag wählte er 1988 bis 1991 aus, was er bei den „großen" Lyrikern Kunert und Fried, Grass und Pastior für Kinder Geeignetes fand, wenn er auch in einem Gespräch mit Hans-Joachim Gelberg (1990) die untere Grenze bei den Zehnjährigen ansetzte. Ebenfalls bei Otto Maier Ravensburg folgte 1991 Ute Andresens Anthologie, die schon im Titel *Im Mondlicht wächst das Gras*, dem Gedicht *Abend im März* von Günter Eich entnommen, den literarischen Anspruch signalisierte. Mit ihrem Untertitel „Gedichte für Kinder und alle im Haus" versucht sie sich ebenso wie Gelberg in seiner jüngsten Anthologie *Großer Ozean* (2000), der „Gedichte für alle" bieten möchte, dem Einwand zu entziehen, die ausgewählten Texte seien zu schwierig für die Kinder. Auch für Edmund Jacoby mit *Dunkel war's, der Mond schien helle* (1999) scheinen zwischen *Ilse Bilse/niemand will se* und *Wanderers Nachtlied* nicht Welten zu liegen. Die Illustrationen von Rotraut Susanne Berner weisen das Buch eindeutig als Kinderbuch aus, aber vielleicht folgt der Herausgeber der Devise: besser *Weltende* von Jakob van Hoddis wird von Kindern oder den vorlesenden Eltern gelesen als überhaupt nicht.

Es kann davon ausgegangen werden, dass die Anthologien weiterhin zum Steinbruch neuer Lesebücher werden. Zumal die Bände von Gelberg konnten als Seismograph für die Entwicklung der Kinderlyrik, der für Kinder geschriebenen Lyrik gelten, sowohl *Die Stadt der Kinder* (1969)

als auch *Überall und neben dir* (1986). Man mag darüber rätseln, warum
Großer Ozean nicht mehr fast ausschließlich Erstveröffentlichungen ent-
hält, sondern Gelberg nun, wenn auch nicht ausschließlich ebenfalls die
Erwachsenenlyrik durchforstet, bei Rose Ausländer und Christine Busta
fündig wird, bei Rilke (*Das Karussell*) und Bert Brecht (*Legende von der
Entstehung des Buches* Taoteking) und Hans Magnus Enzensberger (*das
ende der eulen*). Nur am Rande sei vermerkt, dass die erfreulich große
Zahl der Texte nicht deutschsprachiger AutorInnen vielleicht auch in den
Lesebüchern deren nationale Enge durchbrechen wird. Ob die jüngsten
Anthologien dem gegenwärtigen allgemeinen Trend folgen, die Grenzen
zwischen Jugendliteratur und Erwachsenenliteratur zu verwischen, lässt
sich schwer ausmachen.

• **Definitionsversuche**

Es mag fahrlässig erscheinen, sich mit Gedichten in der Grundschule und
der Orientierungsstufe (5. und 6. Schuljahr) zu beschäftigen, ohne vorher
versucht zu haben, eine saubere Definition von „Kinderlyrik" zu erstel-
len. Unter didaktischem Aspekt bleibt es jedoch müßig, jene Gedichte,
die eigens für Kinder geschrieben wurden, mag man sie nun zur intentio-
nalen Kinderliteratur zählen oder diesen Begriff anders benutzen, von jenen zu trennen, die Vermittler und Vermittlerinnen den Kindern aus der
Erwachsenenliteratur „erobert" haben. Egal auch, ob es sogenannte dop-
peladressierte Texte gibt (vgl. Kliewer 2002), die sich sowohl an Kinder
wie an Erwachsene richten: der Vorschlag von James Krüss, die „Kindergedichte" von den „Gedichten für Kinder" zu trennen, hat sich in der Forschung nicht etablieren können.

Wenn in der didaktischen Literatur einmal von *Umgang mit Lyrik* (Spinner), ein anderes Mal vom *Umgang mit Gedichten* (Schulz) die Rede ist,
so will man damit eher Titelverwechslungen ausschließen als dass unterschiedliche Definitionen zugrunde lägen. Burdorf hält eine begriffsge-
schichtlich fundierte Klärung für unabdingbar, kommt aber zu dem Ergebnis: Lyrik ist die literarische Gattung, die alle Gedichte umfasst. Jedes
Gedicht hat per definitionem die folgenden beiden Eigenschaften:

– Es ist eine mündliche oder schriftliche Rede in Versen, ist also durch zusätzliche Pausen bzw. Zeilenbrüche von der normalen rhythmischen
  oder graphischen Erscheinungsform der Alltagssprache abgehoben.
– Es ist kein Rollenspiel, also nicht auf szenische Aufführung hin angelegt
  (Burdorf 1997: 20f.).

Burdorf nennt dann einen Katalog weiterer Eigenschaften, die auf die meisten, aber nicht alle Gedichte zutreffen; er deckt sich weitgehend mit den Kriterien, die Spinner als die sechs „spezifischen Funktionen lyrischen Sprechens" charakterisiert hat: Prägnanz, gesteigerte Zeichenhaftigkeit, Mehrdeutigkeit, Spiel, Überschreiten von (Sprach-)Normen und Subjektivität. (Spinner 1997)

Kinder- und Erwachsenengedichte sauber voneinander zu trennen, ist in einigen Fällen gar nicht so einfach. Mit Erstaunen stellte Julius Becke in einem Gespräch fest, dass zwei Gedichte aus seinem für Erwachsene geschriebenen Band *Grundschule Innenstadt* (1981) auf dem Umweg über das 5. Jahrbuch der Kinderliteratur in die Kinderlyrik geraten sind; für die Kinder und auch für die Lehrenden ist nicht wichtig, dass *Auf dieser Erde* von Josef Guggenmos, das Gedicht von den zwei Pferden im Winter, ursprünglich, was die Quellenangaben in den Büchern oft nicht mehr nachvollziehen lassen, unter einem anderen Titel ein Erwachsenengedicht war. Interessanter ist die Frage, wodurch die Texte für den „Generationenwechsel" geeignet sind, wodurch sie, sieht man von den bekannten Unterrichtsexperimenten mit Celan-Gedichten (vgl. Venus 1961), mit hermetischer d. h. dem Verständnis wenig zugänglicher Lyrik ab, Kindern zugänglich sind. Aber selbst eine Beschreibung der Texte, wie sie bisher mit dem Kriterium der Verständlichkeit zur Abgrenzung immer wieder versucht wurde (durchschaubare Metaphorik, der Lebenswelt der Kinder nahe, ihrem Kenntnis- und Erfahrungsstand angemessen), löst das Definitionsproblem nur zur Hälfte. Da Gedichte aufgrund ihrer Deutungsvielfalt auf verschiedenen Ebenen verstanden werden können, in einem offenen Interpretationsprozess ganz disparate ästhetische Erfahrungen ermöglichen, hätte sich die Diskussion darauf zu konzentrieren, ob es zulässige und unzulässige Deutungen geben darf, ob und wie Kinder zu einer kreativen Auseinandersetzung geführt werden können, wie stark der Lehrer und die Lehrerin mit methodischen Hilfsmitteln eingreifen. An dieser Stelle gehen denn auch die didaktischen Konzeptionen weit auseinander.

• Jugendlyrik – was ist das?

Wenn Kindergedicht-Anthologien immer häufiger mit Erwachsenenlyrik „aufgefüttert" werden, sollte man das nicht nur kritisieren, sondern als Anregung nehmen, die schulische Schnittstelle, also den Übergang von der Grundschule zur Sekundarstufe I genauer didaktisch zu reflektieren. Bisher war es üblich, mit Ausnahme jener Bundesländer mit sechsjähriger Grundschule, die Orientierungsstufe als den Beginn der weiterführenden

Schule zu betrachten mit der Folge, dass die typischen Kindergedichte schlagartig aus dem Literaturunterricht verschwanden. Während in der Epik auf Kinderbücher die Jugendbücher folgten, hat eine entsprechende Tradition in der Lyrik, mag man sie „Jugendlyrik" nennen, sich nicht entwickeln können, vielleicht auch wegen dieses abrupten Bruchs im schulischen Kanon. Wir plädieren dafür, den Übergang offen zu lassen, schwierige Gedichte (und was das ist, können nur LehrerInnen für ihre jeweiligen Klassen entscheiden) nicht mit methodischen Kraftakten „an das Kind zu bringen", sondern zu warten, eventuell bis ins 5. und 6. Schuljahr. Warum sollen Elf- und Zwölfjährige ihre Probleme nicht an Kindergedichten wiedererkennen statt sich mit Keller und Jandl auseinander zu setzen, wo Erwachsene sich doch auch lieber an U-Literatur delektieren als den neuen Walser-Roman zu lesen. „Jugendlyrik" ist ein schillernder Begriff, wie ein Blick in unsere soeben erschienene didaktisch kommentierte Anthologie zeigt (Kliewer 2000). In der Literaturwissenschaft versteht man darunter das Pendant zum Alterswerk eines Autors. Analog zur Kinderlyrik könnte man eine spezifische Lyrik für Jugendliche erwarten, die es tatsächlich in Ansätzen gab und gibt. Ralf Schweikart hat 1999 in der rotfuchs-Reihe *Explicit Lyrics. Songtexte und Gedichte* herausgegeben. Lyrik der jungen Generation versammeln Neumeister und Hartges unter dem Titel *Poetry! Slam! Texte der Pop-Fraktion* (1996), und Sascha Verlan stellt eine Anthologie für die Sekundarstufe I mit *Rap-Texten* zusammen (2000). Lyrik von Jugendlichen schließlich findet man u. a. in den seit 1987 jährlich erscheinenden Bänden, die das vom Bundesministerium für Bildung und Wissenschaft ausgeschriebene Treffen Junger Autoren in Berlin dokumentieren, herausgegeben von der Berliner Festspiele GmbH.

• Gedichte im Unterricht – „Was läuft falsch?"

Gelberg und Jacoby müssen sich mit Vermittlungsfragen nicht aufhalten, auch wenn sie beim Auswählen nicht allein die literarische Qualität als Richtschnur haben, wie sie vorgeben; natürlich treffen sie auch didaktische Entscheidungen. Dennoch reihen sie sich gern in die große Phalanx derer ein, die der Schule Versagen auf allen Ebenen attestieren. Der Literaturunterricht ist in besonderem Maße der öffentlichen Kritik ausgesetzt und ganz besonders der Bereich, der sich mit „Gedichtbehandlung" beschäftigt. So schreibt Gelberg: „Es ist aber bekannt, dass sich viele Schüler über ihre Lyrikstunden beklagen. Und dies schon seit Generationen. Was läuft falsch? Gedichte als Teil des Unterrichts, Poesie und Schule ein

Missverhältnis?" und er zitiert, was immer zitiert wird und nur zur Stimmungsmache geeignet ist: Hans Magnus Enzensberger, der meint, dass Schule die Minderjährigen zwinge, „Gedichte zu lesen, und was noch viel entsetzlicher ist, zu interpretieren, Gedichte, an denen sie in den meisten Fällen keinerlei Interesse bekundet haben". (Gelberg 2000: 241) Was wäre die Konsequenz aus diesem niederschmetternden Resümee? Warten, bis die „Minderjährigen" Interesse an Literatur, an Gedichten zeigen oder hoffen, dass sie in Elternhäusern aufwachsen, in denen sie solchen Texten begegnen und sich selbständig mit ihnen auseinandersetzen? Die Ursache der Schelte liegt in einer romantisierenden Vorstellung von der natürlichen Begabung und Begeisterung der Kinder für Dichtung, für Poesie, die die Schule nur verschütten kann. Als gäbe es diese ganz privaten Bereiche, in die Schule nur zerstörerisch eindringt. Ähnliche Vorbehalte gibt es ja auch gegenüber der Lektüre von Kinder-und Jugendliteratur im Unterricht. Auch hier wird immer wieder geltend gemacht, dass die Lust am privaten Lesen verloren gehe, wenn sich die Schule einmischt. Gefährlicher als die Schule sind bei genauerem Hinsehen die Literaten selber, die sich zum Maß aller Dinge stilisieren. Sie beobachten bei ihren Kindern und Enkeln die literarischen Fähigkeiten und meinen, dass sie bei allen Kindern vorhanden wären; sie erwarten von allen ein Bedürfnis nach Literatur und schelten die Didaktik, die sich müht, dies erst einmal zu wecken.

Dass es angesichts der Attraktivität von Medien und anderer permanenter Ablenkungen nicht einfach ist, im Unterricht so viel Ruhe und Aufmerksamkeit herzustellen, wie es die Betrachtung eines Gedichts verlangt, weiß nur, wer selbst jahrelang die Veränderung an Kindern und Jugendlichen verfolgt hat und mit den Problemen konfrontiert war, die sich daraus ergeben. Es wäre sinnlos, diese zu leugnen, will man nicht durch euphorische Modellvorschläge weitere Frustrationen bei den Lehrenden erzeugen. Deshalb ist es notwendig, auch mit Schwierigkeiten in diesem Bereich zu rechnen und nicht irgendwelchen Selbstheilungskräften zu vertrauen. Wo es um „Poesie" geht, besteht teilweise die Neigung, poetisierend vom rein gefühlsmäßigen Umgang mit ihr zu sprechen. So ist die Begegnung des Kindes mit dem Gedicht heute noch – oder schon wieder von didaktischen Konzeptionen der Reformpädagogik geprägt. Solange der Zugang zur Dichtung unreflektiert bleibt, solange an dem Mythos von den heilbringenden Kräften des Gedichts festgehalten wird, entzieht sich literarische Erziehung tatsächlich jeglicher Planung. An ihre Stelle treten unbegründbare und unwiderlegbare Meinungen und Hoffnungen. Haben

Kinder tatsächlich spontane Zuneigung zum Sprachwerk und zum Buch, wie immer wieder postuliert wird? Kann und soll die Gedichtstunde „der Seele Neuland gewinnen durch Vertiefung der Empfindungsfähigkeit", wie Ivo Braak Anfang der 50er Jahre wünschte? (Braak 5. Auflage 1963: 17). An den Literaturunterricht sollten nicht zu hohe Erwartungen und Anforderungen gestellt werden. Was in Elternhäusern heute nicht mehr erwartet werden kann an literarischer Bildung und Hinführung zu eigenen Lese-Interessen, weil es nicht zu den dazu notwendigen kommunikativen Prozessen in den Familien kommt, kann auch der Schule nicht als Aufgabe aufgebürdet und dann als Versagen angekreidet werden.

Die gegenwärtige, teils hysterische Diskussion zur PISA-Studie lässt für die Lyrik im Unterricht nichts Gutes erwarten. Lyrik und Leistungskontrolle schließen sich eigentlich aus. Da aber auch im Deutschunterricht Leistungen gemessen werden müssen, werden Gedichte im Stoffverteilungsplan oft übergangen. Selbstbewusstsein und gute Strategien der LehrerInnen sind notwendig, um den Eigenwert von Lyrik zu gewährleisten.

Deshalb sind auch die vorliegenden Vorschläge und Anregungen als Versuch zu betrachten, sich dem Gedicht im Unterricht wieder behutsam zu nähern. Das Ziel wäre, einerseits Lesemotivation und andererseits Zuwachs an literarischer Kompetenz zu entwickeln, wie Cornelia Rosebrock dies schon an Kinderbüchern im frühen Vorlesealter für möglich hält. „Denn einfachere poetische Regeln wie Reihung und Wiederholung, Perspektivik, symbolische Ausdrucksformen usw. werden aufgefasst und auf ein sinnvolles Ganzes hin kognitiv organisiert." (Rosebrock 2001: 43) Im Literaturunterricht, und zwar schon der Grundschule, sieht sie den eigentlichen Ort des Erwerbs von literarischen Einsichten und Verstehenskompetenzen: Das hat denn auch zur Folge, dass diese nicht erst an der Höhenkammliteratur entwickelt werden können und sollen, sondern bereits an der Kinderliteratur. „Die Entwicklungslogik in der Aneignung von Sprache, Kognition und Moral, die von Seiten der Kognitionstheorie prägnant formuliert ist, entfaltet sich eben nicht im isolierten Einzelnen, sondern durch seine lebensweltlichen Interaktionen." (S. 45)

● Begründung der Reihen

Texte stehen im Unterricht in einem didaktisch geplanten Kontinuum, das in der Regel durch das Lesebuch vorgegeben ist. Texte spiegeln und erhellen sich gegenseitig; das Vergleichen ist der Königsweg des Lernens. Meist wird eine thematische Sequenzbildung angeboten; diesem Prinzip folgt auch Spinner in *Umgang mit Lyrik in der Sekundarstufe I* (1997). Seine Vorschläge für Unterrichtseinheiten wie „Natur und Stadt", „Freiheit" oder „Tod" enthalten nur zwei Sequenzen, die poetologischen Kriterien folgen: „Spiele mit Sprache" und „Sagen und Balladen". Dabei wird nicht ganz deutlich, wie auf diese Weise sein Ziel zu erreichen ist, dem uneingeschränkt zugestimmt werden kann: „Eine Didaktik, die weder den dichterischen Text als bloßes Transportmittel für Inhalte noch als rein formales Gebilde auffasst, sondern ihn als Gestaltung und Medium der Auseinandersetzung mit Umwelt und Ich begreift, wird die besonderen Funktionen, die lyrisches Sprechen dabei erfüllt, beachten müssen" (Spinner 1997: 5). Auch wenn man keinem starren Curriculumschematismus folgt, muss die Frage nach dem Lernfortschritt innerhalb einer Sequenz oder zwischen den Sequenzen beantwortet werden. Sicher soll er sich nicht auf die Thematik beziehen, sondern auf die Gestaltung der Texte und deren Funktionen. Wir haben uns bemüht, Spinners Forderung einzulösen, indem wir den Reihen doppelbödige Strukturen gegeben haben. Unter den „Umgangsformen" (vgl. Ingendahl 1991) des Hörens und Sprechens etwa verbergen sich die poetologischen Elemente von Klang, Reim und Rhythmus. Die inhaltlichen Aspekte der Texte treten in diesen Reihen in den Hintergrund. Produktionsorientierte Verfahren wie das Malen werden in den Zusammenhang mit der Metaphorik, den poetischen Bildern gestellt (Reihe VI). Die thematische Sequenz „Jahreszeiten" erscheint als poetologische unter dem Aspekt „Stimmungen im Gedicht" (Reihe XV); Winter- und Windgedichte finden sich dem Konzept gemäß in verschiedenen Reihen, was natürlich nicht ausschließt, sie miteinander zu vergleichen. Bevor wir die Reihenfolge der Sequenzen in den Blick nehmen, muss betont werden, dass Gedichte auch immer wieder einzeln im Unterricht stehen können, ja das letzte Kapitel sogar in dieser Richtung konzipiert ist: „Das eigene Gedicht" (Reihe XXII) ist das unverschulte, vielleicht sogar das vor anderen geheim gehaltene.

Nur bedingt ließen sich die Reihen einer übergreifenden Systematik unterordnen, wie sie etwa Gelfert in seinem Reclam-Bändchen *Wie interpretiert man ein Gedicht?* (1990) von Ezra Pound übernommen hat. Danach würden Klang, Reim Rhythmus (Melopoeia) in den ersten vier Reihen thematisiert, das Wort als Bild (Phanopoeia) in der sechsten, und alle anderen, weitgehend thematischen Reihen gehörten zur dritten Kategorie: das Wort als Begriff (Logopoeia). Es muss besonders hervorgehoben werden, dass er als vierte Wirkungsebene die graphische hinzufügt, schließt doch gerade die so weite Definition von Lamping die visuelle Poesie aus. (vgl. „Wie Gedichte von außen aussehen" Reihe III). Für Pound spielten literarische Formen keine Rolle, die Ballade und das Lehrgedicht; auch Komik und Phantastik lassen sich mit seinem Raster nicht greifen. Da sich also ein durchgehendes System offenbar nicht finden lässt, sind Überschneidungen zwischen den Reihen nicht zu vermeiden: dass z. B. *Der Zauberlehrling* nicht unter den Balladen steht, wo er zweifellos auch stehen könnte, sondern neben Hugo Balls *Karawane*, möchte den Vorschlag verdeutlichen, den Text einmal primär unter seinem klanglichen Aspekt zu betrachten.

Etwa die Hälfte der Reihen führt in unterschiedliche Bereiche der Poetik ein, in Baugesetze (Reihung, Wiederholung) und Metaphorik. Wenig trennscharf sind die Reihen I und II; so wie Kinder und Lehrende im Unterrichtsgespräch gleichrangig und gleichmäßig sich im Hören und Sprechen abwechseln sollten, so stehen Reihe I (Hören) und Reihe II (Sprechen) in einem dialogischen Verhältnis. Das Hören wird vor allem deshalb abgetrennt, weil damit das ganze Feld der nur gehörten, meist mit Musik verbundenen Lyrik eröffnet wird: Song, Schlager, Rock und Pop, Rap u. ä. Im Rahmen einer Buchveröffentlichung muss es allerdings bei allgemeinen Empfehlungen bleiben. „Wie Gedichte von außen aussehen" (Reihe III) soll die Organisation eines lyrischen Textes zeigen, der andere Strukturen aufweist als Alltagssprache. „Wie Gedichte von innen aussehen" (Reihe IV) verdeutlicht sowohl im Inhalt als auch im Aufbau der Texte bestimmte Strukturen. Die Reihe VI lässt schon im Titel den Versuch erkennen, mit Bildern und Metaphern als konstituierenden Elementen der Lyrik vertraut zu machen. Als „Kunstfiguren" werden exemplarisch Mythen und Alltagsmythen vorgestellt, um Fiktionalität als wichtiges literarisches Phänomen zu verdeutlichen (Reihe VII). Reihe VIII beschäftigt sich mit der Frage „Wie entstehen Gedichte?" und will damit einführen in Prozesse lyrischen Gestaltens. Balladen zeigen eher das Narrative in der Dichtung beziehungsweise die Möglichkeit für die Lesenden, aus einem Erzählkern eigene Erzählzusammenhänge zu entwickeln (Reihe IX), und Lehrgedichte fordern die Reflexion heraus (Reihe X). Es folgt die Reihe über Komik (Reihe XI), in der versucht wird, die literarischen Kategorien Ironie und Witz vorzustellen. Die Reihe XII „Von seltsamen Leuten" zeigt ähnlich wie „Kunstfiguren" literarische Figuren und deren „Geschichte". Einen Einblick in Phantastik in der Lyrik gibt die Reihe XIII. „Märchenhafte Gedichte" (Reihe XIV) zeigt Möglichkeiten der Parodie und die Wirkung von Märchenmotiven auf die Vorstellung. Die Reihen XV – „Stimmungen im Gedicht" und XVI – „Gedichte zum Nachdenken" gehören insofern zusammen, als sie zwei Funktionen der Lyrik gegenüberstellen: Gedichte sprechen das Gefühl an, setzen aber auch Reflexionsprozesse in Gang. Die beiden Reihen „Wie es früher war" (Reihe XVII) und „Vom gestern lernen" (Reihe XVIII) greifen in unterschiedlicher Weise in die Geschichte zurück, zum einen in die Geschichte der Lyrik mit ihren anderen Themen und Lebenswelten, zum andern werden Texte zusammengestellt, die Krieg und Verfolgung im Dritten Reich thematisieren. Fragen der literarischen Wertung und des Interpretierens behandeln die Reihen XIX und XX; dazu gehört auch das Problem der altersmäßigen Zuordnung von Texten, das man mit Jugendlichen der Orientierungsstufe besprechen kann. Den Abschluss bildet ein Komplex, der sich eigentlich gar nicht in eine Reihe fassen lässt, sozusagen das Konzept der Reihenbildung überschreitet, weil er ein didaktisches Kriterium beinhaltet: die Einübung in Formen einer literarischen Kultur des Erwachsenen.

So ist die Konzeption einerseits poetologisch, inhaltlich oder von einzelnen Genres der Lyrik bestimmt, andererseits didaktisch auf die Vermittlung lyrischer Phänomene ausgerichtet. Der Akzent kann sich jeweils auch verschieben und mehr den einen oder mehr den anderen Aspekt sichtbar werden lassen. Die Texte innerhalb einer Reihe sind nicht mehr, wie in den *Elementen und Formen*, den Schuljahren zugeordnet, sondern folgen nur grob dem Schwierigkeitsgrad, so dass die Lehrenden nach ihrer Kenntnis der Fähigkeiten und Neigungen für die Lerngruppe auswählen können. Dabei sollte auch die Möglichkeit der Vorwegnahme dessen, was vielleicht einer späteren Altersstufe angemessen erscheint, erwogen werden, ebenso wie sie bei einer Reihe sogar auf Gedichte des Vorjahres zurückgreifen, um Lernerfolge zu beobachten. Auch Querverbindungen zwischen den Reihen bleiben der Lehrerin/dem Lehrer überlassen. Weil die Reihen nicht mehr in einem curricularen Zusammenhang stehen, hat jedes einzelne Gedicht als solches seinen Stellenwert im Unterricht.

Jede Reihe wird mit einem mehr oder weniger umfangreichen Kommentar zum Thema und zur Didaktik eröffnet. Die Absätze *Zum Text* erheben nicht den Anspruch, ausgefeilte Interpretationen zu sein; dass man sich bei einigen Texten aus der Erwachsenenliteratur den Vorwurf der Oberflächlichkeit einhandelt, muss man in Kauf nehmen. Die Interpretationen zum *Belsazar* oder zum *Zauberlehrling* etwa füllen Bände; es wird auf sie verwiesen, ohne dass die einschlägige Literatur systematisch eingearbeitet ist. Ein unentbehrliches Hilfsmittel ist das *Fundbuch der Gedichtinterpretationen* (1997) hrsg. von Wulf Segebrecht, wobei weder Zeitschriften noch die von uns benutzten Handbücher zu Lesebüchern erfasst wurden, die Kinderlyrik ohnedies nur sporadisch.

Auch die *Anregungen für den Unterricht* verstehen sich nicht als ausgearbeitete Unterrichtsmodelle, sondern liefern nur Ideen und versuchen, den Zusammenhang zum Ziel der Reihe zu begründen. Die benutzte Literatur wird jeweils am Ende der Reihe zusammengestellt, jedoch nicht vollständig im Literaturverzeichnis im Anhang des Bandes wiederholt. Schließlich wird auf Gedichte in anderen Reihen verwiesen, die dort unter anderen Schwerpunkten eingeordnet wurden, sowie auf weitere Gedichte, die in gängigen Anthologien leicht auffindbar sind. (Die Kürzel lassen sich anhand der Liste C1 und 2 des Literaturverzeichnisses auflösen).

• Zur Auswahl der Texte

Zwei didaktische Kriterien stehen im Zentrum: es werden Texte gesucht, die besonders geeignet sind, die Zielstellung der jeweiligen Sequenz zu verdeutlichen und entsprechend den Schulstufen, für die die Reihen konzipiert sind, haben sie verschiedene Schwierigkeitsgrade. Außer einigen „Klassikern" der Kinderlyrik, wobei darunter sowohl adaptierte Erwachsenenlyrik wie speziell für Kinder geschriebene Gedichte zu verstehen sind, stammt das Gros der Texte aus dem Repertoire seit den 60er Jahren des 20. Jahrhunderts, als mit Krüss und Guggenmos ein neuer „Ton" in die Kinderlyrik kam und vor allem aus der jüngsten Zeit. Um LehrerInnen über den Lesebuchbestand hinaus Zugang zu neuen und neuesten Gedichten zu verschaffen, wurde speziell die Anthologie *Großer Ozean* (2000) von Hans-Joachim Gelberg zu Rate gezogen. Warum die Wahl auf diese Anthologie fiel, ist leicht zu erklären: die Publikationsmöglichkeiten von Kinderlyrik sind denen in der Erwachsenenliteratur vergleichbar; nur in wenigen Fällen gelingt die Veröffentlichung eines eigenen Gedichtbandes; in der Regel bieten sich nur Zeitschriften und Anthologien an. Die einen fehlen im Bereich der Kinder- und Jugendliteratur völlig, die andern arrangieren lediglich immer wieder die Traditionsbestände neu – mit einer Ausnahme: den Anthologien Gelbergs. Mit Jentzsch, Lunghard, Mucke und Rathenow, Petri und Treichel sind in unserer Auswahl einige Autoren der DDR vertreten, teils mit Texten der „Nachwende", mit dem Engländer Robert Louis Stevenson und dem Amerikaner Shel Silverstein auch zwei ausländische Kinderlyriker.

● **Methodische Ansätze**

Je mehr Methoden ein Lehrer/eine Lehrerin kennt und praktizieren kann, desto offener und interessanter wird der Unterricht sein. Sowohl Spinner als auch Schulz (mit dem Überblick von Horst Bartnitzky) bieten ein umfangreiches Repertoire an Möglichkeiten, wie man Gedichte vermitteln kann; die Verfahren von Ute Andresen sollte man für sich erproben (vgl. auch meine Ergänzungen und Kommentare Kliewer 1999: 213 ff.). Wenn auch in den *Anregungen für den Unterricht* nicht ausdrücklich die eine oder andere Methode empfohlen wird, so muss doch davon ausgegangen werden, dass folgende Zugänge je nach Art und Schwierigkeitsgrad des Gedichts zur Anwendung kommen können:

1. hören
2. Textteile aus der Erinnerung wiedergeben
3. still lesen
4. die Textgestalt betrachten
5. Textteile umstellen, ordnen
6. Textteile ergänzen, abändern
7. eigene Schreibversuche, Imitationen im Stil von …
8. sprechen, vorlesen, auswendig vortragen
9. mit Musik untermalen, als Klangspiel gestalten, mit Musikbeispielen vergleichen
10. verstehen, formulieren, nachdenken, Meinungen austauschen
11. anderen erklären
12. im Rollenspiel umgestalten, inszenieren, Pantomime, Standbild
13. typografische Gestaltung: abschreiben
14. drucken, auch mit dem PC gestalten
15. Texte illustrieren, mit Illustrationen oder anderen Bildern vergleichen
16. mit anderen Gedichten/ Texten vergleichen
17. auswählen, anderen empfehlen, für andere liebevoll gestalten
18. sammeln, ein eigenes Gedichtbuch zusammenstellen
19. auswendig lernen
20. nicht verschulte Verhaltensweisen erproben

● **Zu den Illustrationen**

Die Illustrationen im Textband, die z. T. aus den beiden Schülerheften *Ein Gedicht – was ist das?* (1972, 1974) stammen, werden auf den ersten Blick recht disparat erscheinen. Das liegt einerseits an den verschiedenen Techniken. Während für die Illustration der Kinderreime und einfacheren Texte der Linolschnitt gewählt wurde, sind die Gedichte für etwas ältere SchülerInnen mit Federzeichnungen illustriert. Auch stilistisch unterscheiden sich die Bilder: einerseits gibt es gegenständliche Bilder zu den Texten, andererseits sind sie stark abstrahierend. Es entspricht also durchaus dem vorgestellten didaktischen Konzept, im bildnerischen Bereich ebenso wie in den Texten nicht nur Kindertümliches anzubieten, sondern auch das Reflexionsvermögen von Kindern zu aktivieren. Die Illustrationen wollen nicht schmückendes Beiwerk sein, Abbildung und Wiederholung des schon Gelesenen, sondern Anreiz zum Weiterdenken bieten. Sie sollten für die Interpretation der Gedichte genutzt werden, auch wenn dies nicht ausdrücklich in den Unterrichtsanregungen vorgesehen ist. Möglicherweise können sie Anlass sein zu eigenen Versuchen oder auch von den SchülerInnen mit Farbe individuell verändert werden.

● **Zum Anhang**

Außer einer Auswahl aus der neueren Fachliteratur und der fachdidaktischen Literatur werden Anthologien und Tondokumente zusammengestellt. Spezielle Titel zu einzelnen Reihen werden nicht wieder aufgenommen. In einigen Fällen wird dort auf illustrierte Ausgaben zu einzelnen Gedichten verwiesen, die, ebenso wie die Illustrationen im Textband, nicht nur der Dekoration dienen, sondern beim Gespräch über die Texte neue Impulse geben können. Das gilt auch für die wenigen Kassetten/ CDs, die als Alternativen zu eigenen Sprechversuchen zu verstehen sind. Bei den Anthologien, ebenfalls vorwiegend aus den letzten zwei bis drei Jahrzehnten, werden die eigens für die Schule konzipierten Sammlungen gesondert aufgeführt; auch Arbeitsmaterialien für den Unterricht. Bio-bibliographische Informationen zu den AutorInnen schließlich finden sich im Anhang des Textbandes, d. h. außer den Quellennachweisen werden knappe Hinweise zur Biographie und zum Werk gegeben.

Literatur

Andresen, Ute: Im Mondlicht wächst das Gras. Ill. Dieter Wiesmüller. Ravensburg:Maier 1991

Andresen, Ute: Versteh mich nicht so schnell. Gedichte lesen mit Kindern. Ill. Andrea Bastian. Weinheim: Quadriga 1992

Braak, Ivo: Das Gedicht. Begegnung und Aneignung in der Volksschule. Kiel: Hirt, 5. Auflage 1963 (Wegweiser für die Lehrerfortbildung 2)

Braak, Ivo: Poetik in Stichworten. Literaturwissenschaftliche Grundbegriffe. Eine Einführung. Kiel: Hirt 1964, 8., überarb. und erw. Auflage Stuttgart: Borntraeger 2001

Burdorf, Dieter: Einführung in die Gedichtanalyse. Stuttgart: Metzler 1995. 2., überarb. und aktualisierte Auflage 1997 (Sammlung Metzler 284)

Faulbaum, Paul (Hrsg.): Sonniges Jugendland. Eine Sammlung von Gedichte, Kinderliedern und Reimen zum Vorlesen und Lernen im Gesamtunterricht. Osterwieck: Zickfeldt 1922, 15. Auflage 1979

Gelberg, Hans-Joachim (Hrsg.): Die Stadt der Kinder. Gedichte für Kinder in 13 Bezirken. Ill. Werner Blaebst. – Recklinghausen: Bitter 1969, 2. Auflage 1982; Ill. Janosch. München: dtv 1972

Gelberg, Hans-Joachim (Hrsg.): Überall und neben dir. Gedichte für Kinder in sieben Abteilungen. Ill. von den Künstlern. Weinheim: Beltz & Gelberg 1986

Gelberg, Hans-Joachim: Großer Ozean. Gedichte für alle. Weinheim: Beltz & Gelberg 2000

Gelberg/Gutzschhahn: Börsenblatt des Deutschen Buchhandels 4.9.1990

George, Edith (Hrsg.): Was sieht die Ringeltaube? Gedichte für Kinder. Ill. Hans Ticha. Berlin: Kinderbuchverlag 1978, 4. Auflage 1984

Ingarden, Roman: Das literarische Kunstwerk. Eine Untersuchung aus dem Grenzgebiet der Ontologie, Logik und Literaturwissenschaft. Halle: Niemeyer 1931

Ingendahl, Werner: Umgangsformen. Produktive Methoden zum Erschließen poetischer Literatur. Frankfurt: Diesterweg 1991

Jacoby, Edmund: Dunkel war's, der Mond schien helle. Verse, Reime und Gedichte. Ill. Rotraut Susanne Berner. Hildesheim: Gerstenberg 1999

Kayser, Wolfgang: Kleine deutsche Versschule. Bern: Francke 1946. 8. Auflage 1961

Kayser, Wolfgang: Das sprachliche Kunstwerk. Bern: Francke 1948, 6. Auflage 1960

Killy, Walther: Elemente der Lyrik. München: Beck 1972

Kliewer, Heinz-Jürgen: Elemente und Formen der Lyrik. Ein Curriculum für die Primarstufe. Hohengehren: Burgbücherei Wilhelm Schneider 1974

Kliewer, Heinz-Jürgen: „Wem nie die Drossel sang". Didaktische Überlegungen zum Gedicht in der Grundschule. In: Kliewer 1999, S. 203–220

Kliewer, Heinz-Jürgen: Was denkt die Maus?. Gesammelte Aufsätze zur Kinderlyrik. Frankfurt: Lang 1999 (Kinder- und Jugendkultur, -literatur und – Medien Band 5)

Kliewer, Heinz-Jürgen und Ursula: Jugendlyrik. Stuttgart: Reclam 2000 (Arbeitstexte für den Unterricht)

Kliewer, Heinz-Jürgen: Doppeladressierung in der Kinderlyrik (erscheint 2002)

Neumeister, Andreas/Marcel Hartges (Hrsg.): Poetry! Slam! Texte der Pop-Fraktion. Reinbek: Rowohlt 1996

Rosebrock, Cornelia: Schritte des Literaturerwerbs. Lesezeichen. Mitteilungen des Lesezentrums der Pädagogischen Hochschule Heidelberg Heft 10 (2001) S. 35–62

Schulz, Gudrun: Umgang mit Gedichten: didaktische Überlegungen, Beispiele zu vielen Themen, Methoden im Überblick. Berlin: Cornelsen Scriptor 1997

Schweikart, Ralf (Hrsg.): Explicit Lyrics. Songtexte und Gedichte. Reinbek: Rowohlt 1999 (rotfuchs 20971)

Segebrecht, Wulf (Hrsg.): Fundbuch der Gedichtinterpretationen. Paderborn: Schöningh 1997

Spinner, Kaspar H.: Umgang mit Lyrik in der Sekundarstufe I. Baltmannsweiler: Pädagogischer Verlag Burgbücherei Schneider 1984, 3. Auflage 1997

Steffens, Wilhelm u. a.: Das Gedicht in der Grundschule. Strukturen, Lernziele, Experimente, Frankfurt: Hirschgraben 1973

Venus, Dankmar: Celan im vierten Schuljahr? Zu einem Unterrichtsgespräch über Paul Celans „Sprachgitter„, Westermanns Pädagogische Beiträge 13 (1961) S. 446–450

Verlan, Sascha: Rap-Texte. Stuttgart: Reclam 2000 (Arbeitstexte für den Unterricht)

Waldmann, Günter: Produktiver Umgang mit Lyrik. Baltmannsweiler: Pädagogischer Verlag Burgbücherei Schneider 1988. 5., völlig neubearb. und erweiterte Auflage 1998

I. Gedichte muss man hören

„Aber Verse wollen nicht als schönes Druckbild mit dem Auge erfasst, sie wollen als wirksamer Klang mit dem Ohre gehört werden", schreibt Wolfgang Kayser in seiner *Kleinen deutschen Versschule* aus dem Jahre 1946 (Kayser 1961: 9).

Wenn man mit Lamping davon ausgeht, dass das lyrische Gedicht sich definieren lässt als „Einzelrede in Versen", also die optische Gestalt der Zeilenbildung das Unterscheidungskriterium gegenüber der Prosa darstellt, wenn man mit Spinner die oben (S. 19) genannten spezifischen Funktionen lyrischen Sprechens zum Charakteristikum erklärt, dann fällt bei beiden die Vernachlässigung jener Elemente auf, die Steffens zum Titel seiner didaktisch organisierten Anthologie machte: *Klang, Reim, Rhythmus* (Bachmann u. a. 1972). Auch wenn heute im Zuge der Audiobooks die Prosatexte zur wichtigsten Hörliteratur geworden sind, verlangt die primär akustische Gestalt des Gedichts das Hören und das Sprechen. Ein Gedicht lediglich still zu lesen ist wie das Lesen einer Partitur. Dabei sind die drei Elemente durch diskursiven Zugriff in ganz unterschiedlichem Grade erkennbar. Sowohl ein Blick in die literaturwissenschaftliche Forschung wie in die Zielkataloge der Lehrpläne macht schnell deutlich, dass die Metrik, soweit sie nicht auch die Gedichtformen bearbeitet, den Klang fast vollständig ausblendet, die Zeilengliederung durch Metrum und Zäsur sowie die Reimformen das Hauptinteresse finden und auch der Rhythmus, also ebenfalls ein musikalisches Element, vernachlässigt wird. Burdorf folgt einer anderen, gerade auch für die Schule sehr sinnvollen Gliederung: auch wenn das geschriebene (und gelesene) Gedicht im Laufe der Lyrikentwicklung weiter vorgedrungen ist, haben das gesprochene und das gesungene Gedicht ihre Bedeutung nicht verloren (Burdorf 1997: 22).

Die Begriffe „Klang" oder „Melodie" sucht man in vielen einschlägigen Lexika vergebens. Gelfert spricht präziser von Klangfarbe, der lautlichen Oberfläche des Textes, vom „Flor des Teppichs"; sie wird vor allem durch die Vokale bestimmt, denen in Interpretationen zuweilen schwer nachweisbare semantische Qualitäten zugesprochen werden. Auch bei Wilpert scheint dieser Ansatz nahe zu liegen: „Dichtung als gesprochenes Wort besitzt neben Rhythmus als prosodischer und Melodie als musikalischer Gliederung einen Klangleib mit eigenen magischen Stimmungs- und Ausdruckswerten, die freilich erst in der naheliegenden Verbindung mit der

Wortbedeutung wirksam werden" (Wilpert 1979: 406). Während in der
Musik die Melodie durch Höhe und Tiefe der Töne sowie deren Dauer entsteht, konstituiert sich in gebundener Sprache durch die kunstvolle Anordnung einer Folge von Klangfarben eine Klangbewegung, die analog
„Melodie" genannt werden kann (Gelfert 1998: 28).

Reime sind sowohl die die äußere Struktur eines Gedichtes gliedernden
Elemente als auch Klangelemente. Verssprache ist gebundene Sprache;
ein traditionelles Mittel, mehrere Zeilen zur Einheit einer Strophe bzw. eines Gedichts zu binden, ist der Reim. Nach Gelfert lässt sich dabei das
fundamentale Bauprinzip der Poesie, das Zusammenspiel von Wiederholung und Variation, besonders gut erkennen: Silben werden in leicht variierter Form wiederholt, entweder als Stabreim (Identität der Anfangskon-
sonanten), als Assonanz (Identität der Vokale) oder als Endreim (Gelfert
1998: 57; weitere Details siehe Reihe III „Wie Gedichte von außen aussehen").

Eine besondere Organisation der Wörter verursacht den Versrhythmus,
der sich vom Sprachrhythmus der Alltagsrede abhebt. Dennoch, oder
vielleicht gerade wegen dieser grundlegenden Bedeutung, entzieht sich
dieses Element des Lyrischen besonders stark wissenschaftlicher Objekti-
vierung. Vielleicht spielt dabei auch eine Rolle, dass die Kooperation von
Musikwissenschaft und Literaturwissenschaft noch nicht intensiv genug
ist bzw. ihren Forschungsergebnissen die nötige Aufmerksamkeit versagt
bleibt. Abgesehen von den teilweise in der Nähe des Irrationalen angesie-
delten Äußerungen der Verfechter einer rhythmischen Erziehung scheint
es bis heute äußerst schwierig, „methodische und terminologische Über-
einstimmung zu erzielen, und wenn manche an sich berechtigte For-
schungsrichtungen auf diesem Gebiet an die Grenze der Mitteilbarkeit geraten, so ist das im Gegenstand selbst begründet" (Mohr 1971: 457). Sehr
anschaulich beschrieb Jost Trier 1949 die Wirkung des Rhythmus, aber er
bestimmte nicht die wichtige Abgrenzung zum Metrum: „Rhythmus ist
die Ordnung im Verlauf gegliederter Gestalten, die darauf angelegt ist,
ein Einschwingungsstreben zu erwecken und zu befriedigen, und zwar
durch regelmäßige Wiederkehr wesentlicher Züge" (zit. nach Breuer
1994: 14). Auch wenn es wichtig ist, Metren erkennen zu können, den
Rhythmus hat man dadurch noch nicht bestimmt. „Beide Phänomene
hängen gewiss zusammen: so verschieden der Rhythmus ist, … er hängt
jeweils von dem metrischen Schema ab, das zugrunde liegt. Das metrische
Schema gleicht einem Kanevas, der bei der vollendeten Stickerei nicht

mehr zu sehen ist, aber Richtung, Struktur und Dicke der Fäden beein-
flusst hat" (Kayser 1960: 242). Solange sich die Definitionen auf der Ebene der poetischen Elemente bewegen, besteht weitgehend Einigkeit.
Schwierig wird es erst, wenn die sprachlichen Inhalte zugeordnet werden
müssen. „Erst in dessen sprachlicher Erfüllung aus dem Schwung der lebendig eingeordneten Rede entsteht der Rhythmus, mitbewirkt vom gedanklichen Gehalt, besonders der Wiederkehr und Gliederung der
Haupttonstellen (Akzente), vom Tempo und der Tonabstufung ... durch
Nachdruck oder Dauer" (Wilpert 1979: 684). Die Kayser-Wilpert'sche Definition ist für unsere Betrachtungsweise nicht geeignet, weil bei den drei
Kinderreimen, die für die Einführung in das Phänomen des Rhythmus
ausgewählt wurden, von „gedanklichem Gehalt" nur recht wenig die Rede sein kann. Die Haupttonstellen, also die Sinnträger fallen fast durchweg mit den metrischen Hebungen zusammen. Sollten für die Kinderreime, die in so ausgeprägtem Maße vom Rhythmus und gerade nicht von
der Aussage leben, andere Gesetze gelten?

„Die Freude am Rhythmus, die das Kind der Dichtkunst entgegen bringt,
werden in ihm nicht bloß lebendig erhalten, sondern auch planmäßig gefördert. ... in gar vielen Dichtungen erzittern im Rhythmus so geheimnisvolle, reizvolle Untertöne, dass nur das Ohr, das auf den Rhythmus lau-
schen lernte, den vollen Gehalt der Dichtung genießt. Die Aufmerksamkeit auf den Rhythmus der Gedichte anzubahnen ist bereits Aufgabe des
Deutschunterrichts in den unteren Klassen" (Kempinsky o.J.). Diese
Forderung, im Pathos der Erlebnispädagogik der 20er Jahre vorgetragen,
hat an ihrer Gültigkeit nichts eingebüßt. Bilder und Töne stürzen heute
auf Kinder herein, das konzentrierte Zuhören wird immer schwieriger. Eine gezielte Hörerziehung, die nahezu therapeutische Funktion haben
könnte, bleibt ein Desiderat des Deutschunterrichts. Die gängige Vorstellung von der „Arbeit am Gedicht" verhindert eher ein Wahrnehmen seiner Klangqualitäten. Auch wenn bei Erwachsenen das Bedürfnis nach
den heilenden Kräften des Klangs die Esoteriker auf den Markt gerufen
hat, darf das Hören von Gedichten nicht mystifiziert werden. In der Regel
werden sich Sprechversuche und Hören abwechseln, der Genuss liegt im
Selbersprechen. Aber in vielen Klassen ist es auch üblich, dass außer aus
Kinderbüchern manchmal aus Gedichtsammlungen vorgelesen wird. Kinder können selbst Gedichte auswählen und vortragen, wenn ihnen die Anthologien zugänglich sind bzw. besser noch eine vom Lehrer/der Lehrerin
zusammengestellte Reihe von Textkopien. Es muss ausprobiert werden,

wie man mit den wenigen Kassetten und CDs umgeht, die im Anhang zusammengestellt sind. Wiederholtes Hören einzelner Texte wird Kindern
ebenso entgegenkommen wie das wiederholte Hören ihrer Lieblingskas-
setten. Leider wird „das Gedicht als Lied" im Deutschunterricht ebenso
vernachlässigt wie es Burdorf für die Literaturwissenschaft konstatiert.
Auch wenn schwer einzuschätzen ist, ob die wichtigeren Wirkungen nicht
von der Musik ausgehen, sind die Hörgewohnheiten der Kinder genau zu
beobachten. Mag man bei Schlagern und Pop-Song auch herablassend
von Sublyrik sprechen, sie gehören neben den Kinderliedern nicht nur in
den Musikunterricht. (Zum „Vertonen" von Gedichten vgl. Reihe II „Gedichte muss man sprechen").

1. Anonym:

Eni beni suptraheni
Johann, spann an
Ein alter Posthalter

Zu den Texten:

Sind Reime von der Art des *Eni beni suptraheni* nicht nur das fixierte Ge-
plapper des Kleinkindes, ohne Sinn und ohne gestalterische Absicht? Ist
die Überlieferung von abweichenden Fassungen nur Kriterium für die Beliebigkeit, mit der die Elemente kombiniert werden können oder eher An-
zeichen dafür, dass die Texte nicht zufälliges Sprechergebnis sind, sondern
Gesetzmäßigkeiten folgen, die ein Tradieren rechtfertigen? Aus Nürnberg
soll die folgende Variante stammen:

> ene, bene, suptrahene,
> divi, davi, domino,
> Eck, Speck, Dreck
> und du bist weg.

Was so lateinisch klingt, ohne es zu sein, wird vielleicht erst von dem Auf-
schreiber korrigiert: aus *domi neni* wird *domino*; *ecca* stößt die Klangpar-
allele mit *Ecke* an, und der Abzählvers mit seinem abschließenden *weg*
lässt sich nicht mehr aufhalten. Nicht weniger als neun Reime *verzeichnet*
Enzensberger in seiner Sammlung *Allerleirauh* (1961), die mit *Ene mene,
Ele mele* o.ä. beginnen. In der ausgewählten Fassung beherrschen lange
Vokale die Zeilen 1 und 2, kurze die beiden übrigen; hier enden alle Wörter auf *i*, dort zunächst auf *a*; die Schlusszeile ist in dieser Hinsicht nicht

einheitlich. Auffallend ist das Prinzip, nach dem die Zeileneingänge gestaltet sind: die beiden Wörter ähneln sich bis auf minimale Abweichungen, die aber wesentlich differenzierter sind als beim Endreim. Das Problem des Abschlusses muss bei sinnlosen Silben auf eigene Weise gelöst werden, hier allein mit klanglichen und rhythmischen Mitteln, wenn auch eine Bedeutungsassoziation von *dus* zu *us* (= *aus*) nicht auszuschließen ist. Das einzige einsilbige Wort des Textes folgt nicht auf die sonst durchgehenden Trochäen, sondern fällt aus den bewegten Dreitaktern *zingele, zangele* in den Stillstand. Auch die betonten Vokale der Schlusszeile fallen, sie reichen vom hellsten zum dunkelsten und folgen der Ablautreihe (z. B. *binden – band – gebunden*).

Choriambus hätte man in der antiken Metrik die abgehackten Zeilen von *Johann, spann an* genannt (x́xxx́); bei Beachtung der Auftakte entsteht ein ständiger Wechsel von Daktylus und Trochäus. Die stark rhythmisierte Aufforderung des Herrn an den Stallknecht der ersten Zeile wird weitergesponnen und verflüchtigt sich im Phantastischen. Die ganze menschlich-tierische Gesellschaft will zum Hexentanz auf den Blocksberg. Die Aufwärtsbewegung zum Blocksberg ist deutlich zu hören.

Auch der prosanahe, sehr akzentuiert zu sprechende *Posthalter* verliert den Boden der Realität unter den Füßen. Den meist einhebigen Zeilen mit freier Füllung der Senkungen wird durch die Vokalauslassungen die klangliche Gefälligkeit genommen; das Rhythmische tritt stärker hervor. Das Kniereiterlied vom alten Kastalter (= Güterverwalter), wie es früher hieß, lebt vom Gegensatz des schwerfälligen ersten Teils und des lebhaften, daktylischen auf das Schlusswort zueilenden zweiten.

Anregungen für den Unterricht:

Die Texte der Reihe I werden nicht die ersten Kinderreime sein, die in der Klasse der Schulanfänger vorkommen. Die LehrerInnen werden zunächst hören, was die Kinder kennen, eventuell auch ohne Kindergarten und Vorschule. Das Volksgut der Straße wird ihnen sicher ohne Scheu anvertraut (vgl. Rühmkorf 1967). Abzählreime, Texte zu Lauf- und Kreisspielen, Rätsel haben die Kinder sich angeeignet, Kinderlieder (und sei es auf dem Weg über die Platte) und Schlager. Die Verbindung von Sprache, Musik und Bewegung bietet methodische Ansätze. Im Zusammenhang mit dem Namenrufen, dem Übertragen auf das Glockenspiel und Rhythmisieren mit den Klanghölzern steht der Zuruf: *Johann, spann an.* Die Kinder versuchen, durch Gesten, Tempowechsel, Instrumentenwahl und Anpassung der Dynamik den Inhalt zu vergegenwärtigen, indem sie gerade den Schluss mit lauter werdender Stimme hervorheben. Die Stimmführung könnte an der Tafel auch optisch in einem Bogen verdeutlicht werden, der auch den *Blocksberg* darstellen kann.

Eni beni suptraheni wird in verschiedenen Stimmlagen gesprochen, und die Kinder raten: weinerlich, trotzig, fröhlich, schimpfend usw. Dann versuchen sie es selbst, auch flüsternd, hauchend, nur mit den Lippen, als Abzählvers, vielleicht sogar singend.

Johann, spann an lässt sich leicht überführen in eine Wiedergabe auf dem Tamburin, zunächst begleitend, dann nur instrumental, wobei die Hebungen mit den Handballen auf den Rand, die Senkungen mit leichten Fingerschlägen auf das Fell ausgeführt werden.

Ein alter Posthalter bietet im ersten Teil Sprechschwierigkeiten, wenn ein festes Metrum zugrunde gelegt wird. Es kann versucht werden, Kindern die rhythmische Spannung zur Sinnbetonung erlebbar zu machen. Auch hier wird durch stimmliche Differenzierung der Inhalt verdeutlicht (*in'n Himmel nauffahrn* wird besonders betont). Die kleine Geschichte wird auch zu Illustrationsversuchen führen.

Kinderreime zum Hören findet man etwa auf der CD *Eins, zwei, drei – ritsche ratsche rei* von Susanne Stöcklin-Meier (Kösel 1999) und natürlich auf den Schallplatten zum Orff-Schulwerk.

2. Hans Adolf Halbey: Traktor-Geknatter

Zum Text:

Mit dem Graphiker Günther Stiller hat Halbey 1965 ein großformatiges Bilderbuch geschaffen, dessen Texte in die Lesebücher der Grundschule Eingang gefunden haben. Ein alltäglicher Vorgang: ein Traktor kommt und hält an, wird zum Ereignis, zum sprachlichen Ereignis durch die Klangmalerei der Verben vor allem und die rhythmische Gestaltung. Auf eine kurze Erzähleinleitung (Zeile 1 und Anfang der Zeile 2), die bereits das erste Traktorgeräusch enthält (*gerattert*), folgt ein rein akustisches Zwischenstück ohne weitere Sachinformation (bis Zeile 6). In den nächsten eineinhalb Zeilen wird eine weitere Richtungsangabe gemacht; dann wird mit Lauten, nicht mehr Wörtern vorweggenommen, was schließlich noch gesagt wird: *aus.* Die Schlusszeile wirkt wie der letzte Satz eines Kinderaufsatzes: jetzt erst ist vom Traktorfahrer die Rede, der offenbar nichts zu tun hat als heimzugehen; 11 Zeilen hatte die Maschine das Wort. Man vernimmt ihre harten Geräusche; die Konsonanten t und k bestimmen den Urheber *Traktor* ebenso wie die Verben, die seine Bewegungen wiedergeben, und das *taketataka* des Motors. Sie bestimmen sogar das Wortmaterial in der Umgebung des Traktors: *kommt, kennt, Ecke, Brücke, dicken Bagger.* Während in den Zeilen 1–6 eine rhythmische Gliederung noch klar erkennbar ist, der Motor läuft noch im Takt (wobei *Takt* und *stottert* in Zeile 6 sich streng genommen nicht vereinen lassen!), während Reimbindung und Zeilenlängen noch intakt sind, gerät in der zweiten Hälfte des Gedichts alles durcheinander. Das Nachzünden des Motors wird durch eine zunehmende Verknappung der erfundenen Geräuschvokabel hörbar gemacht. Die Daktylus-Trochäus-Folge taucht zwei Mal auf, damit das Ohr das Ersetzen des zweiten Taktes durch das tonlose *pff* umso besser wahrnimmt. Schließlich wird sogar der Daktylus verkürzt und die entstandene metrische Pause nicht mehr ausgefüllt. Um sich die Entwicklung der Kinderlyrik in den 70er Jahren zu vergegenwärtigen, lese man als Gegenbeispiel zu dieser Sprachakrobatik den seinerzeit allbekannten Song *Baggerführer Willibald* von Dieter Süverkrüp aus der Ära der sog. Neuen Kinderlieder, der in Agitpropmanier dazu auffordert, den Klassenkampf gegen den Boß aufzunehmen (Kuhnke 1973: 14).

Anregungen für den Unterricht:

Eine Hinführung lässt sich denken von dem Titel *Traktor-Geknatter* aus oder vom Versuch her, Zeitwörter zu sammeln, die zum Traktor passen. Eventuell kann man sie schon zu rhythmisch klingenden Gruppen ordnen. Die beiden Klangpartien zwischen den Erzählteilen ähneln sich; harte Konsonanten t und k herrschen im ganzen Text vor. Das stark skandierende Lesen der Zeilen 3–6, d. h. die übertriebene Abgrenzung zwischen betonten und unbetonten Silben, wird durch den Einsatz von Rhythmusinstrumenten unterstrichen. Das Aufhören des Motorengeräuschs kann untersucht werden: Wie hat das der Autor gemacht? Im Selbstgespräch des zu Fuß gehenden Traktorfahrers kann der Hergang noch einmal wiedergegeben werden.

3. Clemens Brentano: Wiegenlied

Zum Text:

Nichts stimmt so recht in diesem immer wieder bewunderten Gebilde aus Klang und Rhythmus: es sieht aus wie ein Volkslied und ist das Ergebnis höchsten Kunstverstandes; es nennt sich *Wiegenlied*, aber die typischen Motive, Anreden und Interjektionen (*eia popeia*) fehlen, und der einleitende und zweimal wiederholte Imperativ ist Mittel der Distanzierung, nicht der Zuwendung; es sieht so verstehbar aus und bleibt doch „in den Bedeutungen bei schemenhaften Andeutungen" stehen (Kayser 1960: 256); die letzte Zeile scheint dem in der Barockpoetik beliebten Summationsschema zu folgen, d. h. die vier Verben beziehen sich auf vier zugehörige Subjekte im Text, aber weder semantisch noch gar syntaktisch lässt sich ein logischer Zusammenhang herstellen; die Wahl und Verteilung von Vokalen und Konsonanten, die rhythmische Gliederung lassen sich genau ermitteln, aber ihr Zusammenspiel bleibt unerklärlich. Keine fassbare Aussage, kein Symbol, das ein Bedeutungsgefüge um sich aufbaute; nichts als ein paar Assoziationen in der 2. Strophe! Das genau bildet den Dämmerzustand beim Einschlafen ab: die Konturen verwischen sich, diffuse Klänge bleiben übrig, in denen organische (*Bienen, Linde* d. h. Tiere und Pflanzen) und anorganische Natur (*Quellen, Kieseln* d. h. Elemente und Steine) mit den außerirdischen Dingen (*Mond*) und Kräften (*zieht*) sich harmonisch vereinigen. Die Vorstellung der Romantik ist nicht zu übersehen, die die Stimmen von Mensch und Natur in der Sphärenmusik zusammenklingen ließ; die Welt wird nicht gesehen, sondern gehört. Die Aufforderung zum Singen – es ist eine grobe Vereinfachung, wenn man sie sich nur an die Mütter gerichtet denkt – ist denn auch eng verknüpft mit Hinweisen, zunächst zu hören: *von dem Monde lernt die Weise* (die Doppeldeutigkeit im Sinn von „Melodie" und „Art und Weise" ist kennzeichnend für die begriffliche Unschärfe) oder *Singt ... wie*. Dass der Mond den Ton angeben soll, das Lied nicht nur leise, sondern *still* zu singen, hebt den letzten Rest an sinnlicher Wahrnehmung auf und entrückt es zum Idealgebilde, zur rein gedanklichen Vorstellung.

Anregungen für den Unterricht

Wenn man nicht mit dem stillen Einlesen oder dem Gedichtvortrag beginnen will, könnte als Hinführung der Vergleich mit einem bekannten Wiegenlied dienen (Anrede *Singet* statt *schlaf*; wer wird angeredet?) oder mit einer eher meditativen Phase der Stille. (Es gibt neuerdings Entspannungstechniken für Kinder, die auch im allgemeinen Unterricht genutzt werden können). Diese Ruhephase könnte man als notwendig erklären aus dem Bedürfnis von Menschen, sich gegen Lärmbelästigung zu wehren, aus dem Wunsch nach Stille. Damit würde die Textbegegnung nicht unter dem Eindruck stehen: mit Wiegenliedern haben wir nichts zu tun.

Wenn die allzu einseitige Deutung „Natur heilt" vermieden werden soll, lässt sich die Analyse des Textes aufbauen über die Worterklärung *gelinde (lindern)* auf dem Kontrast von laut (die Erwachsenen sind eilig, hastig, nervös durch Arbeit und Lärm) und leise (sie suchen Erholung in der Natur; sie hören dem beruhigenden Rauschen des Wassers oder dem Summen der Insekten zu). Wie kommt das Leise zum Ausdruck? Adjektive wie *leise, still, gelinde, flüsternd* legen es nahe, und die Verben der Schlusszeilen benennen leise Geräusche und ahmen sie klangmalend nach; die beiden Bilder der 2. Strophe zeigen gleichmäßige und einschläfernde Bewegungen; die klangliche Wirkung der Vokale und Konsonanten muss einsichtig werden. Ständige Sprechversuche gehen mit dem Analysieren einher. Abschließend kann die Frage gestellt werden, inwiefern die Überschrift *Wiegenlied* zutrifft.

4. Heinrich Heine: Der Wind zieht seine Hosen an

Zum Text:

Wenn auch die Personifikation – der Wind, der seine Hosen anzieht – als erstes ins Auge fällt, so soll es hier besonders auf Metrum und Rhythmus des Textes ankommen, die im Verlauf der drei Strophen eine Veränderung erfahren und in der letzten Strophe an Dramatik gewinnen. Nur die zweite Strophe bildet eine Ausnahme mit ihren regelmäßig alternierenden Metren, während die dritte und vierte Zeile der ersten Strophe ein stark rhythmisierendes Element durch die Daktylen erhalten: *Sie heulen und brausen und tosen.* Der zweisilbige Auftakt gibt der letzten Strophe ein besonderes Gewicht. Gerade hier findet der unruhige Wechsel von drei- und vierhebigen Zeilen sein rhythmisches Pendant. Die Betonung beim Sprechen umspielt das Metrum eher, bewegt sich gegenläufig. Der Rhythmus ist ein Instrument, die unheimliche, bedrohliche Naturszenerie entstehen zu lassen. Daneben wirkt das Bild von der alten Nacht, die das alte Meer ersäuft, geradezu apokalyptisch.

Anregungen für den Unterricht:

Das Hören des gesprochenen Gedichts und das Nachgestalten stehen sicher im Mittelpunkt des Unterrichts, wobei die Wirkung immer wieder am Text überprüft wird, beispielsweise das Klatschen und Sich-Überschlagen der Wellen muss zu hören sein. Man wird zunächst von der wörtlichen Bedeutung des Textes ausgehen, um später mögliche übertragene Bedeutungen zu klären („Windhose"). Das Gefühl des Ausgeliefertseins an das

Element Wasser macht besonders das Bild der Möwe deutlich, die sich an den Mastbaum klammert. Das Deklamieren mit erhobener Stimme lässt sich an dieser Zeile eindringlich erproben.

Weitere Gedichte:

Anonym: Mein Pferdchen (Kliewer: Elemente und Formen der Lyrik)

Heinrich Seidel: Die Schaukel (Wundertüte)

James Krüss: Das Feuer (Reihe II)

Eduard Mörike: Lied vom Winde (Reihe VI)

Bruno Horst Bull: Der Wind / *Josef Guggenmos*: Geschichte vom Wind (Reihe XIX)

Literatur

Bachmann, Fritz, Herbert Chiout, Wilhelm Steffens (Hrsg.): Klang, Reim, Rhythmus. Gedichte für die Grundschule. Frankfurt: Hirschgraben 1972

Breuer, Dieter: Deutsche Metrik und Versgeschichte. München: Fink 1981; 3. Auflage 1994 (UTB 745)

Burdorf, Dieter: Einführung in die Gedichtanalyse. Stuttgart: Metzler 1995. 2., überarb. und aktualisierte Auflage 1997 (Sammlung Metzler 284)

Gelfert, Hans-Dieter: Wie interpretiert man ein Gedicht? Stuttgart: Reclam 1990 (Arbeitstexte für den Unterricht)

Gelfert, Hans-Dieter: Einführung in die Verslehre. Stuttgart: Reclam 1998 (Arbeitstexte für den Unterricht)

Germann, Heide u. a.: Töne für Kinder. Kassetten und CDs im kommentierten Überblick. Ausgabe 1999/2000. Freiburg: KoPäd 1999

Kayser, Wolfgang: Kleine deutsche Versschule. Bern: Francke 1946. 8. Auflage 1961

Kayser, Wolfgang: Das sprachliche Kunstwerk. Bern: Francke 1948, 6. Auflage 1960

Kempinsky, Heinrich: Durchs Morgentor. Die Führung der Kleinen zur Dichtkunst. Habelschwerdt: Franke o. J.

Kuhnke, Klaus (Hrsg.): Baggerführer Willibald. Kinderlieder. Reinsbek: Rowohlt 1973 (rotfuchs 20)

Lamping, Dieter: Das lyrische Gedicht. Definitionen zu Theorie und Geschichte der Gattung. Göttingen: Vandenhoeck & Ruprecht 1989, 2. Auflage 1993

Mohr, Wolfgang: Rhythmus. In Reallexikon der deutschen Literaturgeschichte. Berlin: de Gruyter 1971

Rühmkorf, Peter: Über das Volksvermögen. Exkurse in den literarischen Untergrund. Reinbek: Rowohlt 1967, Taschenbuchausgabe 1969

Steffens, Wilhelm u. a.: Das Gedicht in der Grundschule. Strukturen, Lernziele, Experimente, Frankfurt: Hirschgraben 1973

Wilpert Gero von: Sachwörterbuch der Literatur. Stuttgart: Kröner 1955, 6. Auflage 1979

II. Gedichte muss man sprechen

Sprechwissenschaft und Sprecherziehung haben neben den analytischen Verfahren des Sprechens *über* Texte Methoden entwickelt, mit denen das Interpretieren *durch* Sprechen erprobt wird, d. h. durch das bewusste Einsetzen sprecherischer Mittel (Tempo, Tonhöhe, Stimmfarbe, Rhythmus u. ä.) erschließen sich Inhalt und Form (vgl. Geissner 1981 und 1982). Daneben gibt es auch die Faszination des musikalischen Klangbildes, das von Kindern genossen wird, beispielsweise beim Hören von Kassetten ohne sich den Inhalt bewusst zu machen. Die klanglichen und rhythmischen Elemente, die im Gedicht in besonderer Weise organisiert sind, müssen durch das Sprechen aus den Buchstaben ins Leben zurückgeholt werden. Dabei spielen Lautmalerei und Lautsymbolik eine Rolle, also der gezielte Gebrauch von Vokalen und Konsonanten, aber auch die Zeilenbildung mit weiblichen oder männlichen Ausgängen, das Zusammenbinden von Wörtern durch Alliteration (meist innerhalb der Zeile) von Zeilen durch den Endreim und schließlich das Überwinden der Zeilenbildung durch das Enjambement. Es ist darauf zu achten, dass der Vortrag immer noch lebendig bleibt und das allzu schöne, unnatürliche Sprechen, wie es sich bei den Showveranstaltungen des Vorlesewettbewerbs findet, vermieden wird. Ursache für solche Übertreibungen sind häufig auch besondere Anstrengungen, um eine gute Note zu bekommen. Das Auswendigsprechen hat durchaus seine Berechtigung, sollte aber ebenfalls unverkrampft und stressfrei gehandhabt werden: wer stecken bleibt, liest weiter.

Die Reihe „Gedichte muss man sprechen" geht nicht dezidiert auf die mündliche Tradition der Lyrik ein, wie sie Helmut Fischer zuletzt in seinem Beitrag *Poesie der Kinder* (2001) dargestellt hat. Sie findet ihren Niederschlag in Schulbüchern und Anthologien unter der Rubrik „Volksgut" oder als die schriftlich fixierten „anonymen" Texte. Fischer dagegen sammelt und beobachtet seit Jahren die sogenannte „Straßenlyrik", die lebendig ist wie eh und je, spielerisch und parodistisch sich in die Alltagskultur einfügt.

1. Anonym: Bidele, badele, budele Batzen

Zum Text:

Katzen und Mäuse stehen in ihrer Beliebtheit bei den Autoren von Kindergedichten dem Wind kaum nach. Sinn- und reine Klangelemente sind bunt gemischt; ob die Batzen mehr in den ersten oder zweiten Bereich gehören, lässt sich nicht ausmachen. Die einleitenden, zum Schnellsprechen und genauen Artikulieren auffordernden *bidele, badele, budele* zeigen die schlendernden Tanznarren und „reimen" wieder durch Ablaut. Der Tanz selbst hört sich weniger elegant an (*rumsti, bumsti*); der Sänger lädt zum Mittanzen ein, formuliert aber als Aussage *wir tanzen mit*. Ob die Mäuse tanzen, um sich das Essen zu verdienen, oder zunächst essen und dann vor Ausgelassenheit tanzen, diese Frage mag für wesentlich halten und in seinem Sinne beantworten, wer in jedem Kinderlied das gesunkene Kulturgut sieht und die gesellschaftsbezogene Aussage des Erwachsenen.

Anregungen für den Unterricht:

Alle Möglichkeiten des Sprechens kann man durchspielen: laut und leise, gewispert und mit Pausen hervorgestoßen, nur mit den Sprechwerkzeugen ohne Ton oder „orchestriert". Darunter sind zu verstehen: das Sprechen im Kanon, das Verteilen einzelner Zeilen oder Wortgruppen auf verschiedene Sprechergruppen, die es wie die Stimmen im Orchester gegeneinander setzen, und schließlich können die Kinder sich zu ihren Textteilen Bewegungen ausdenken. Da der Text weitgehend sinnfrei ist, eignet er sich besonders gut zum freien Spiel, ohne dass eine Bedeutung des Textes adäquat ins Sprechen umgesetzt werden müsste.

2. Werner Halle: AEIOU

Zum Text:

Was unterscheidet dieses Vokalmosaik von früheren Versuchen, den Stimmungsgehalt der Selbstlaute einzufangen oder gar symbolisch zu deuten, wie es um 1870 Rimbaud mit *Voyelles* versuchte: *A noir, E blanc, I rouge, U vert, O bleu.* Die Vokalhäufungen, vor allem in den Reimen, sind zwar sichtbar, aber sie werden nicht auf Kosten des inhaltlichen Zusammenhanges gesucht. Jede Strophe behandelt eine andere Person mit einer eigenen Geschichte. Komisch wird das Gedicht nicht dadurch, dass es selbst darauf zeigt (*Oben jodelt, oh wie komisch/Onkel Otto aus Tirol*), sondern durch das Sammelsurium, das Zeile für Zeile aufgehäuft wird. Am wenigsten gelungen – unter dieser Absicht – ist die zweite Strophe. Es ist ein Text, in dem mit den Klängen gespielt wird, völlig oder teilweise losgelöst von den Fesseln sinnvoller Bedeutung. Zur Förderung der kreativen Kräfte könnte es kommen, zur Einsicht, dass Sprache etwas Veränderbares ist, nicht nur geeignet zur Benennung von Fakten. Kinder können erkennen: das gibt es gar nicht, aber das kann man mit Sprache machen.

Anregungen für den Unterricht:

Die Kinder lesen den Text leise und finden, dass jeweils eine Strophe einem Vokal zugeordnet werden kann, dass die Reihenfolge der Strophen keinem inhaltlichen Zwang folgt. Es kann ihnen bewusst werden, dass alles in diesem Gedicht erfunden ist nach einem Prinzip der Vokalhäufung, ohne Sinn, aber mit sinnvollen Wörtern und Satzstrukturen. Als Beispiel kann auch das Lied von den *Drei Chinesen mit dem Kontrabass* angeführt werden. Auch an einzelnen Wörtern ließe sich das Prinzip der Vokalhäufung ausprobieren (Uhu, Tabak, Katamaran usw.) oder auch an Wortfolgen (Papa aß Ananas; Peter redet Blech usw.). Beim Charakterisieren der Klangwirkung, am besten durch Vergleich etwa der i- und u-Strophe, muss man sich vor Festlegungen hüten und über Begriffe wie hell, spitz, freundlich, lustig bzw. dunkel nicht hinausgreifen. Vielleicht lässt sich durch Gegenbeispiele eine Einengung abwenden. Dass dieses Gedicht mit den verschiedenen Klangwirkungen der einzelnen Strophen immer wieder gesprochen werden muss, liegt auf der Hand.

3. James Krüss: Das Feuer

Zum Text:

Von der dämonischen Gewalt des Elements in Mörikes *Feuerreiter* etwa ist nicht viel übriggeblieben außer dem raubtierhaften Schlucken und Schlingen (II, 4); die Mittel, mit denen Krüss das Ausgehen des Feuers darstellt, erinnern an das Verkürzen der Zeilen, mit dem Mörike das Verstummen des Feuerglöckleins hörbar macht. Der bei aller Systematik niemals starr wirkende kunstvolle Bau des Gedichts sowie der Einzelstrophen und die in ihrer Häufung barock wirkenden Lautmalereien haben den Text zum beliebten Demonstrationsobjekt gemacht, das in verschiedenen Altersstufen mit verschiedenen Schwerpunkten betrachtet wird. Viermal wird der Leser aufgefordert, sich das Feuer vorzustellen, mit allen fünf Sinnen, wobei das Schmecken – die angelegte Systematik durchbrechend – nur am Rande, zusammen mit dem Riechen auftaucht. Die anschließende Engführung (Strophe V) nimmt ebenso wie der Schlussteil das Wortmaterial nicht konsequent aus den Strophen I–IV; das Gesetz, nach dem gebaut wird, ist sichtbar, aber es dominiert nicht. Auch die ausführlichen Beschreibungen des Beginns ähneln sich zwar im großen syntaktischen Rahmen, in der Halbierung der Strophen in einen Pluralteil, von *Flammen* abhängig, einen Singularteil, der sich an *wie das Feuer* anschließt, aber in der Einzelgestaltung gibt es starke Abweichungen: Verb-

reihen, Adjektivhäufungen, verschiedene Formen der Satzgliedfüllung.
Die klangliche Wirkung geht aus von den Alliterationen, besonders ausge-
prägt in Strophe I, von den lautmalenden *knackt, flackt* u. ä. und den im
Zusammenhang mit dem syntaktischen Bau stehenden Wiederholungen.
Das Verlöschen des Feuers setzt sich von den lebhaften Rhythmen der vor-
aufgehenden Strophen ab: es erstreckt sich über sechs Zeilen (statt der
üblichen vier); die Zahl der metrischen Hebungen sinkt von vier über
zwei in den vier, denselben Vorgang jeweils anders ausmalenden Zeilen
auf eine im abschließenden *aus*; die mittleren Zweitakter heben sich außerdem durch ihre Auftakte von den rahmenden Zeilen der Strophe ab.
Das Verlöschen wird am deutlichsten, wenn man die Reduktion von dem
sehr differenzierten Satz einer ganzen Strophe über die Kurzfassung der
Frage bis zum knappen *ein letztes Knistern* verfolgt.

Anregungen für den Unterricht:

Auch ohne Lagerfeuerromantik und Kartoffelfeuer, auch im Zeitalter der
Zentralheizungen und des Elektroherdes hat die sinnfällige Darstellung
des offenen Feuers ihre Berechtigung im Unterricht. Wie konkret allerdings die Vorstellungen werden können, zu denen im Gedicht aufgerufen
wird, wie sie sich von jenen unterscheiden, die auf Erlebnisse aufbauen
können, lässt sich nicht sagen. Bleibt vielleicht das inhaltsleere Klangspiel
übrig? Geht man von dem dargestellten Vorgang aus, so ist festzustellen,
dass der Dichter nicht nur sagt: Das Feuer brennt und geht aus, sondern
man kann es hören (Lautmalerei). Die klangliche Wirkung der Alliteration sollte auch im Hinblick auf deren Verwendung in der Werbesprache gesehen werden. So könnte der Themenbereich durch Sammeln von Verben, Adjektiven und sprachlichen Bildern zunächst eingekreist werden,
ehe der Text in seinen Klangqualitäten den SchülerInnen bekannt gemacht wird. Bei eigenen Leseversuchen ist es wichtig, die Abstufungen
der Lautstärke aus dem Text zu begründen. Für Alliteration können Kinder den Begriff Stabreim benutzen. Die Ähnlichkeit der Strophen I bis IV
wäre festzustellen: die fünf Sinne liegen ihnen zugrunde. Das Feuer wird
kleiner (Strophe VI, dann auch Strophe V).

4. Eduard Mörike: Um Mitternacht

Zum Text:

Die Übergänge zwischen Tag und Nacht und zwischen den Tagen üben auf
Mörike besondere Faszination aus: sie scheinen Fixpunkte im Strom der

Zeit. Die ersten vier Zeilen sind jeweils durch ruhiges Schreiten im Rhythmus gekennzeichnet, durch die Leitwörter *gelassen* und *Schlummerlied*; im Kontrast zu ihnen steht die aufgerissene Zeilenform der Zeilen 5–8 bzw. 13–16, im lebhaften Rhythmus und dem Leitwort *kecker*, das Fließen der Zeit andeutend. Die Nacht kommt aus der Vergangenheit, *stieg* aus dem Meer der Zeitlosigkeit, in die sie sich zunächst zurückträumt; erst dann *sieht* sie das Vorher und Nachher im Bild der Waage. Dem optischen Zeichen wird das akustische gegenübergestellt: das Rauschen und Singen der Quellen. Beide Sinne überlagern sich in der zweiten Strophe zur Synästhesie: *Ihr klingt des Himmels Bläue süßer noch*, selbst der Geschmackssinn wird einbezogen. Die zentralen Wörter *Quellen* und *singen* stehen bei der Wiederholung genau an den metrisch entsprechenden Stellen; das *gleichgeschwungne Joch* korrespondiert mit den *gleichen Schalen* der ersten Strophe. Die graphische Anordnung der Zeilen macht einerseits die beschriebene inhaltliche Struktur deutlich, andererseits durch das erneute Einrücken der jeweils vorletzten Zeile der Strophen das Paradox von *heute* als Gegenwart und *gewesen* als Vergangenheit. Außerdem wird das Sprechen dadurch, dass *vom Tage* allein in eine Zeile gesetzt wird, trotz des Beibehaltens der Daktylen verlangsamt: das Gedicht schwingt ruhig aus (vgl. Hötzer 1972: 61 ff.).

Anregungen für den Unterricht:

Die Gegensätzlichkeit der Strophenhälften ist rhythmisch sehr deutlich: „so kann das gestaltende Sprechen dieser Übergänge auch ohne definierende Analyse zum Verstehen der Symbolik führen: Wendepunkt, an dem die Bewegung der Zeit zu stocken scheint" (Hötzer). Jugendliche werden den philosophischen Reflexionen über die Zeit und dem Korrespondieren der Bilder nicht verständnislos gegenüberstehen. Wie wirkt sich der Übergang von einem Tag zum andern (Mitternacht) auf unser „Zeit-Denken" aus? Was in dieser Sekunde noch heute ist, wird in der nächsten Sekunde schon gestern sein. Deutlicher wird es noch beim Übergang von einem Jahr zum andern. Um Mitternacht, also zwischen zwei Sekunden ändert sich das Zeitgefüge: was jetzt noch „dieses Jahr" ist, wird im nächsten Augenblick schon zum „vorigen Jahr" oder gar zum „letzten Jahrhundert". Hieran kann eindrucksvoll das unaufhaltsame Fließen der Zeit verdeutlicht werden.

5. Johann Wolfgang von Goethe: Der Zauberlehrling

Zum Text:

Euphorisches Ergreifen der angemaßten Macht über die Elemente und
Verzweiflung über die nicht beherrschbare Katastrophe! Das gebieteri-
sche *Stehe! Stehe!* im Refrain der dritten Strophe wird zum jammernden
Wehe! Wehe! in der sechsten, der nur noch das Zauberwort des alten Mei-
sters in der siebenten folgt. Ohne sich der religiösen Dimension des Denk-
musters bewusst zu sein und ohne unsere Erfahrungen von der Unum-
kehrbarkeit menschlichen Handelns im naturwissenschaftlich-techni-
schen Bereich mag Goethe auch die Geschichte komisch-humoristisch
verstanden haben. Dennoch gilt der Zauberlehrling für uns als Bild des
überheblichen, aber eigentlich ohnmächtigen Menschen, dessen Erfin-
dungen und zerstörerische Eingriffe in die Natur das Chaos herbeiführen,
wenn nicht eine höhere Macht gnädig hilft. Die belehrende Absicht lässt
sich kaum übersehen: Füge dich in die Ordnung von Meister und Schüler;
Aufmüpfigkeit wird bestraft. Die Sprechgestalt der Ballade ist durch die
rückläufige Zahl der Takte in jeder Zeile markiert: jeweils vier Zeilen haben zunächst vier, dann drei Hebungen, im Refrain, der auch optisch
durch Einrückung abgehoben wird, dann zwei, die in den letzten beiden
Zeilen verdoppelt werden. Die Unmittelbarkeit der Wirkung geht sicher
nicht nur von der spannenden Geschichte aus, sondern auch von der für
eine Ballade ungewöhnlichen Art der Darstellung: die für die Gattung typischen narrativen Elemente sind völlig zurückgenommen zugunsten der
Perspektive eines wahrnehmenden und erlebenden Ichs. Das Geschehen
wird gefiltert durch das Wechselbad der Gefühle.

Anregungen für den Unterricht:

Lange bevor Goethe für Kinder erobert wurde, und zwar nicht nur mit der
moralisierenden *Wandelnden Glocke* und ein paar netten Reimen wie *Die
Frösche*, sondern durch Lutz Görner und die Produkte des Goethe-Jahres
1999, gab es die Übersetzung des *Zauberlehrlings* in den Puppenfilm *Peti
und der Roboter* aus dem Jahre 1964 (vgl. Baurmann 2000 und Matthias
1999). Die Ballade kann also wesentlich früher im Literaturunterricht auftauchen als es noch in den 70er Jahren üblich war. Lauterwasser weist darauf hin, dass auch das Märchen *Der süße Brei* auf das Thema „Mensch
und Technik" einstimmen könnte (Lauterwasser 1972). Zaubern, das sind
nicht harmlose Taschenspielertricks, sondern heißt: sich einlassen auf magische, dämonische Kräfte, die Geister einer unfassbaren, jenseitigen

Welt herausfordern. Auf diesem Hintergrund des Schauders oder seiner
Ironisierung stellen Sprechversuche eine Herausforderung dar, die Kinder aber gern annehmen werden. Auch wenn Görner in seiner Exaltiert-
heit vielleicht kein nachahmenswertes Vorbild ist, sollte man ihn anhören
ebenso wie die Fassung, die Achim Reichel als Rock-Version bietet. Das
auch bei Kindern beliebte Verfahren der Vertonung, der musikalischen
Untermalung von Gedichten, wurde auf den *Zauberlehrling* angewendet
(vgl. Rentel 2001), wobei allerdings der Rhythmus der Sprechpartien und
die Melodien vorgegeben werden.

6. Hugo Ball: Karawane

Zum Text:

Heute schreckt Dada niemand mehr; entweder hat man sich an die abstrakte Dichtung wie an abstrakte (bildende) Kunst gewöhnt oder man tut
ihn als Blödsinn der ohnedies nicht ernst zu nehmenden Kulturbarbaren
ab. Auf verschiedenen Ebenen der Sinnhaftigkeit entsteht ein klangvolles
Gestammel, das, ausgehend vom Titel als dem einzigen Wegweiser, zu einer Fülle von Deutungen und Vermutungen Anlass gibt. Dass es sich um
eine Elefantenkarawane handelt, geht aus jenen drei Wörtern hervor, die
wie Küchenlatein klingen: *jolifanto, großiga, russula*. Von diesem semantischen Feld aus enträtselt man ohne stichhaltigen Grund das *ü üü ü* als
Trompeten der Tiere, die drei Stellen, an denen die sonst seltenen *t* und *k*
zwischen zwei *a* stehen (*hollaka, fataka, tatta*) als Rufe der Treiber, vielleicht nur, weil man auf der Sinnsuche, die alle LeserInnen leitet, auf die
benachbarten Interjektionen *hollala* und *hej* stößt; schließlich stellen sich
Assoziationen des Stampfens ein durch die Wiederholungen und Anklänge, die auffallenderweise nur mit dunklen Vokalen, teils nur mit *u* vorge-
nommen werden: *wulla wussa; wulubu*. Häufiger findet sich die Reihe
von *a* über *o* nach *u* fallend: *anlogo bung/blago bung blago bung* und ganz
ähnlich am Schluss mit Öffnung der Vokalfolge *tumba*, dann wieder Ab-
dunklung *ba-umf*, die erst nach einer Zwischenzeile wiederkehrt und damit das Gedichtende signalisiert, das konsequent nur klanglich und nicht
vom Sinn her gesetzt werden kann. Eine Gliederung innerhalb der Zeilen-
folge ist nicht erkennbar. Neben den klanglichen Elementen tragen die
rhythmischen stark zur Wirkung bei. Es ist merkwürdig, wie ganz bestimmte Betonungen trotz des sinnlosen Silbenmaterials vorgegeben zu
sein scheinen.

Anregungen für den Unterricht

Bis zur Verselbständigung des Klanges führt die Reihe, die mit Texten Jandls und Beispielen des Neuen Hörspiels fortgesetzt werden könnte. In der Nachbarschaft von Kinderreim und Nonsense – Lyrik für Kinder hat das „sinnlose" DadaGedicht seinen Platz im Unterricht; die Kinder begegnen ihm unvoreingenommener als in der Sekundarstufe. Der Spaß an der Sprachspielerei, am Erfinden von Geheimsprachen und am „Gespräch" in Phantasiesprachen verliert sich in der Pubertät. Wenn Kinder einsehen lernen, dass nicht alles schon „entartet" ist, was der Forderung nach Lebensbewältigung in einem sehr vordergründigen Sinn sich entzieht, dann werden sie erkennen, dass auch solche Textgebilde ihren Platz in der Kunst haben. Mögliche Aufgaben: Sprechversuche und Inhaltsvermutungen, Untersuchung der zunehmenden Abstraktion und deren Benennung als sinnvolle Wörter, Anklang an Wörter, Lautmalerei (Trompeten der Elefanten, Rufe der Antreiber, Gang der Elefanten). Der Klang der dunklen Vokale und weichen Konsonanten herrscht eindeutig vor. Die Kinder spielen, wie ein Fremder sich verständlich machen will. Er spricht eine Phantasiesprache, kann aber durch Mimik, Gestik und vor allem Dynamik sich mitteilen oder sie spielen ein „Gespräch" zwischen einem Schimpfenden und einem anderen, der ihn beruhigen will. Das Gestalten eines Textes zu einem anderen Thema (in einem fremden Land unterhalten sich zwei Nachbarn) ist vielleicht in begabten Klassen in Gruppenarbeit möglich (vgl. Cromme, Geissner, Hegele, Pohl in Pohl / Pohl 1998). ʻDie Illustration im Textband folgt bewußt nicht inhaltlichen Elementen wie: Karawane, Wüste u. ä., sondern setzt sich aus abstrakten Elementen zusammen.

Weitere Gedichte:

Eduard Mörike: Kinderszene (Wundertüte)

Latschesar Stantschev: Hase und Pilz (Kliewer: Elemente und Formen der Lyrik)

Christian Morgenstern: Vogelscheuche (Kliewer: Elemente und Formen der Lyrik)

Hans Adolf Halbey: Pampelmusensalat (Wundertüte)

Günter Saalmann: Das exklusive Interview (Großer Ozean)

Elisabeth Borchers: Kleines Wörterbuch (Großer Ozean)

Literatur

Baurmann, Jürgen: Goethe für Kinder – Wege zu Goethe? In: Henner Barthel u. a. (Hrsg.): Aus „Wundertüte" und „Zauberkasten". Über die Kunst des Umgangs mit Kinder- und Jugendliteratur. Festschrift zum 65. Geburtstag von Heinz-Jürgen Kliewer. Frankfurt: Lang 2000, S. 571–580

Döhl, Reinhard: Das neue Hörspiel. Darmstadt: Wissenschaftliche Buchgesellschaft 1988 (Geschichte und Typologie des Hörspiels Band 5)

Fischer, Helmut: Poesie der Kinder. Mündliche Texte in Alltag und Schule. In: Gabriele Cromme und Günter Lange (Hrsg.): Kinder- und Jugendliteratur. Lesen – Verstehen – Vermitteln. Festschrift für Wilhelm Steffens. Baltmannsweiler: Schneider Hohengehren 2001 (Didaktik der Kinder- und Jugendliteratur 1), S. 59–77

Geißner, Hellmut: Sprechwissenschaft. Theorie der mündlichen Kommunikation. Frankfurt: Scriptor 1981, 2. Auflage 1988

Geißner, Hellmut: Sprecherziehung. Didaktik und Methodik der mündlichen Kommunikation. Frankfurt: Scriptor 1982, 2. Auflage 1986

Goethe, Johann Wolfgang: Der Zauberlehrling. Ill. Heidrun Boddin. München: Middelhauve 1999

Hötzer, Ulrich: Eduard Mörike: Um Mitternacht. In: Johann Bauer (Hrsg.): Lyrik interpretiert. Lernzielplanung und Unterrichtsmodelle für das 7.–10. Schuljahr. Hannover: Schroedel 1972, S. 61–64

Lauterwasser, Walter: Johann Wolfgang von Goethe: Der Zauberlehrling. In: Johann Bauer (Hrsg.): Lyrik interpretiert. Lernzielplanung und Unterrichtsmodelle für das 7.–10. Schuljahr. Hannover: Schroedel 1972, S. 110–112

Matthias, Dieter: Metamorphosen des Zauberlehrlings. Ein Vergleich von Ballade, Trickfilm und Vertonung. Praxis Deutsch 26 (1999) Heft 156, S. 32–35

Pohl, Inge/Jürgen Pohl (Hrsg.): Texte über Texte. Interdisziplinäre Zugänge. Frankfurt: Lang 1998 (Sprache – System und Tätigkeit 24)

Reichel, Achim: Regenballade. CD WEA 1991 (9031-75870-2)

Rentel, Susanne: Walle, Wille, Werke, Worte, Wunder. Goethes Zauberlehrling als Lied. Entstehung und Erarbeitungswege. Grundschule 33 (2001) Heft 7–8, S. 65–71

III. Wie Gedichte von außen aussehen

Wenn eine Buchseite wenig Druckerschwärze und viel Weiß zeigt, dann
handelt es sich um Lyrik. Diese Einsicht ist weniger lapidar als es scheint.
Burdorf widmet dem Thema *Das Gedicht als Schrift: Graphische Ausdrucksformen* ein ganzes Kapitel (Burdorf 1997). Lampings Definitions-
merkmal des Gedichts, nämlich der Zeilenabbruch ist (auch) ein äußerli-
ches, sichtbares. Orthographie (Großschreibung am Zeilenanfang oder
konsequente Kleinschreibung wie bei den Jandl-Gedichten) und Typogra-
phie, etwa der Mittelachsendruck bei Arno Holz sind authentische Autor-
absichten, in die nicht aus ästhetischen Gründen eingegriffen werden
darf. (vgl. die Anthologie von Ute Andresen *Im Mondlicht wächst das
Gras*, in der willkürlich das äußere Bild eines Gedichtes verändert wird).
Barocke Figurengedichte und die parodierende Wiederaufnahme bei
Morgenstern nutzen ebenso wie die visuelle Poesie und die Collage die
graphischen Möglichkeiten. Schließlich reizt die weiße Restfläche zu Illustrationen. Besondere Formen brachte das Spätmittelalter mit den Emblemen hervor, einer festen Verknüpfung von Bild und Gedicht, sowie die
moderne Technik mit einigen Videoclips. Die Unterschiede von Lyrik und
Prosa liegen vordergründig im Visuellen, lassen sich aber häufig nicht klar
begründen; die sog. Alltagslyrik der 80er Jahre scheint zuweilen in Zeilen
geschriebene Prosa zu sein. Waldmann erörtert das Problem an einer kon-
struierten Fassung eines Storm-Gedichts (Waldmann 1998: 17).

Zu den Formelementen der Lyrik zählen außer Metrum und Rhythmus,
dem zuweilen übersehenen Klang der Versbau, die Strophe, die verschiedenen Gedichtformen und der Reim. Vor allem die letzteren sind für Lai-
en die Charakteristika der Gattung; fehlen sie, so scheinen Mängel vorzu-
liegen. Reimformen und Reimfolgen (Reimstellung) fanden das Hauptinteresse der Schulmetrik; ihre Vorliebe galt den Sonderformen der Taktrei-
hen (Blankvers, Alexandriner, Hexameter und Pentameter), den Stro-
phenformen (Volkliedstrophe, Terzine, Oden u. a.) und Gedichtformen
(z. B. Sonett), wobei die antike und die romanische Tradition wegen ihrer
fest gefügten Formen als Musterpoetik sich besonders gut eigneten. Reim
d. h. heute Endreim, es gilt aber auch für den älteren Stabreim, ist zunächst einmal Klang: Gleichklang von Wörtern vom letzten betonten Vokal ab bzw. Gleichklang der anlautenden betonten Stammsilben. Der
Endreim wendet sich aber nicht nur an das Ohr, sondern er ist auch *das
Ufer, wo sie landen,/sind zwei Gedanken einverstanden* (Karl Kraus).

Schließlich „bindet" er nicht nur Klang und Sinn, „er sondert auch; indem er nach sich eine Pause verlangt, macht er das Ende der Zeile ohrenfällig, stärkt er die Einheit der Zeile und schafft, durch die Erwartung eines Reimwortes in einer kommenden, höhere Einheiten". (Kayser 1961: 82) Es entsteht eine Spannung, die beim Kreuzreim größer ist als beim Paarreim. Der Funktion des Reims für die Zeilenbildung steht das sog. Enjambement gegenüber, das Sinn und Satzeinheiten über das Zeilenende hinausfließen lässt und damit einer drohenden Monotonie gleich langer Sprecheinheiten begegnet. Während im Reim sich zur Wiederholung des Gleichklanges das Fortschreiten des Sinnes gesellen muss, gibt es neben besonders kunstvollen Formen, in denen die Wiederholung zum gestalterischen Prinzip wird (Rondeau, Ghasel u. a.), eine vermutlich vom Lied übernommene einfache Art: den Refrain oder Kehrreim. „Reim" steht hier in der alten Bedeutung des Wortes „rîm" = Zeile.

Der Reim als „Gedankentrommel" (Herder), als Gedächtnisstütze in schriftloser Zeit und bei noch nicht lesenden Kindern ist zum Grundmuster einer Reihe von Texten geworden, die allein durch die Reime zusammengehalten werden; ein „Sinn" ist nicht erkennbar: *jung ist nicht alt, warm ist nicht kalt./groß ist nicht klein,/grob ist nicht fein."* usw. oder *Es war einmal ein Mann, der hatte einen Schwamm./Der Schwamm war ihm zu nass,/da ging er auf die Gass'* usw. Beim letzten Beispiel greift eine Zeile in die nächste wie ein Glied der Kette ins andere (Kettenreim). Beliebt ist das Reihen von Gegensätzen; die Paare gehören jeweils der gleichen Wortart an.

1. Anonym:

Auf dem Berge Sinai
Ich ging einmal nach Buschlabeh

Zu den Texten:

In der für die Volksdichtung typischen knappen Weise, ohne Ausschmückung und beschreibendes Beiwerk wird die Geschichte vom Beinannähen erzählt, in der Art des Märchens, in dem bei solchen Fällen kein Blut zu fließen scheint. Der Satzbau dagegen ist recht differenziert: die Apposition in Zeile 3, die Reihung der Prädikate in dem ersten Vierzeiler nach dem einleitenden Reimpaar; in dem nächsten, ganz ähnlich gebauten Vierzeiler, was die Wiederholungen angeht (*fiel herab, fiel herab* und *nähte an, nähte an*), die beiden Präpositionalobjekte und der abschließende

Finalsatz. Jeweils zwei durch Reim verbundene Zeilen bilden erst eine Sinneinheit. Der Inhalt steht weniger in Verbindung zu der verbreiteten Berufsschelte, für die der Schneider Inbegriff der Schwächlichkeit war, als zu den Heile-Heile-Segen-Sprüchen. Das geht vor allem aus einer Variante hervor, die den Schaden noch einfacher behebt: *der klebt das Bein mit Spucke an.* Wie der Reim eine Sinneinheit bindet, zeigt dieser Kinderreim. Die Großgliederung, die durch den syntaktischen Bau entsteht, wird besonders deutlich wegen der Entsprechungen der beiden Vierzeiler (Zeile 3–6 und 7–10).

Nicht der Reim bestimmt den Aufbau des Kinderreims *Ich ging einmal nach Buschlabeh*, sondern ein anderes Merkmal: die Dreizahl, bekannt aus Märchen und Sprüchen wie *Sonne Sonne scheine.* Eine handfeste Vorausdeutung *Da ging mir's schlecht* bereitet über die Wohltaten der beiden guten Hexen hinweg das Übel vor, auf das man mit Beginn des Zählens wartet. Die ersten beiden sprechen nur, die dritte handelt sofort. Dieses szenische Darstellen ist im Kinderreim nicht gerade häufig; auch die Ich-Form kommt seltener vor als die Er-„Erzählung". Um das Geschehen am Phantasieort Buschlabeh legt sich der Rahmen der Reflexionen. Die beiden Anfangszeilen korrespondieren mit den beiden Schlusszeilen : *Ich ging einmal/Ich geh nicht mehr . . .* Der Schmerzensausruf mit dem vorangehenden *Da ging's mir schlecht . . .* wiederholt sich in *Da schrie ich laut . . .*

Anregungen für den Unterricht:
Es empfiehlt sich, beim ersten Gedicht vom Sprechen auszugehen. Beim Auswendiglernen der kleinen Geschichte hilft den ganz Kleinen der Reim. Die Reimwörter können auch einmal fehlen und sind zu ergänzen im Text (z. B. *nähte* oder *brach ab*). Das *laufen* in der letzten Zeile kann auch ersetzt werden durch *tanzen, springen, Fußball spielen u. a.* Die Dreiteilung der Geschichte (das Nähen auf dem Balkon, das Unglück, die Heilung durch die Kunst des Schneiders) wird durch einfache Zeichnungen verdeutlicht.
Das Motiv der drei Frauen bestimmt den Aufbau von *Ich ging einmal nach Buschlabeh.* Kinder bilden und erkennen Reime. Zeilenpaare werden aus der Erinnerung rekonstruiert, geordnet oder ergänzt, wenn an irgendeiner Stelle abgebrochen wird. Lehrer oder Lehrerin nennen die erste und letzte Zeile. Was könnte dazwischen geschehen sein? Vergleich mit Märchen, in denen die dritte Person etwas anderes tut als die beiden voraufgegangenen. Die Sprechgestaltung vom Szenischen her ist wichtig. Da gibt es Unterschiede zwischen Rede und Einleitung der Rede.

2. Erich Kästner: Moral

Zum Text:

Jeder andere Zweizeiler könnte als Beispiel dafür dienen, dass er die äußerste Reduktion dessen ist, was man Gedicht nennt. Zugleich haben wir die kleinste Gedichtform vor uns: das Epigramm, das meist als Distichon begegnet, eine Form mit langer Tradition. Scaliger definierte im 16. Jahrhundert: „Die Kürze ist ein wesentliches Merkmal des Epigramms, während die geistreiche Zuspitzung seine Seele und gewissermaßen seine Form ist". Für das 20. Jahrhundert werden in Lexika neben Morgenstern und Karl Kraus auch Bert Brecht und Erich Kästner genannt. Dolf Sternberger nennt diese zwei Zeilen zu je vier Wörtern „die praktische Vernunft in einer Nuss" und erinnert damit an die Philosophie Kants. „Beide Sätze zusammen bilden zwar ein Paradox, aber sie widersprechen einander keineswegs", so Sternberger in seiner stringenten Interpretation: „Der erste Satz ist wahr, wenn auch in einer trivialen Weise, der zweite muss erst noch wahr werden". Allerdings verschwinde die Tat im Tun, „es bleibt nichts zurück, was man vorzeigen könnte zu einem Beweis, dass es doch etwas Gutes in der Welt gebe. Man tut es, und damit ist's getan. Vorausgesetzt, dass 'man' es tut" (Sternberger 1983: 200ff.). Die ursprüngliche Funktion des Epigramms als Gebrauchslyrik wiederholt sich heute in Graffiti und Werbelyrik. Auch Schüttelreime und Leberreime (*Die Leber ist vom Hecht und nicht vom …*) kommen meist mit zwei gereimten Zeilen aus.

Anregungen für den Unterricht:

Neben der Einsicht, dass einige Merkmale der Lyrik wie Kürze und Prägnanz sich am kleinsten Gedicht nachweisen lassen und dass es meist dem Bauprinzip des Kontrastes, der Pointe folgt, wird die Suche nach weiteren Beispielen stehen und eventuell der Versuch, selbst Zweizeiler zu schreiben. Auf Demonstrationen und als Graffiti werden ältere Jugendliche solchen Kürzesttexten begegnen. Das Paradox als wichtigstes Strukturmerkmal könnte methodisch vereinfacht als wechselseitige Verneinung dargestellt werden und wäre inhaltlich zu klären.

3. Karlhans Frank: Das Haus des Schreibers

Zum Text:

Der Text gehört einerseits in einen größeren Zusammenhang, den Alfred Liede 1963 unter dem Titel *Dichtung als Spiel. Studien zur Unsinnspoesie an den Grenzen der Sprache* bearbeitet hat, andererseits in die relativ junge Gattung der Konkreten Poesie, speziell der Visuellen Poesie, die sich im Deutschunterricht erheblich besser hat durchsetzen können als die Akustische Poesie. Das Verfahren ist denkbar einfach (und wird deshalb mehr oder weniger kreativ kopiert): Die semantische Ebene eines Wortes, eines Textes wird auf der graphischen abgebildet, häufig mit einem Gag versehen wie etwa bei dem berühmten Döhl'schen Apfel mit dem Wurm. *Das Haus des Schreibers* wird auf drei Substantive reduziert und durch gezielte Anordnung von Buchstaben in der Fläche und durch Buchstabenauslassungen als Haus sichtbar: das „A" bildet die Giebelspitze, ein ärmliches „Räuchlein" entsteigt dem Kamin (Kleinbuchstaben!). Beim Schriftsteller raucht der Schornstein nicht so sehr (?) Ob die Konkrete Poesie überhaupt zur Lyrik zählt, ist umstritten; die Grenze zur bildenden Kunst macht es notwendig, bei der Analyse auch deren Instrumentarium zu nutzen.

Anregungen für den Unterricht:

Allzu schnell wird häufig das genaue Beobachten zugunsten eigener Versuche verlassen. Man sollte den systematischen Bau einmal ganz präzise auszählen lassen: die Fenster im Erdgeschoss sind schmaler als die anderen! Man könnte es mal anders bauen, ergänzen oder reduzieren. Frank hat die starre Zeilenform selbst beim „Weg" noch beibehalten. Beim Ausbau des Hauses wird man auf die besondere Wirkung der absoluten Verknappung stoßen. Dass Gedichte aussehen können wie reale Gegenstände, ist sicher auch eine wichtige Erfahrung im Umgang mit Lyrik.

4. Peter Jepsen: Graue H are

Zum Text:

Nicht die Redensart, dass jemand vor Ärger graue Haare bekommt, sondern die ausfallenden Haare bei zunehmendem Alter schaffen das Bild, von dem aus die Idee entwickelt wird: Dass ein Gedicht altern kann, so dass ihm die Buchstaben ausgehen wie den Menschen die (grauen) Haare. Das Fehlen und Einfügen von Buchstaben ist Erstklässern bekannt; hier gehen einem Gedicht völlig unsystematisch die Buchstaben aus. Was macht man mit solch einem unbrauchbaren Text? In der Bibliothek wird alles aufgehoben, auch das, was man nicht mehr brauchen kann. Das Gedicht will aber nicht in die Bibliothek, ebenso wie alte Menschen nicht ins Altersheim wollen. Der Text lebt nicht von unvollständigen Klängen, sondern von den Löchern auf dem Papier, eher wie Mottenfraß, also einem Spiel mit den typographischen Aspekten des Gedichts. Ob das herausgepurzelte „k" vom Autor stammt oder ein Einfall des Layouts ist, bedürfte einer Klärung.

Anregungen für den Unterricht:

Zunächst wird das Wiedereinfügen der Buchstaben Spaß machen; die Wiederholung an einem anderen Text sollte ruhig probiert werden, bevor geklärt wird, dass bei Jepsen Inhalt des Textes und Verfahren eine Einheit bilden und ein Kopieren nicht möglich ist. Dass sich aus dem Abfall, (die beiden „c" und das „i" heben wir nicht auf) das Wort „Balken" bilden lässt, war vielleicht Jepsen gar nicht bewusst. Die Frage ist zu diskutieren, ob Gedichte auch altern können. Das muss nicht heißen, dass ihnen Buchstaben abhanden kommen, sondern dass sie irgendwann nicht mehr gebraucht werden. Man kann das Spiel mit dem Mottenfraß weitertreiben, immer mehr Buchstaben eliminieren, bis die Grenze zur Verständlichkeit überschritten ist. (Vgl. Endrikat: Die Wühlmaus, Reihe V)

5. Josef Guggenmos: Ich geh durch das Dorf

Zum Text:

Das äußere Erscheinungsbild des Textes ist gekennzeichnet durch das Nebeneinander der isoliert stehenden Lokaladverbien, die an der Nahtstelle der ersten beiden Strophen stehen, und Personalpronomen auf der einen Seite, der kurzen Sätze in Strophe I und III sowie dem langen in Strophe II auf der andern. Der Kosmos verengt sich zu einem zentralen Ort: der Stelle, an dem das Kätzlein gekrault werden will. Kohärenz erhält der Text durch die Reihung von fünf Sätzen mit Handlungen (*bleibt stehn, schaut …*) und durch die Wiederholung von *Mitte der Welt* aus der ersten Strophe am Schluss, allerdings in abweichender Zeilenbildung. Für den Text ist die prosanahe Diktion charakteristisch. Der Text kann autobiographisch als

Altersgedicht des fast 80-jährigen Autors gelesen werden, wobei die *Mitte der Welt* für den Autor die Geborgenheit in der heimatlichen Umgebung des Dorfes Irsee darstellt. Davon abgesehen kann auch die Verengung des Blicks im Alter zentraler Gedanke sein.

Anregungen für den Unterricht:

Der Mittelteil des Gedichts ist inhaltlich am leichtesten zu verstehen. In diesem Teil steht das Kätzlein im Mittelpunkt, in der ersten Strophe das lyrische Ich, die dritte Strophe ist Anrede an die kleine Katze. Das *Du. Du.* muss von den SchülerInnen als ein Sprechen mit dem Kätzchen verstanden werden. Es ist notwendig, die äußere Form, die weder durch geschlossene Strophen noch Reim noch Rhythmus gekennzeichnet ist, als Gedicht zu erkennen. In einer fortlaufenden Schreibweise könnte das Prosaartige gezeigt werden. In einem Gespräch wäre zu erörtern, was für den Autor *Mitte der Welt* bedeutet und welche Alternativen denkbar sind.

Weitere Gedichte:

Anonym: Morgens früh um sechs/Mich deucht, wir geben einen Ball

Eduard Mörike: Um Mitternacht (Reihe II)

Erwin Grosche: Der Weckdienst (Großer Ozean)

Gerald Jatzek: Gedichte unterwegs (Großer Ozean)

Ursula Krechel: Mahlzeit (Großer Ozean)

Literatur

Burdorf, Dieter: Einführung in die Gedichtanalyse. Stuttgart: Metzler 1995. 2., überarb. und aktualisierte Auflage 1997 (Sammlung Metzler 284)

Kayser, Wolfgang: Kleine deutsche Versschule. Bern: Francke 1946. 8. Auflage 1961

Lamping, Dieter: Das lyrische Gedicht. Definitionen zu Theorie und Geschichte der Gattung. Göttingen: Vandenhoeck & Ruprecht 1989, 2. Auflage 1993

Sternberger, Dolf: Die praktische Vernunft in einer Nuß. In: Marcel Reich-Ranicki (Hrsg.): Frankfurter Anthologie 7 (1983), S. 200–202

Waldmann, Günter: Produktiver Umgang mit Lyrik. Baltmannsweiler: Pädagogischer Verlag Burgbücherei Schneider 1988. 5., völlig neubearb. und erweiterter Auflage 1998

IV. Wie Gedichte von innen aussehen

Gedichte haben nicht nur eine äußere Form, sondern folgen auch bestimmten Strukturen des Aufbaus. Sie zeigen das Prinzip des Gegensatzes, der Reihung, der Pointe. Es wird erzählt oder reflektiert, es wird Realität abgemalt oder metaphorisch gebrochen. Erst wo die Wechselbeziehung von Außen und Innen gefunden wird, kommt man über das Aufzählen von metrischen Schemata und Reimstellungen hinaus. Der antithetische Aufbau ist in einigen Gedichten schon an der äußeren Form zu erkennen, in anderen erst in einer inhaltlichen Zweiteilung, in zwei verschiedenen Perspektiven, in gegensätzlichen Aussagen der Weltsicht. Das didaktische Ziel dieser Reihe, die die verschiedensten Gedichte unterschiedlichen Schwierigkeitsgrads vereint, ist es, diese Gegensätze aufzuspüren und als Bauprinzip zu erkennen. Natürlich werden dabei auch andere Kriterien wie Metaphorik, szenische Gestaltung etc. beachtet. In dieser Zusammenstellung wird jedoch deutlich, dass Gedichte sich unter einer bestimmten Fragestellung auch gegenseitig erhellen.

1. Josef Guggenmos: Verkündigung

Zum Text:

Im Unterschied zu den üblichen Weihnachtsliedern und -gedichten wird hier das Geschehen der Verkündigung nicht erzählt und ausgeschmückt, sondern nur angedeutet: nichts vom *Gloria in excelsis Deo* der himmlischen Heerscharen, sondern in schlichten Worten die Botschaft: *Von nun an ist alles gut.* In fast archaischer Weise, den Satz in Blöcken und Satzteilen umbauend, dadurch die Ergänzung heraushebend (I,3 und I,7; II,3), entsteht der Eindruck der Sprödigkeit und der Distanz. Der Tendenz des Stoffes, ins Süßliche oder Pathetische abzugleiten, begegnet Guggenmos mit einem äußerst sachlichen Stil, der allerdings durch eine Geste wie das *weißt du* ein sehr persönlich gefärbtes Gegengewicht erhält. Erst in der Unmittelbarkeit der direkten Rede kommt Ruhe und Gleichmaß in die syntaktische Fügung; erst im Ruf des Engels „stimmt" der Sprechfluss wieder. In der völligen metrischen Freiheit wird hier sogar ein daktylisches Grundmaß vernehmbar (II,5/6), das schon angeklungen war (I,5 und I,7). Die Verheißung hebt sich ab von Kälte und Dunkelheit, in denen sich Tier und Mensch befinden. Das Suchen nach Wärme wird sichtbar in

den beiden Bildern, die das Mittelstück der ersten Strophe umrahmen:
Winter und Nacht. Die Körperhaltung der Hirten ist nicht nur Zeichen der
Müdigkeit, sondern auch Ausdruck der inneren Not, auf die sich das *Fasset Mut!* bezieht. In einem sonst reimlosen Gedicht erhalten die beiden
weit auseinander stehenden Reimwörter in jeder Strophe natürlich besonderes Gewicht: *aneinandergedrückt/gebückt* kennzeichnen die Stimmung ebenso treffend wie *Mut/gut* in der zweiten Strophe, abgesehen von
ihrer Funktion für den äußeren Aufbau. Sie bilden große Klammern und
schließen die Strophen in sich. Der Starre bei Tieren und Menschen steht
die Aufforderung zur Bewegung gegenüber: *Dorthin müsst ihr gehn!*; von
der *schwarzen Nacht* hebt sich der Engel *hell, groß* und *schön* ab. Auf dem
Hintergrund des Leides erscheint der Trost tröstlicher. Der Titel des Gedichts muss verstanden werden als Verkündigung im theologischen Sinne.
Einerseits wird den Menschen, die der Legende nach am Weihnachtsgeschehen beteiligt waren, die Geburt des Heilands angesagt. Andererseits
gilt die Verheißung als Angebot immer wieder denen, die *steif und gebückt* ihr Leben tragen und nach einem Ausweg suchen.

Anregungen für den Unterricht:

Mit diesen beiden Strophen soll auf eines der wichtigsten Baumuster
künstlerischen Gestaltens aufmerksam gemacht werden. Mit den Begriffen Kontrast, Antithetik, Dialektik umreißt man mehr oder weniger genau eine Grundkategorie inneren Aufbaus, der sich häufig wie bei unserem Gedicht im Äußeren abbildet. Im Nebeneinander der Kontraste wird
schwarz schwärzer und weiß weißer, im Grunde existiert eines nur durch
das andere. Dieses Mittel des Gegensatzes, das jeder Redner einsetzt, wo
er überzeugen möchte, jenes *Ich aber sage euch* soll Schülern an einem
Text gezeigt werden, der vom Inhalt her keinerlei Anforderungen stellt.
Die Weihnachtsgeschichte darf als bekannt vorausgesetzt werden. Die Erschließung der vordergründigen Erzählebene bietet keine Schwierigkeiten, und der Blick kann schnell auf die Komposition gerichtet werden.
Dabei ist nicht nur der antithetische Bau des Gedichts zu erfassen und mit
Beispielen zu belegen, sondern der Schritt ist aus der Welt des Neuen Testaments herauszuführen, um ein Verständnis anzubahnen für das Nebeneinander der beiden Bereiche von Leid und Hoffnung, von Angst und Versprechen auf deren Überwindung. Ansätze und Anstöße zum Nachdenken genügen.

Der Gegensatz von Nacht und Helle wird herausgehoben. Besondere
Aufmerksamkeit erfordert die Zeile *in der schwarzen Nacht stand er hell,*

weil sie eine Klammer bildet für beide Bereiche. Eine Schlüsselstelle, von der aus sich die Zeichenhaftigkeit der Hirtenszene erschließt, ist der Ruf *Fasset Mut!* und die ausgesparte, aber vom antithetischen Bau her erratbare Stimmung der Hirten. Ihre Körperhaltung muss bedeuten: mutlos, Angst, Leid. Warum hat der Dichter die Geschichte auf *zwei* Strophen verteilt? Die Unterschiede führen zu folgendem Tafelbild:

Hirten	**Engel**
Winter	hell
Nacht	groß und schön
kalt	Stern
steif und gebückt	„Fasset Mut"
Schafe aneinandergedrückt	„Von nun an ist alles gut"
dunkel	**hell**

Die Bedeutung der Sprachgeste *weißt du* wird erörtert. Wer spricht so? Hier wendet sich der Erzähler an ein Kind und fordert es auf, sich vorzustellen, was er ihm sagt. Auch die Frage kann erörtert werden, ob es sich um ein Gedicht oder eher um eine erzählte Geschichte handelt. Begründung: wenige Reime, Druckbild, Wortstellung (durch Umstellproben kann dies noch verdeutlicht werden).

2. Erich Fried: Weihnachtslied

Zum Text:

In der für Fried typischen Art des epigrammatischen, d. h. äußerst verknappten Gedichts schreibt ein Jude 1968 ein Weihnachtsgedicht. Keine Krippenidylle, sondern gerahmt von der völlig gleichen Anfangs- und Schluss-Strophe, in der die Ärmlichkeit und Bedrohtheit der Bethlehemszene zum Ausdruck kommt, stehen Golgatha und der Holocaust. Einige Bilder lassen sich nicht direkt in ihrer Bedeutung erschließen, sondern wirken eher assoziativ. *Eine Woge als Wiege* kann als Schlüsselzeile gelesen werden: die Woge kann die Wiege als Bild der Geborgenheit verschlingen, aber gleichzeitig ist sie selbst Bild für das Wiegen. Vier streng gebaute Vierzeiler verzichten auf alle Verben und Adjektive, das ganze Repertoire an klanglichen Bindungen durchzieht die Zeilen: vom Reim über den Stabreim bis zu einer Fülle von Assonanzen. Der durch den ständigen, un-

regelmäßigen Wechsel von alternierenden und daktylischen Metren sehr
unruhige Rhythmus findet seinen Halt in der absolut reduzierten Zeile
Ein Kind. Die Antithetik als Bauprinzip des Textes findet sich auf verschiedenen Ebenen: einerseits innerhalb der Krippenzene (u. a. die nicht
bergende Wand), andererseits zwischen Geburt und Tod Christi; hinzu
kommt der Gegensatz zwischen biblischem Geschehen mit seinem Versprechen vom Heil und einer Realität, die gezeichnet ist von Brutalität
und die ihren Ausdruck findet sowohl in alltäglicher Gewalt als auch in der
Judenverfolgung durch die Nazis.

Anregungen für den Unterricht:

Auch wenn metrische, rhythmische und vor allem die klanglichen Entsprechungen ins Auge fallen und sich womöglich in den Vordergrund des
Unterrichtsgesprächs drängen, das Gedicht war als politische Anklage gemeint und muss als solche gehört werden. Wegen der Anschaulichkeit der
Bilder – man könnte sogar exemplarisch zeigen, wie Bilder ganze Ge-
schehnisketten repräsentieren – werden auch Kinder sie verstehen. Bei
der Erklärung der Rahmenstruktur wird man sehr vorsichtig deuten müssen: das Kind ist Anfang und Ende? Die in sich unheile biblische Geschichte hört nicht auf, Folie für das Weltgeschehen zu sein? Es würde völlig ausreichen, wenn die Kinder ein paar der antithetischen Bezüge erfassen, vor allem die Diskrepanz von Friedensbotschaft und Gewalt in der
aktuellen Wirklichkeit.

3. Christine Busta:
Wovon träumt der Astronaut auf der Erde?

Zum Text:

Dieser kleine, eigentlich titellose Zehnzeiler mit den beiden Fragen und
den knappen Antworten ist ein Musterbeispiel antithetischen Baus. Die
Überschrift gehört zum ersten Teil wie die einzeln stehende Zwischenzeile
zum zweiten. Die beiden Strophen bestehen aus Nebensätzen, die einem
weggelassenen *Er träumt davon* folgen. Die konträren Wunschträume des
Menschen, einmal die Sehnsucht nach der Ferne, zu andern Welten, nach
dem Unbekannten und Unerforschten, zum andern Mal der Wille zur
Heimkehr, der Wunsch nach dem Vertrauten, sind in wenigen Bildern
sinnfällig ausgedrückt worden. Auf die Figur des Astronauten wird der eine Wunsch projiziert, auf den *Mann im Mond* der andere. Der „Sternen-

Seemann" (= Astronaut) erhebt sich von der Erde und sucht Sterne, Erze und Steine; als Sternschnuppe möchte er zurückkehren dürfen zu Gärtchen, Bienen und Sonnenblumen. Aufschwung und Rast in der Idylle, Fliegen und Heimfallen stellen sich auch in syntaktischer und damit rhythmischer Differenzierung dar. Das lautlose Gleiten wie Löwenzahnsamen durch das All findet seine Entsprechung in der durch Enjambement geweiteten Eingangszeile, dem fließenden Rhythmus der ganzen Strophe. Ihr zweiter Teil (I,3/4) ist ein kompletter Hexameter mit der für dieses Versmaß typischen Wortstellung: Eines der mit Ergänzungen geschmückten Objekte tritt an den Schluss der Zeile. Der syntaktische Bogen überspannt die ganze Strophe. Wo das Wiederfinden zum Stillstand führt, dort zerfällt der Satz in zwei Bögen. Die antithetische Symmetrie in der Zuordnung der Substantive zu den beiden Teilen des Gedichts ist eklatant. Der eine Traum zielt ins Reich der Mineralien, der andere Wunsch sucht seine Erfüllung in der Welt der Tiere und Pflanzen. (Vgl. thematisch ähnlich das Bilderbuch von Max Bolliger und Klaus Ensikat: *Kleines Glück Wilde Welt* und Josef von Eichendorffs Gedicht *Zwei Gesellen*)

Anregungen für den Unterricht:

Der Astronaut verkörpert zwei typische Eigenarten menschlichen Verhaltens: er träumt immer von dem, was er nicht hat, und er möchte Unruhe und Geborgenheit gleichzeitig. Das können auch Kinder verstehen, die sich nach einem Urlaub wieder auf ihr Zuhause gefreut haben. Im äußeren Aufbau (Zweiteiligkeit und Zuordnung von Überschrift bzw. Einzelzeile) und in der inneren Gegensätzlichkeit ist das Gedicht leicht durchschaubar. Die Gegenüberstellung der beiden Strophen führt zur Verdeutlichung in der Tafelsskizze:

wie Löwenzahnsamen	als Sternschnuppe
Stern	Gärtchen
Erze	Bienen
Steine	Sonnenblumen

Die Vergleiche gehören jeweils dem Material der anderen Strophe an. Als Gegenbegriffe dienen etwa Totes und Lebendiges, Lebloses und Natur. Vielleicht gelingt es während der Arbeit an der Sprechgestalt sogar die rhythmischen und klanglichen Unterschiede hörbar zu machen.

4. Josef Guggenmos: Kater, Maus und Fußballspiel

Zum Text:

Nur ein weiteres Exemplar aus dem riesigen Arsenal der Mäuse-Gedichte? Tierc sind keine Moral verbreitenden Fabelwesen mehr, sie werden nicht durch ihr Sprechen und Handeln vermenschlicht, leben nicht in einer isolierten Welt, sondern immer häufiger im Zwischenbereich des Nonsense, der auf seine Weise natürlich auch belehrt. Auf dem schmalen Grat zwischen Realität und Phantasie bewegen sich Kater, Maus und Fußballspieler. Der sichtbare Vorgang ist so wirklich, dass er einem Sachbericht gleichkäme, wenn da nicht die Beschwörung des Katers und des Mäusleins Leid über die verpasste Gelegenheit wären. Ihr Reden und Denken wären reine Phantasie und dadurch wie eine geschlossene Fabelwelt in die menschliche Realität übersetzbar, wenn nicht so viel Wirkliches störte. Das Mäuslein, das sein Gesicht in die kleinen Hände legt, könnte zu Tränen rühren, wenn es in anderem Kontext stünde. Hier ist es das in seiner Naivität und Gutgläubigkeit zu bedauernde Geschöpf, das nur durch Zufall den verlogenen Reden des „Rattenfängers" entging.

Der nicht am Geschehen engagierte Beobachter (durch seine Distanz ermöglicht er erst die Ironie) erzählt in drei deutlich voneinander abgehobenen Schritten:

a) Über lange Zeit erstreckt sich das Warten des Katers, in einer von zwei Erzählpartien eingerahmten Rede dargestellt; die Dauer wird nicht nur genannt, *seit Stunden, immer noch,* sondern hörbar in den monotonen Wiederholungen (Zeile 3/4) des gleichen Wortes in verschiedenem Tempus und umgekehrter Reihenfolge. Die Ungeduld spricht aus dem dreimaligen *Komm heraus* und wird gesteigert in dem hastigen, nicht mehr durch Zwischenwörter gebremsten *Schnell, schnell, schnell.* Die Erregung wächst: Der Satzbau ändert sich, und die Reimstellung wechselt vom Paarreim zum Kreuzreim.

b) Den Handlungshöhepunkt bezeichnet ein zunächst offenes *Da –.* Die Spannung löst sich, allerdings anders als Kater und Leser – und später auch die Maus es sich gedacht hatten. Die sieben kurzen Zeilen, knappe Sätze und Ausrufe, abgesehen von dem zur Ruhe überleitenden *Der Kater bringt sich in Sicherheit,* sind auch von der Sprechzeit her nur ein Moment im Vortrag des Gedichts.

c) Der Paarreim traf die Kurzatmigkeit der „Katastrophe" besser als der nun folgende umarmende Reim, nachdem *das Mäuslein* am Beginn des Schlussteils ganz ohne Reimkorrespondenz geblieben war. Wenn Reimwörter und Reimstellung solches Gewicht erhalten, wie gleich an einem weiteren Beispiel zu zeigen sein wird, dann ist die Deutung nicht ganz von der Hand zu weisen, dass dem Mäuslein in der Kammer und dem Gesicht in den kleinen Händen gerade diese Anordnung der Versschlüsse entspricht. Vom Reim geht auch ein besonderer Reiz am Gedichtanfang aus. Wer wollte nicht weitersprechen:

> Hinterm Haus
> sitzt die Maus.
> Kommt der Kater,
> macht Theater.
> Altes Loch
> Fang mich doch!

Die ganze Strophe liest sich wie eine Variation über diesen Kinderreim. Nach den ersten drei Wörtern bleibt die Fortsetzung aus, aber die stereotype Reimkombination der Abzählverse stellt sich doch noch ein: *Haus/ heraus/Maus* und in der gleichen Dreizahl, wieder die Abschnitte verklammernd *Maus/heraus/aus*. Beachten wir noch die komische Wirkung des gespaltenen Reims *Kater/tat er*, so verstärkt sich der Eindruck, dass das Kleid der hübschen, aber ernsten Geschichte an allen Stellen passt.

Anregungen für den Unterricht:
Wie das Thema einer Reizwortgeschichte für die Aufsatzstunde, so klingt der Titel des Gedichts. Phantastische Abenteuer ließen sich fabulieren, aber eines würden Kinder niemals erfinden: die Ironie. Das Gegenteil meinen von dem, was man sagt: diese Leistung der Sprache reicht vom amüsanten, geistreichen Spiel bis zum verletzenden Zynismus. Erfahren haben, dass mit Sprache „gelogen" werden kann, sei es zum Spaß oder mit böser Absicht: das kann man versuchen, mit diesem Gedicht zu zeigen. Dabei sollte es zu folgender Einsicht kommen: Der Gegensatz zwischen Gesagtem und Gedachtem (Kater) und dessen Wirkung auf die Maus; der Gegensatz zwischen Gedachtem und Wirklichem (Maus). Lüge im Gewand der Ironie trifft auf Dummheit. Dies kann besonders am Höhepunkt verdeutlicht werden: „*Alles aus!*" Was denkt der Kater? – Leider. Was denken wir? – Zum Glück.

Während der sprechgestalterischen Versuche achten die Kinder auf den äußeren Aufbau:

a) Zustand des Wartens (ganze Sätze, Wortwiederholungen) – Ungeduld in der Rede (kürzere Satzstücke) Steigerung der Spannung.

b) ein Ereignis tritt ein (kurze Zeilen, einzelne Wörter).

c) Ruhe „nach dem Sturm", aber nur im Mauseloch (*zittern die Wände*).

Über den Inhalt des Gedichts wäre hinauszulenken: Wie man nicht zum leichtgläubigen Mäuslein wird (Werbung, Tratsch).

5. Gustav Falke: Ausfahrt

Zum Text:

Die chronologische Abfolge des Geschehens, mag es auch noch so skizzenhaft angedeutet sein, gibt die äußere Gliederung vor: die Abfahrt mit dem Schlitten, hochherrschaftlich anmutend mit den *zwei Kätzchen davor* und den *zwei Kätzchen dahinter*, dann die Fahrt ins Freie und das Unglück, das der Maus widerfährt, in der dritten Strophe schließlich wieder die Eingangszeile aus der ersten Strophe *Schlitten vorm Haus*. Alles in Ordnung? Nein, die Maus ist nicht mehr da, und endlich muss man es ja aussprechen, die unschöne Tatsache, an der die Maus selbst schuld ist: *Hat nicht still gesessen,/Da haben wir sie gefressen*. Die fadenscheinige Begründung, dass *kleine Maus* die Ausfahrt nicht überlebt, weicht im Rhythmus völlig von den knappen zweihebigen Zeilen ab, die in der Gestaltung des Auftakts zwar variieren, den Daktylus mit dem folgenden männlichen bzw. weiblichen Versausgang aber konsequent durchhalten. Hastig, sehr bestimmt und staccatohaft wirken die Satzfetzen, die noch am ehesten in Fragen und Ausrufen eine „normale" Syntax erkennen lassen. Die Atemlosigkeit wird schließlich dadurch hervorgehoben, dass ohne Überleitungen der Erzähler, ein unmittelbarer Beobachter und die Katzen sprechen. Die Perspektiven sind schwer abzugrenzen.

Eine geniale Ästhetisierung eines natürlichen Vorgangs des Fressens und Gefressenwerdens, die hier einem zu Unrecht vergessenen Dichter gelungen ist. Sie regt zu eigenen Assoziationen, weiteren künstlerischen Versuchen wie Illustrationen an. In einem Wechsel von erzählenden, beschreibenden Partien und Dialogteilen, in meist daktylischem Metrum vollzieht sich das grausame Spiel in Andeutungen.

Anregungen für den Unterricht:

Fasziniert werden Kinder dem bewegten Rhythmus, der das Atemlose der Fahrt andeutet, zuhören, die Handlung aber muss für einige Kinder rekonstruiert werden. Hier gibt es einen Kriminalfall zu lösen: Die Katzen lügen so glaubhaft, die Maus ist so passiv, kommt nicht zu Wort, dass wir uns die Geschichte genau ansehen müssen. Die drei Phasen des Geschehens werden sprachlich und später auch malend zu Bildern zusammengefasst. Nach der Textbegegnung muss die Gutgläubigkeit der Maus, die freudige Stimmung des Aufbruchs (bis *auf einmal, o weh*), gleichzeitig aber die Eile, mit der das Unternehmen durchgeführt wird, den Kindern durch Hören und Lesen bewusst werden. Besonderes Augenmerk ist auf die Taktik der Katzen und ihre Argumentation zu richten. Von den Entsprechungen in der ersten Strophe *Zwei Kätzchen davor ... / Zwei Kätzchen dahinter ...* über die Wiederholungen in der zweiten Strophe und die gleichen Stropheneingänge von I und III führt der Weg zur inhaltlichen und schließlich formalen Begründung für die Strophengrenzen: gleiche Zeilenzahl; jeweils drei mal zwei Zeilen, die sich reimen. Die Stationen, Situationen werden von den Kindern beschrieben: Wer fordert die kleine Maus auf, in den Schlitten zu steigen? Was geschieht auf der Fahrt? Kannst du dir die Fahrt vorstellen?

Weitere Gedichte:

Günter Bruno Fuchs: Für ein Kind (Reihe X)

Joseph von Eichendorff: Zwei Gesellen (Conrady)

Rainer Maria Rilke: Das Karussell (Conrady)

Literatur

Bolliger, Max: Kleines Glück & Wilde Welt. Ill. Klaus Ensikat. Berlin: Aufbau 2000

V. Mit Sprache kann man spielen

Was man an Kindern beobachten kann, sobald sie die Regeln der Sprache erlernt haben und sie diese genussvoll in Frage stellen (vgl. Helmers 1965), und was KünstlerInnen zu ihrer Aufgabe gemacht haben: das Spielen mit den Möglichkeiten von Klängen und Farben, von Formen und Wörtern, von Sinn und Unsinn, ist am Beispiel von Gedichten Kindern einsichtig zu machen und man kann sie am Spiel beteiligen. Denkmuster aufbrechen und Neues ausprobieren war das Ziel der Kreativitätsforschung in den 70er Jahren, die Anthologien mit den Nonsense-Texten sprießen aus dem Boden (Domenego 1975, Fühmann 1978), und auch die Lesebücher öffnen sich den Gedichten von Krüss und Guggenmos und Manz. Eine Fundgrube an Beispielen mit dem Versuch einer fachwissenschaftlichen und fachdidaktischen Klärung ist das Buch von Wilhelm Steffens *Spielen mit Sprache* (1981/1998): von ABC-Versen über Klapphornverse und Limericks zu Parodien und zur Visuellen Poesie, von Edward Lear und Lewis Carroll über Christian Morgenstern und Hugo Ball zu Ernst Jandl und Robert Gernhardt. Lange bevor der produktionsorientierte Literaturunterricht propagiert wurde, war das Spielen mit Sprache eine Aufforderung zum Schreiben, denn übers Spielen kann man nicht reden, man muss es tun.

1. Sebastian Goy: Liebeserklärung an einen Apfel

Zum Text:

Eine Liebeserklärung an einen Menschen oder an ein Tier, aber an einen Apfel? In der Vergangenheitsform statt in der Gegenwart, an den Geliebten statt an die Geliebte! Das etwas redundante Gedicht mit sechs vierzeiligen Strophen handelt von einem Apfel, der „Boscop" nicht als Sortenbezeichnung trägt, sondern als Eigennamen. Die Redundanz wird aber ironisch zurückgenommen: *das erwähnte ich schon.* Es scheint nicht weit her zu sein mit der Liebe, denn jemanden *leiden können* gilt als unterste Stufe der Sympathie. Aber das alles kann durchaus zu einer Liebeserklärung dazugehören. Bemerkens- und deutenswert sind noch die ungewöhnliche Formulierung *er schrieb sich nicht Gravensteiner* statt *er hieß* und der Hinweis auf die Geschlechterfolge: *war des schrumpligen Boskops Sohn.* Nicht Spiel mit Sprache, eher Anspielungen sollen der Leser/die Leserin erkennen. Die letzte Strophe enthält eine interessante Pointe: das Traurigsein, weil des Nachts der sichtbare Apfel verschwindet; *da dachte ich mir „Boscop"/und er war wieder da.* Nur durch Imagination ist ein Ding zum Leben zu erwecken.

Anregungen für den Unterricht:

Das kann doch nicht ganz ernst gemeint sein! Bisschen blöd! – das könnte der Einstieg in das Erkennen des Spiels sein. Was ist denn so liebenswert an ihm? Offenbar gar nichts, denn er *ist einfach dagelegen* und *er hieß einfach Boscop* und *er gefiel mir.* In einer Liebeserklärung müsste stehen, was und warum er gefiel. Richtig langweilig und eintönig sollte man den Text sprechen, gar nicht erregt von den Emotionen der Liebe. Wichtig wäre auch die Einsicht, dass mithilfe der Vorstellungskraft etwas „abgerufen" werden kann, was dann „da" ist. An eine angenehme Erinnerung denken, ein Bild von einem schönen Ort heraufbeschwören gehört zu den Methoden des autogenen Trainings, also der Fähigkeit, willkürlich das Bewusstsein auf einen bestimmten Punkt zu richten. Wichtig wäre auch der Gedanke, dass mit Hilfe von Sprache etwas in Gang gesetzt werden kann; das wäre die Umsetzung der Theorie vom Sprechhandeln in literarische Dimensionen.

2. Fred Endrikat: Die Wühlmaus

Zum Text:

Ein Text hat es aus dem Kabarett in die Schule geschafft. Es ist spitzfindig festzustellen, dass die Buchstaben-Wühlmaus, anders als die „richtige" die Wurzel von beiden Seiten kürzt, und das tut sie nicht ganz systematisch: sie beißt erst vorn, dann zwei mal hinten und dann wieder vorn. Was dann übrig bleibt, das *rz*, ist nicht nur schwer zu sprechen, sondern, wie der Autor merkt, auch schwer zu reimen. Es klappt auch nicht ganz vollständig, und dafür wird die Wühlmaus selbst verantwortlich gemacht. Die Haupttätigkeit *nagt* durchzieht bis auf die Schlussreflexion das ganze Gedicht und schafft eine ganz klare Gliederung; für die ersten beiden Buchstaben braucht die Wühlmaus jeweils zwei Zeilen, für das *e* braucht sie vier und *nagt* drei mal; das *u* schafft sie wieder in zwei. Nicht das Nagen, so urteilt der Dichter, ist gemein, sondern nur das Zurücklassen eines so in den Ohren kratzenden, das ästhetische Empfinden verletzenden Lauts.

Anregungen für den Unterricht:

Vielleicht kennen die Kinder das Lied *Ein kleiner Matrose/umsegelte die Welt* oder *Auf der Mauer, auf der Lauer/sitzt 'ne kleine Wanze*, bei denen bei jeder Wiederholung Stücke weggelassen werden. An selbsterfundenen Beispielen könnten die SchülerInnen ähnliche Operationen durchführen, möglicherweise auch in umgekehrter Form, nämlich als Hinzufügung von Buchstaben. Schwieriger wäre das Finden von Wörtern, die auch nach der Reduktion noch sinnvolle Wörter bleiben. Thiergard nennt als Beispiele, bei denen das über mehrere Schritte gelingt: REISIG; EISIG, EIS; EI und BANKNOTEN; ANKNOTEN; KNOTEN, NOTEN, NOTE; NOT. (Thiergard 1970: 146)

3. Walther Petri: Wende

Zum Text:

Erst wenn man weiß, dass Petri zu den bekanntesten Kinderlyrikern der DDR gehörte, wird man sich auf den Text einen Reim machen können, und man wird nicht umhin kommen, die biografische als auch politische Aussage zu hören. Das Ganze ist ein Spiel auf dem Hintergrund der bitteren Satire über die Lage nicht nur der ostdeutschen Kinderliteratur (diese Haltung sollte man nicht vorschnell als „Ostalgie" diffamieren). Es besteht darin, dass das *We* und *Weh* gleich klingen. Mit der Sprache, mit dem Versprechen geht alles sehr rasch, nur die Realität hinkt hinterher.

Anregungen zum Unterricht:

Ausgehend von der resignativen Grundstimmung des Textes wird man die Hintergründe aufrollen und diskutieren. Für Kinder in Ostdeutschland wird der Begriff „Wende" eher mit konkreten Vorstellungen verbunden sein als für westdeutsche SchülerInnen. Man kann übrigens diesen Unterschied zum Anlass nehmen, um in die Situation einzuführen, etwa in der Art: Wenn die Eltern von Kindern, die in Dresden wohnen, von „Wende" sprechen, wissen die in der Familie Bescheid. Was könnte gemeint sein? Erst wenn man den Kontext geklärt hat, kann man zeigen, wie Petri eine reale Situation in sechs Zeilen festgehalten hat. Dann ist das Gedicht nicht nur Anlass für eine gesellschaftspolitische Diskussion, sondern legitimer Gegenstand des Literaturunterrichts:

• Die syntaktische Gliederung (warum keine Satzzeichen?),
• die sehr sprechnahe Rhythmik,

- die absolut unprätentiöse Sprache,
- die Abstraktion in der Argumentation, besser der These, die ja nicht diskutiert wird,
- das Urteil steht von vornherein fest.

Eine gesellschaftliche Situation wird präzise reduziert auf einen sprachlichen Sachverhalt. Was zunächst spielerisch aussieht, wird bei näherem Betrachten zu einer bitteren Satire.

4. Ernst Jandl: ottos mops

Zum Text:

Dass ausgerechnet dieser Text aus Jandls umfangreichem Oeuvre seiner Akustischen Poesie zum Hit werden konnte, liegt einerseits daran, dass es einen erkennbaren, komischen Inhalt mit einer Pointe hat, die Kinder genussvoll aussprechen, weil man das Tabuwort *kotzt* und gleich auch noch die Redewendung *ogottogott* sanktionsfrei benutzen darf, und andererseits, dass es jeder nachsprechen kann und man nicht das Klangoriginal des Autors braucht wie etwa bei dem bekannten *schtzngrmm*. Dass sich in der „blasphemischen" Gottesanrufung *otto* verbirgt, gehört zu den Raffinessen des Textes, die so recht zu dem Schlitzohr Jandl passen. Die Lebhaftigkeit wird nicht zuletzt von den Befehlen des Herrchens in einer realen Situation des Wegschickens und Herrufens ausgelöst, wie in der pfälzischen Redewendung „Komm, geh fort!" Burdorf weist darauf hin, dass durch konsequente Kleinschreibung und Weglassen der Satzzeichen „jedes Wort, jede Silbe, jeder Buchstabe als gleichwertiges Sprachmaterial behandelt wird" (Burdorf 1997: 40)

Anregungen für den Unterricht:

Seit einigen Jahren hopst *ottos mops* nun schon als Chamäleon durch den pseudokreativen Literaturunterricht, mal als *tapsende katze* und mal als *fehlendes reh*. Inzwischen weiß man auch, wie er aussieht: Norman Junge hat ihn 2001 ins Bilderbuch gebannt. Statt zu schneller Eigenversuche sollte man zunächst eine gründliche Textbeschreibung anregen oder das Schreiben wenigstens dorthin führen. Das „gleichwertige Sprachmaterial" darf nicht darüber hinwegtäuschen, dass der Text sehr präzis strukturiert ist: die drei Strophen, eine nachvollziehbare Handlung mit Befehlen (die Doppelpunkte sind die einzigen Zeichen, um die wörtliche Rede anzuzeigen), ein sehr eigenwilliger Rhythmus (selten alternierende Metren;

häufig Doppelhebungen), ein sparsames Wortmaterial, auch was die Wortarten (fast ausschließlich Substantive und Verben) und deren syntaktische Gliederung angeht. Dem „Sprachspiel" wäre eine akustische Collage angemessen, die freilich realistische Bezüge eher meiden sollte: das Klopfen des Mopses muss man nicht hören, und ohne Kotzgeräusche käme man auch gut aus!

Weitere Gedichte:

Martin Auer: „Noch" (Großer Ozean)
Mira Lobe: Der verdrehte Schmetterling (Wundertüte)
Friedrich Hoffmann: Spatzensalat (Wundertüte)
Christian Morgenstern: Das große Lalula (Wundertüte)

Literatur

Burdorf, Dieter: Einführung in die Gedichtanalyse. Stuttgart: Metzler 1995. 2., überarb. und aktualisierte Auflage 1997 (Sammlung Metzler 284)

Domenego, Hans u. a.: Das Sprachbastelbuch. Wien: Jugend und Volk 1975

Fühmann, Franz: Die dampfenden Hälse der Pferde im Turm zu Babel. Berlin: Kinderbuchverlag 1978

Halbey, Hans A.: Schmurgelstein so herzbetrunken. Verse und Gedichte für Nonsense-Freunde von 9-99. Ill. Rotraut Susanne Berner. München: Hanser 1988

Helmers, Hermann: Sprache und Humor des Kindes. Stuttgart: Klett 1965

Jandl, Ernst: ottos mops. Ill. Norman Junge. Weinheim: Beltz & Gelberg 2001

Steffens, Wilhelm: Spielen mit Sprache. Aspekte eines kreativen Sprach- und Literaturunterrichts im 1. bis 6. Schuljahr. – Frankfurt: Hirschgraben 1981, grundlegende Neufassung: Spielen mit Sprache im ersten bis sechsten Schuljahr. Baltmannsweiler: Schneider Hohengehren 1998

Thiergard, Ulrich: Die Arbeit mit dem Lesebuch im fünften und sechsten Schuljahr. Interpretationen, didaktische Überlegungen, methodische Vorschläge zum „Lesebuch 65". Hannover: Schroedel 1970

VI. In Gedichten begegnen uns Bilder, mit ihnen lassen sich Bilder malen

„Die Poesie spricht in Bildern". Mit dieser lakonischen Feststellung beginnt Walther Killy seine *Wandlungen des lyrischen Bildes*. (Killy 1956: 23) Eigentlich ist bildliche Rede, metaphorisches Sprechen in allen literarischen Gattungen und nichtliterarischen Texten zu finden, sogar ein wesentliches Merkmal aller sprachlichen Äußerungen. Der Begriff „Bild" wird denn auch häufig als „unscharfe Sammelbezeichnung" definiert: sowohl Beschreibungen einer Landschaft, einer Jahreszeit, die beim Lesen und Hören Bilder evozieren als auch Verbildlichungen von Abstrakta, Tugenden und Lastern etwa werden Bilder genannt. Visuelle und sozusagen sprachlich hergestellte Bilder müssen deutlich unterschieden werden. Da dies häufig im Deutschunterricht übersehen wird, trägt die Reihe den Doppelaspekt im Titel. Während „Bildgedichte", also Gedichte auf Bilder hier unberücksichtigt bleiben können, sind wir den „Figurengedichten" in Reihe III begegnet. Von den bereits in der antiken Rhetorik systematisierten Formen spielen in der Grundschule vor allem Vergleich, Personifikation und Metapher eine Rolle, während das Erkennen von Allegorie (außer der Personifikation) und Symbol ein umfangreiches theoretisches Konzept voraussetzt. Über die Personifikation schreibt Killy in *Elemente der Lyrik*: „Ein vorbegriffliches Denken *musste* die Erscheinungen oder Mächte, die es in Mythen begriff, als Personen verstehen. In einem aufgeklärten Zeitalter *konnte* der Dichter von seinem Rechte Gebrauch machen, poetisch als Person erscheinen zu lassen, was sich vielleicht auch unpoetisch auf den Begriff bringen ließe. Die Personifikation wird auf ihre lyrischen Möglichkeiten reduziert: nicht mehr ahnende primordiale Vorstellung des Unfasslichen, sondern Anschaulichkeit einer der Abstraktion abgeneigten Erfahrung; Möglichkeit der Abbreviatur komplexer Verhältnisse in ein übersichtlich wirksames Ganzes; Freiheit, etwas anderes zu sagen, als es in Wirklichkeit erscheint, um es so erst wirklich zu sagen." (Killy 1972: 24) Während die Personifikation eine Bedeutungsschicht durch die andere auslöscht, bleiben im Vergleich beide nebeneinander stehen. Formal ist er häufig an der Vergleichspartikel „wie" oder „als" oder ähnlichen Ausdrücken zu erkennen. Neben den Naturgewalten, neben Sonne und Mond sind es vor allem die Jahreszeiten, die immer wieder besungen wurden, weil sie im literarischen Bewusstsein als Personifikationen leben oder weil sie bereits das Grundmodell des Lyrischen in sich tragen: das *ali-*

ud verbo aliud senso ostendit d. h. Gesagtes und Gemeintes decken sich nicht.

„Bilder malen", das kann auch ganz wörtlich verstanden werden in zwei Richtungen: einerseits werden Kindergedichte in ganz großem Umfang mit Illustrationen versehen und veröffentlicht, es sind häufig veritable Bilderbücher; andererseits dienen sie im Unterricht als Anstoß zum Malen, wobei die Aufgabe sich häufig allein im Zeit-Überbrücken und Zur-Ruhe-Kommen erschöpft. Auch wenn das notwendige erzieherische Funktionen haben mag, es werden wichtige ästhetische Möglichkeiten verschenkt. Leider wird dieser fachübergreifende Aspekt auch in der didaktischen Forschung kaum wahrgenommen (vgl. dagegen Dietrich Grünewald 1987).

1. Joseph von Eichendorff: Herbst

Zum Text:

Das in der Umgangssprache geläufige, in der Poesie lediglich verfeinerte Verfahren der Personifikation ist in den Dichtungen der Romantik deutlicher erfassbar als im Volksgut oder in einigen zum Volksgut gewordenen Texten von Claudius. Wünsche und Vorstellungen richten sich auf die All-Einheit von Natur und Mensch, auf die Beseelung des ganzen Kosmos. Auf diesem Hintergrund ist Eichendorffs Herbstgedicht zu verstehen; die Personifikation ist philosophisch begründet und erfasst, von der noch unpoetischen Wendung „Der Herbst ist gekommen" ausgehend, belebte und unbelebte Natur. Stärker als in den aus dem menschlichen Bereich übertragenen Bewegungen (*kommen, fahren*) und Tätigkeiten (*zudecken, spinnen und singen*) erscheint das Lebendige in den Begründungen, die ihrerseits den realen Gegebenheiten nicht widersprechen: der Herbst schützt mit dem ausgestreuten Laub die Erde vor der Kälte des Winters. Die Gefühlswerte werden durch die Adjektive und Adverbien hineingetragen: *böse, warm* und *sachte, müde.* Die zweite Strophe arbeitet mit anderen Mitteln der Personifikation. Der Herbst singt als *wunderschöne Frau* (vgl. die Entsprechung an der gleichen Stelle der 1.Strophe *schöne Sommerkleid*) die Blumen in den Schlaf. Demeter als die Mutter Erde der klassischen Mythologie, als Göttin der Fruchtbarkeit ist für den Deutschen mit seinen maskulinen Jahreszeitennamen etwas ungewöhnlich; die goldenen Fäden deuten auf einen personifizierten Altweibersommer. Die langen Sätze und vor allem die Verzögerungen, die durch eine stark konstruiert wirkende Syntax entstehen (ungewohnte Stellung des Objekts *die Gründe* in I,7 und des Verbs *spinnet sie* in II,5), schaffen eine odenhafte Weiträumigkeit des Sprechduktus. Ein eigentümlicher Reiz geht von den rhythmischen Verschiebungen aus, die durch die leichten Abwandlungen der Überschrift in der Eingangzeile zustande kommen.

Anregungen zum Unterricht:

Vor allem die Übertragung von Gefühlen in die Natur muss bewusst gemacht werden, um einen Zugang zur Naturlyrik zu öffnen, die Kindern heute verschlossener sein dürfte als früher. Die Besprechung darf nicht bei einer rationalen Auflösung der ohnedies durchsichtigen Personifikation stehen bleiben: Die *wunderschöne Frau* ist … Eine schon differenziertere Erkenntnis wäre: Ein personifiziertes Wesen handelt und „fühlt" menschlich. Als Einführung machen sich die SchülerInnen Gedanken über die Geschlechterzuordnungen bei den Jahreszeiten. Wie müssten die Personen bei einem Spiel aussehen? Winter: älterer Mann; Frühling: junger Mann; Sommer: ?; Herbst: Mann, der Blätter von den Bäumen bläst oder Frau mit Früchtekorb. Es wird überlegt, wie man zu diesen Vorstellungen gekommen ist. Mit welchen Mitteln wird der Herbst in diesem Gedicht zur Person gemacht? (Unterschied der beiden Strophen!) Von hier aus kommt man vielleicht zu Personifikationen in der Mythologie. Vom Sprechen her könnte die inhaltliche Interpretation eröffnet werden: Der Sprechton wird als feierlich bzw. dem Wiegenlied angemessen als einschläfernd erkannt. Um die syntaktischen und damit rhythmischen Besonderheiten zu verdeutlichen, könnte eine Klangrealisierung versucht werden.

2. Eduard Mörike: Lied vom Winde

Zum Text:

Wer den ersten Teil dieses Gedichtes aus der Maler Nolten-Zeit liest, wird vielleicht erinnert – und sei es auf dem Umweg über die Vertonung Hugo Wolfs – an das ein Jahr jüngere *Begegnung* (1829) und andere Gedichte des Autors. Die Bedeutung des Windes bei Mörike ist jedoch vielfältiger. In späteren Jahren versucht er, sich von diesem dämonischen Wesen zu lösen und berauscht sich am Klang der Äolsharfe, die der Wind zum Tönen bringt. In der klangmalenden Sprache des Kleinkindes wird der Wind nach seiner Herkunft gefragt. Mittel der Personifizierung ist also einmal der Dialog; zum anderen werden die nachkommenden Winde mit einer Verwandtschaftsbezeichnung belegt; schließlich geben sie vor, ihr Windsein sei nichts anderes als die Erkundungsfahrt nach ihrem Ursprung, sie hätten also das glciche Problem wie der Mensch. Selbst die Berechtigung der Frage wird barsch zurückgewiesen, da niemand klüger sein könne als die Natur. Die verschiedenen „Gangarten" des Windes, auch was den Inhalt seiner Rede betrifft, werden rhythmisch klar voneinander abgehoben. Außerdem korrespondiert das daktylische Wehen, das durch die männlichen Versausgänge von Zeile 6 und 11 gegliedert wird, ebenso mit den Daktylen der Eingangszeile wie das stoßweise *Fort, wohlauf!* und die beiden heftigen Trochäen der letzten Zeile mit dem *dort und hier* des Anfanges, das die Ungreifbarkeit des Windes deutlich macht und seine Unerklärbarkeit.

Anregungen für den Unterricht:

Neben den Jahreszeiten, die in besonderem Maße die Kindergedichte beherrschen, gibt es ein anderes Phänomen, das ebenfalls immer wieder zur Vermenschlichung gereizt hat: den Wind (vgl. auch Guggenmos: *Geschichte vom Wind* Reihe XIX). Das sollte man zum Anlaß nehmen,

a) um zu sammeln, was sich noch personifizieren lässt,

b) um zu vertiefen, was im Gespräch über die Naturgötter der Mythologie angestoßen worden war (vgl. Eichendorff: *Es ist nun der Herbst gekommen*), vor allem Einsichten in das Verhalten des Menschen ihnen gegenüber,

c) um noch lebendige Allegorien deuten zu lassen: Justitia mit verbundenen Augen und Waage, Tod als Sensenmann oder als Geripppe mit Sanduhr, um auf die Zeichenkraft von Wappen, Emblemen und Flaggen aufmerksam zu machen. Dies könnte als Hinführung dienen, wenn danach gefragt wird, was alles als menschliches Wesen dargestellt wird (Jahreszeiten, Gestirne, Regen und Wind, Tod, Krieg, Liebe). Menschliches Aussehen, Denken, Fühlen und Handeln werden übertragen. In diesem Mörike-Gedicht könnte der Dialog als weiteres Mittel der Personifikation interpretiert werden. Schließlich könnte auch auf die Klangmalerei aufmerksam gemacht werden und auf die rhythmischen Mittel im Zusammenhang mit dem Inhalt.

3. Robert Louis Stevenson: Mein Bett ist ein Boot

Zum Text:

Der erfahrene Leser wird nicht nur den Vergleich von Schlaf und Seefahrt sehen, sondern er wird ihn sofort erkennen als Variante des bekannten Topos vom Leben als Schifffahrt oder er wird gar an den griechischen Mythos von der Überquerung des Styx erinnert, wobei dann die in der Dichtkunst häufig bemühte Verbindung von Schlaf und Tod assoziiert würde. Das Kind dagegen denkt vermutlich an seine eigenen Überlegungen und Phantasien vor dem Einschlafen; es versucht, mit ihnen die Ängste vor dem Dunklen und dem Alleinsein zu bannen. Die Trennung von Spielgefährten und Spielzeug, das Unbehagen vor dem Bewusstseinsloch zwischen Tag und nächstem Tag, das auch den Erwachsenen nie ganz verlässt, ruft im menschlichen Lebensrhythmus jene Situation des Übergangs vom Wachen zum Schlafen hervor, die Mörike und andere Künstler so fasziniert hat. Das Hinübergleiten vom Zustand der Bewegung in den der Ruhe ist ein eminent lyrisches Thema, das zudem durch das Gleiten des Bootes sinnenfällig ins Bild gesetzt werden kann. Beim Prozess des Anders-Sagens bedient sich Stevenson des ausgesprochenen, nicht nur angedeuteten Vergleichs: *Mein Bett ist wie ein kleines Boot.* Im Unterschied zum Titel wird die Vergleichspartikel *wie* genannt und bildet für den kindlichen Leser das sichere Fundament des Verständnisses. Der Autor stellt sich auch auf ihn ein, wenn er in ungewöhnlich großem Maße den Realbereich neben der Bildebene berücksichtigt. Beide Schichten wechseln sehr häufig: innerhalb einer Strophe wie in III, manchmal von Zeile zu Zeile etwa II,3 und II,4. Es wiederholt sich sogar die Engführung des Eingangs: *Ich steig an Bord und sag Gut Nacht.* Beim Versuch der Zuordnung beider Bereiche ergibt sich neben einigen leicht parallelisierbaren Details ein unauflösbarer Rest, der die notwendige Spannung zwischen beiden Schichten aufrecht erhält. Niemals darf der Eindruck entstehen, eine Realität sollte durch eine andere ersetzt werden. Das Teegebäck als Schiffsproviant oder die Form des Kinderbettes mit seinen hohen Rändern als Boot zu bezeichnen liegt ebenso nahe wie Spielzeug mit lebensnotwendigen Schiffsgeräten zu vergleichen oder den neuen Tag als sicheren Hafen zu begrüßen. Die Bereiche schieben sich besonders dicht übereinander, wo *Hafen* gemeint ist, aber *Zimmer* geschrieben werden kann, wo zeitliche Übergänge (*Doch kommt zum Schluss der Tag heran*) auf räumliche Grenzen projiziert erscheinen (*Ufer*). Nur sehr wortreich könnte das Paradox aufgelöst werden, in dem beide Schichten sich durchdringen: …

und segle ohne Wind.

(Das Original, das der Übersetzung von James Krüss zugrunde gelegen hat, kann hier unberücksichtigt bleiben, da nur die deutsche Fassung Unterrichtsgegenstand sein soll; vgl. dagegen den Übersetzungsvergleich in der Reihe XIX).

Anregungen für den Unterricht:

Eine Hinführung zum Text ist möglich

a) von der Realebene aus: die Kinder vergegenwärtigen sich die Situation vor dem Einschlafen. Warum nehmen die kleinen Geschwister ihre Teddybären und Puppen mit ins Bett? Mit welchen Worten wünschen die Eltern „Gute Nacht"? (Sammeln von Redewendungen: *Gute Nacht, schlaf süß, träum von Zucker und Anis* u. a.) Nach dem Vortragen des Textes wird die Aufforderung der Großmama (I,3 und I,4) in die direkte Rede gekleidet,

b) von der Bildebene aus: Nach dem stillen Einlesen unterstreichen die Kinder im Text alle Ausdrücke, die aus der Sprache der Schifffahrt stammen. Sie werden an die Tafel geschrieben und mit denen verglichen, die vom Zubettgehen erzählen. (Dieser Weg ist der kürzeste, aber auch der am wenigsten empfehlenswerte),

c) von der bildhaften Redewendung aus: In fast allen Sprachlehrebüchern wird das Thema Mehrdeutigkeit der Sprache demonstriert an Zeichnungen, die eine Redewendung wörtlich wiedergeben (z. B. *mit dem Kopf durch die Wand gehen, sich ein Bein ausreißen*). Von dem Fazit aus, dass man in zwei Ebenen denken muss, der des Gesagten und der des Gemeinten, ist der Schlüssel zum Verständnis des Gedichtes gegeben (Selbstverständlich kann auch der umgekehrte Weg gewählt werden, von der Auflösung des Gedichtes zur bildhaften Redewendung).

Für die weiteren Überlegungen zum Text sind jeweils die nicht gewählten Hinführungen heranzuziehen. Außerdem sollten folgende Gedankengänge angeregt werden: *Ins Dunkel* (I,4) heißt mehr als die Dunkelheit der Nacht; für den Jungen bedeutet es auch Unsicherheit (vgl. IV,4 *im sichren Zimmer*), Angst, das nicht Durchschaubare und nicht Verstehbare. Bei der Gegenüberstellung der beiden Bereiche kann das Ergebnis etwa so zusammengefasst werden: Wenn vom einen die Rede ist, dann ist immer auch das andere gemeint. Was der Dichter beschreibt und erzählt, ist so ausgewählt, dass es für alle Kinder gilt. So wie das Kind im Gedicht könnte mein Freund sprechen oder mein Bruder oder ich; es würde immer genau so zutreffen.

4. Christine Busta:
Wo holt sich die Erde die himmlischen Kleider?

Zum Text:

In eigentümlicher Weise verbinden sich in diesen 14 klar gegliederten Zeilen Naturlyrik und Sprachspiel mit einem Quäntchen Ironie. Die Kleider sind nicht nur *himmlisch* um des Kontrastes zur Erde willen. Das Gedicht lebt von der Aufzählung der Kleider; man sollte den leisen Unterton nicht überhören, mit dem die Sprache der Mode persifliert wird. Werbewirksame Farbbezeichnungen (Zeile 9/10/12) stehen neben Anklängen zum kleinen Schwarzen für den Nachmittag oder dem für heiße Sommertage am Meer (Zeile 5/11). Schließlich wird der Wortschatz im Umkreis des Schneiderberufs erschlossen: *gebleicht, gewoben, bestickt, zerrissen, geflickt* (zum Zweck des Ausbesserns oder als Patch- work-Mode). Aus diesen drei Bereichen stammen die Grundwörter der zusammengesetzten Substantive; ihnen werden als Bestimmungswörter Pflanzen, Tiere, Gestirne und Erscheinungen des Wetters gegenübergestellt. Der *Wolkenschneider* (Zeile 2) ist schon auf die gleiche Weise gebildet und gehört im Unterschied zum bekannten Wettermacher zu den das Gedicht tragenden Wortneubildungen. Auch in Bau und Rhythmus entspricht die Zeile der „Modenschau": die beiden Substantive werden so verbunden (mit oder ohne Artikel, asyndetisch oder syndetisch), dass jeweils zwei mal zwei Trochäen mit Auftakt ein regelmäßiges Sprechen der Zeilen ermöglichen. Völlig einheitlich ist jedoch nur die zweite Hälfte des Katalogs gebaut, in der die beiden Zeilen mit den Tierkomposita die beiden Pflanzenzeilen umrahmen. Die Symmetrie ist allerdings dadurch gestört, dass bereits in Zeile 8 das *Laubgeflickte* vorgestellt wird und die Grundwörter anders angeordnet sind. Das Verfahren ist typisch für das Gedicht: eine Ordnung wird sichtbar, aber sie erstarrt nie. In den Zeilen 5–8 sind einerseits Wetter- und Gestirnsubstantive versammelt, aber das Laub gehört nicht hinein; hier sind alle Schneiderausdrücke vereint, aber das *scheckige* weist voraus auf die Farbadjektive und das – *schwere* und – *leichte* sowohl in der Kontrastanordnung wie im Wortinhalt auf das – *kühle* und – *heiße* der Zeile 11. Die Sonne (Zeile 6) ist einerseits an den Schatten gebunden, andererseits durchbricht sie diese Ordnung. Die Verbindung Sonne, Mond und

Sterne (Zeile 6/7) haftet zu deutlich im Ohr. Die neuen Wörter, die wie die Mode Anleihen bei der Vergangenheit, bei dem Bekannten machen müssen, werden auch klanglich so herausgeputzt, dass sie *himmlisch* wirken. Kaum eines, das nicht in sich Vokal- oder Konsonantenentsprechungen zeigte (vgl. schon Zeile 2/3). Das *Sonngebleichte* korrespondiert haargenau mit seinem Reimwort. Der Paarreim eines strophenlosen Gedichtes weist auf unendliche Sukzession; speziell die Aufzählung der Kleider könnte theoretisch weitergeführt werden. Eine Gliederung und geschlossene Struktur lässt sich hier jedoch leicht ablesen. Auf die Frage (Zeile 1) folgt eine knappe Antwort (Zeile 2). Der ausführliche Kommentar besteht aus *einem* Satz: *Sie braucht nicht ... sie nimmt ... und trägt* (Zeile 3/ 4) *das Regenschwere* (usw. 16 Akkusativobjekte in 8 Zeilen) *und schlendert ...* (Zeile 13/14). Das Kleiderangebot gliedert sich in zwei, wenn auch nicht ganz einheitliche Vierzeiler, der zweite ist nochmals deutlich abgeschlossen durch den Rahmenbau. Die Erde *schlendert* den Laufsteg *hinauf und hinunter*; der Conferencier fasst zusammen: *je schlichter, je lieber, je schöner, je bunter*. Die Zeilenhalbierung ist übergegangen in das Staccato einer Viertelung. Die paarbildende Kraft der Konjunktion wird gebrochen und in der veralteten Form *je – je* zu neuer Bedeutung umfunktioniert. Die beiden Außenglieder der Zeile *schlichter* und *bunter* greifen zurück auf die Art, wie die Erde ihre Kleider trägt: *froh und bescheiden*, d. h. völlig „natürlich". Es gibt bei allem, was sie anzieht, keine geschmacklichen Bedenken; in der Sprache der Mode würde man sagen: schlichte Eleganz.

Anregungen für den Unterricht:

In diesem Gedicht wird die Vorstellung nahegelegt, die Erde sei eine Frau, die Kleider trägt. Sie sind immer anders, je nach der Jahreszeit. Noch vor dem Lesen des Gedichts könnte darauf eingegangen werden, wie man von Naturbildern spricht: Die Erde trägt ein grünes, ein weißes, ein buntes Kleid. Wie können die Kleider beschrieben werden? 1. nach ihrer Farbe, 2. nach dem Stoffmuster, 3. nach der Art ihres Stoffes. Im Gedicht sind die Wörter zusammengesetzt aus Begriffen, die der Natur entstammen; da ist die Rede von Regen, Wind, Tieren und anderen Wörtern, die zur Welt der Mode gehören. Die SchülerInnen können vielleicht entdecken, dass man sich bei diesen neuen Wortbildungen etwas vorstellen kann, man könnte etwas sehen oder spüren. Eigene Neubildungen werden ausprobiert. Dabei erkennen sie, dass bestimmte Zusammensetzungen weniger bildkräftig sind als die im Gedicht (z. B. schneeweiß) und weniger neuartig wirken

(z. B. rosenrot und rabenschwarz). Sie erkennen, dass hier mit Sprache gespielt und Neues erfunden wird. Auch der Wettermacher ist eine Erfindung. Wofür steht er? Er ist verantwortlich für den Wechsel der Jahreszeiten und des Wetters, wodurch die Erde immer ein anderes Aussehen erhält. Der Wettermacher ist hier im Gedicht eine Figur, gleichsam wie ein Modemacher, die Erde erscheint wie eine Dame, die zu jeder Gelegenheit das richtige Kleid trägt. Diese Personifikationen laden ein zu phantasievollen Illustrationen. Der Sprechrhythmus im Mittelteil des Gedichts könnte durch Klanghölzer und Rahmentrommel oder auch durch Glockenspiel und Xylophon verdeutlicht werden.

5. Hans Manz: Winter

Zum Text:

Das Gedicht könnte ein Bilderbuch-Katalog für Körpermetaphern sein. Der bekannte komische Effekt stellt sich dadurch ein, dass *Bergrücken, Bergnase, Hügelfuß, Flussarm, Landzunge* „beim Wort" genommen werden und alles, was mit winterlicher Kälte zu tun hat, ihnen zugeordnet wird. Während das erste Beispiel sogar zwei Metaphern enthält, wirkt das dritte etwas gezwungen: statt „Fuß des Berges" muss das System des zusammengesetzten Substantivs beibehalten werden; auch im zweiten Beispiel wird ein nicht ganz passendes Verb (*schnupft)* benutzt, vielleicht um das richtige *zieht* für das nächste zu reservieren. Manz spielt mit dem tradierten Muster „Wintergedicht"; es entsteht zwar kein Stimmungsbild, aber dennoch auch in dieser additiven Form ein Bild von konkreten, mit den Sinnen erfassbaren Details.

Anregungen für den Unterricht:

Es wäre langweilig, alle Bilder der Reihe nach im Unterricht zu entschlüsseln. Die komische Wirkung würde dadurch nicht offengelegt. Für die literarisch erfahreneren SchülerInnen müsste Gelegenheit gegeben werden, den „Witz" selbständig herauszufinden. Für die anderen kann dies über die bildnerische Darstellung geschehen (entweder an der Tafel oder in Gruppenarbeit). Das können jeweils einfache Zeichnungen oder Skizzen sein. Dabei lassen sich die Körpermetaphern jeweils erklären. Erst dann kann im Text gezeigt werden, dass in diesem Spiel mit Sprache alle Bilder etwas mit Frieren und Kälte zu tun haben. Dabei sind die Reaktionen der

SchülerInnen zu beobachten, aus denen das Verstehen bzw. Nichtverste-
hen hervorgeht. Möglicherweise können sie einzelne Bilder in vereinfa-
chenden Illustrationen darstellen, beispielsweise die Landzunge oder den
Flussarm.

6. Joseph von Eichendorff: Der alte Garten

Zum Text:

Wie magische Beschwörungsformeln klingen die ersten Worte mit der
Häufung des Vokals o, Namen von Blumen, die früher in den Bauerngär-
ten standen, allerdings eher als Pfingstrose denn als Päonie. Aber Päonie
„klingt" mehr, und zusammen mit dem *rot* entsteht ein Bild von flammen-
der Lebendigkeit, das im Gegensatz steht zu all dem Abgeschiedenen,
Vergangenen in der Vorstellung des dichterischen Ichs. Verstärkt wird dieser vehemente Anfang durch die stark rhythmisierte Sprache. Die Daktylen, die in jeder Zeile wenigstens einmal, allerdings immer wieder an anderer Stellen zwischen den alternierenden Metren auftauchen, lassen eine
spannungsgeladene Ruhe vom Gedicht ausgehen. Verknüpft wird das
Bild der ersten beiden Zeilen syntaktisch durch *denn* mit dem Tod der Eltern, aber inhaltlich ist diese Gedankenverbindung nicht nachvollziehbar.
Auch die beiden Eingangszeilen der dritten Strophe sind ein Beispiel dafür, wie auf logische Zusammenhänge verzichtet werden kann zugunsten
des Gesamtbildes, das einen Schwebezustand zwischen Vergangenheit
und Gegenwart heraufbeschwört. Es wird wie so häufig in Eichendorffs
Lyrik die Kindheit und deren Verlust ins Gedächtnis gerufen, die Erinnerung an den alten Garten und an die „alte schöne Zeit", und gleichzeitig
taucht ein Traumbild auf: *Eine Frau sitzt eingeschlafen dort.* Ihr Bild wird
vom Bewusstsein des lyrischen Ichs in der dritten Strophe wiedererkannt
und gedeutet. Ist sie mit der *Laute in der Hand* die personifizierte Muse,
die den Zusammenhang zwischen Bildern und Klängen schafft?

Anregungen für den Unterricht:

Hier wäre vom Titel auszugehen: Wie stellen wir uns einen alten Garten
vor? Dazu gehören Mauern, Treppen, Steinfiguren, überwachsene Beete,
Gestrüpp. Menschen, die schon längst nicht mehr am Leben sind, haben
Gärten einst gestaltet. Die Natur hat alles verwandelt. Wenn wir all dem
nachgehen, gibt es viel Geheimnisvolles zu entdecken, zu sehen und zu
hören und mit künstlerischen Mitteln zu gestalten. Vielleicht gibt es auch

für Kinder die Erfahrung, dass ein Ort, den man lange nicht gesehen hat, wie verzaubert wirkt, beim Wiedersehen oder auch in der Erinnerung (Haus oder der Garten der Großmutter oder ein Ferienparadies). Diese Erfahrung gilt es mit dem Gedicht in Beziehung zu setzen. Dass Kinder das Ineinander von Farben der Blumen, von dem leisen Geräusch des Springbrunnens und vom Klingen der Saiten genießen können, ist nicht zu erwarten. Dennoch ist zu hoffen, dass einzelne Bilder und Vorstellungen aufbewahrt werden für später.

Weitere Gedichte:

Josef Guggenmos: Da lieg ich im Bett (Was für ein Glück. Neuntes Jahrbuch der Kinderliteratur 1993)

Christa Reinig: Robinson (Großer Ozean)

Gisela Schlegel: Lied einer alten Frau (Großer Ozean)

Matthias Claudius: Christiane (Kliewer: Elemente und Formen der Lyrik)

Literatur

Grünewald, Dietrich: Lyrik und Illustration. Zur Erfahrung des „ästhetischen Prozesses" und seiner Brauchbarkeit für den Unterricht. Mainz: Institut für Lehrerfort- und Weiterbildung 1987 (Tagungsberichte und Arbeitsmaterial 33)

Killy, Walther: Wandlungen des lyrischen Bildes. Göttingen: Vandenhoeck&Ruprecht 1956 (Kleine Vandenhoeck-Reihe 22/23)

Killy, Walther: Elemente der Lyrik. München: Beck 1972

Seidlin, Oskar: Versuche über Eichendorff. Göttingen: Vandenhoeck & Ruprecht 1965

VII. „Kunstfiguren"

Mit Kunstfiguren sind nicht die bekannten „künstlichen Figuren" gemeint, die Automatenmenschen oder Androiden wie Olimpia in *Der Sandmann* von E. T. A. Hoffmann oder Maria im *Metropolis*-Film von Fritz Lang. Näher kommt man dem zugegebenermaßen nicht ganz präzise definierbaren Phänomen, wenn man sich Figuren wie das HB-Männchen oder das Michelin-Männchen vergegenwärtigt, die eine lange Lebensdauer und allgemeine Bekanntheit erworben haben und zum Symbol in der Warengesellschaft geworden sind („Characters"). Der Titel dieser Reihe wird erst anhand der einzelnen Gedichte deutlich, die sich entweder mit Figuren beschäftigen, die aus der Phantasie entstanden sind und die genannten Merkmale aufweisen. Auch aus der Kinderliteratur sind sie bekannt: Pippi Langstrumpf oder Pinocchio. Andererseits können reale Personen zur „Kunstfigur", zur Legende werden wie Charly Chaplin. Der Pantomime steht bei Dieter Mucke für die Kunst schlechthin. Dazu gesellen sich die Bären-Vierzeiler, in denen Wittkamp eine Figur geschaffen hat, die wohl aus einer langen Bilderbuchtradition stammt, über die sich beliebig Verse mit teils komischen Pointen dichten lassen. *Lorelei* schließlich gehört zu einer etwas anderen Art von „Kunstfiguren", den literarisch tradierten Mythen. Sie wurde ausgewählt, weil auch in diesem, allerdings ganz seltenen Fall der Mythenschöpfer bekannt ist. Clemens Brentanos Gedicht, 1801 unter dem Eindruck einer Rheinfahrt entstanden, ist zur Quelle einer langen Tradition geworden (vgl. Frenzel 1962). Natürlich könnten hier auch Gedichte über Märchen, das *Buckliche Männlein* oder *Der Zauberlehrling* hinzugenommen werden. „Kunstfiguren" weisen über sich hinaus z. B. auf Grundmuster menschlichen Zusammenlebens.

1. Frantz Wittkamp: Wenn der Bär nach Hause kommt

Zum Text:

Es ist schon verwunderlich, dass gerade der Bär, der in der freien Natur gefürchtet und im Zoo von den Besuchern vorsichtig ferngehalten wird, der sich zu ungeheurer, Furcht erregender Größe aufrichten kann, zu einem so harmlosen, drolligen Begleiter für alle Generationen entwickeln konnte, vom Kleinstkind bis zum Erwachsenen. Die Teddybären und Bärenfiguren, die Bärengeschichten aus den Bilderbüchern sind gar nicht

mehr wegzudenken aus unserer Spielzeug-, Werbe- und literarischen
Welt. Den Grund für eine solche Domestizierung werden wir nicht leicht
finden können. Bei Wittkamps Bären-Vierzeilern haben wir es mit einer
eher durchschnittlich bürgerlichen Variante der harmlosen Bärenfigur zu
tun. Unauffällig führt dieser „Nachbar von nebenan" ein angenehmes Leben ohne Hast, pflegt seine Hobbys, liebt Geselligkeit und ist nur mäßig
gebildet. Selbst *wenn er nichts zu fressen hat,* gibt es keinen Grund zu Aggressivität, *dann fragt er seine Mutter.* Es gibt also nicht den geringsten
Anlass für Ärger. Das Bild eines angenehmen Rentner-Daseins entsteht,
wie es in der öffentlichen Meinung verbreitet ist. Während die Vierzeiler
ansonsten meist isoliert veröffentlicht wurden, als sog. Findlinge wie
Randnotizen Gelbergs „Jahrbücher der Kinderliteratur" verzieren, bilden die zehn Bärentexte eine Sequenz in Wittkamps Erstling *Ich glaube,*
dass du ein Vogel bist (1987), die durch weitere verstreute ergänzt werden
könnten, z. B.:

> Verlegen blickte der Bär mich an,
> und schließlich brummte er mir ins Ohr:
> „Du weißt doch, dass ich nicht lesen kann,
> liest du mir eine Geschichte vor?"

Im Komponieren seiner aphoristischen Vierzeiler hat es Wittkamp zu
wahrer Meisterschaft gebracht; die Pointen rational zu benennen, ist zuweilen nicht einfach. (vgl. dazu Kliewer 1999)

Anregungen für den Unterricht:

Die Erinnerung an einen echten Bären könnte bei Kindern wachgerufen
werden: man kann ihn nicht so füttern wie den riesigen Elefanten, nicht
streicheln wie andere Tiere. Warum gibt es dann Schmuse-Bären und Geschichten über Bären, die niemandem etwas tun? Hier könnte deutlich
werden, dass diese Figur der Phantasie entsprungen ist und wenig mit dem
Tier aus der Natur, höchstens etwas mit den wirklichen drolligen Bären-
kindern zu tun hat. Diese Figur lässt sich denn auch beliebig verkleiden,
man lässt sie sprechen und singen und ein ganz normales, in diesem Falle
gemütliches Leben führen. Dadurch entsteht ein positiver Eindruck von
dieser Lebensweise: wie man ohne Stress mit sich und der Welt im Guten
lebt. Alle diese Merkmale werden zusammengetragen und möglicherweise um neue erweitert.

2. Dieter Mucke: Chaplin

Zum Text:

Eine kleine Szene zeigt die Kunst des großen Mimen. Beschreiben muss
man ihn nicht, denn jeder weiß, wie er aussieht, wie er sich bewegt, wie er
sich einem Stärkeren gegenüber verhält. Hier ist es eine charakteristische
Szene wie aus einem seiner Filme: Chaplin ahmt das wichtigtuerische Ge-
habe des Polizisten nach, und als der sich darüber ärgert, zieht Chaplin
den Hut (in gespielter Ehrerbietung?) und lässt eine Taube fliegen. Sie ist
nicht nur irgendein Vogel, sondern hat möglicherweise noch eine andere
Bedeutung. Chaplin entschwindet dem Polizisten, vielleicht weil er eine
„Kunst"-Figur ist, die man beliebig auftauchen oder verschwinden lassen
kann. Zwei Welten stehen sich in den beiden Protagonisten gegenüber:
die reale Welt des Polizisten, der festnehmen will, was er nicht versteht,
und die Welt des Künstlers, der *seine* Welt aus dem Hut zaubern kann, auf-
tritt und ebenso überraschend verschwindet. Der Text ist 1977 in dem
Band *Freche Vögel* im Kinderbuchverlag der DDR erschienen; spiegelt
sich hier ein kleiner Triumph über die Zustände im Land? Nicht auszuschließen, wenn man an die Biografie des Autors denkt, der aus politischen Gründen viel Lebenszeit in Gefängnissen der DDR verbracht hat!
(Mucke 2001)

Anregungen für den Unterricht:

Diese politische Dimension kann man Schülern und Schülerinnen sicher
nur schwer erklären, weil die DDR- Realität schon so weit entfernt ist.
Vielleicht lässt sich jedoch „Chaplin" als ein mögliches Verhalten des
Schwächeren gegenüber einer sturen Staatsmacht verdeutlichen. Manchmal hilft eben nur, sich aus dem Staub zu machen und den Verfolger mit einem Kunststückchen auszutricksen. Die Erinnerung an Chaplin-Filme
könnte durch ein Foto/ein Poster aufgefrischt werden: der Clown mit den
zu großen Schuhen, der Melone auf dem Kopf und dem melancholisch-
hilflosen Gesichtsausdruck. Um den Text, auch im Rahmen dieser Unter-
richtsreihe besser zu verstehen, wäre der konkrete Vergleich eines Slap-
stick-Films mit dem Mucke-Text besonders ergiebig.

3. Dieter Mucke: Pantomime

Zum Text:

Diejenigen, die *ohne auch nur ein Wörtchen zu sagen*, etwas zur Darstellung bringen, stehen im Gegensatz zu denen, die auch mit vielen Worten nichts zu sagen haben oder nur Sinnloses wie das Piepen zum Sendeschluss im Fernsehen, ob nun der Ton eingeschaltet ist oder nicht. Das Resümee, bestehend aus zwei abgesetzten Zeilen, ist ein Bekenntnis zur Kunst und ihren eingreifenden Fähigkeiten. Es ist im weiteren Text nicht mehr von der Pantomime die Rede, sondern von der Kunst allgemein, die ohne Geschwätz das Richtige zu sagen weiß. Auch hier steht die Welt der Kunst einer anderen Realität (der Politik, der Propaganda?) gegenüber und möchte ihre Autonomie wahren. (vgl. den Gedankengang in Kleists *Über das Marionettentheater*).

Anregungen für den Unterricht:

Das Gedicht wird in seiner Doppeldeutigkeit nicht ganz zu vermitteln sein. Dennoch ist der Gedanke wichtig, dass Kunst ein Gegengewicht schaffen kann zu allgemeinem Geschwätz, wer auch immer dafür verantwortlich zu machen ist. Auszugehen ist von eigenen Erfahrungen der SchülerInnen mit pantomimischer Darstellung. Daran ist zu erläutern, wie mit ganz geringen Mitteln ohne Kulissen, Requisiten und Kostüme, allerdings mit großer Präzision und Kunstfertigkeit eine starke Wirkung erzielt werden kann. Dem gegenüber steht die andere Realität, die mit vielen Worten sich nicht verständlich machen kann. Auch dafür muss nach Beispielen aus der aktuellen Diskussion gesucht werden.

4. Heinrich Heine: Ich weiß nicht, was soll es bedeuten

Zum Text:

Heines Lorelei-Version, die im III. Reich als anonymes Volkslied ausgegeben wurde, weil man nicht auf den Text verzichten wollte und die Autorschaft kurzer Hand bedenkenlos einem Juden stahl, entstand kurz nach Eichendorffs Fassung *Waldgespräch* und etwa zwanzig Jahre nach der Geburtsstunde in Brentanos Roman *Godwi*. Die Figur gehört in die große Familie der weiblichen Wassergeister, Undine und Melusine, die Lilofee und die schöne Lau und die Nixen. Mit der eingängigen Melodie von Friedrich Silcher, der jeweils zwei Strophen zu einer Liedstrophe zusam-

menfasst, gehört es zu den bekanntesten deutschen Volksliedern – weil es
die einzige Macht beschwört, über die Frauen verfügen, die Sinnen ver-
wirrende Macht ihrer Schönheit und ihres sirenenhaften Gesangs? Weniger der antithetische Bau (*Ich weiß nicht* ... /*Ich glaube* ...) noch die Fülle
der romantischen Bilder sollen hier im Vordergrund stehen, sondern die
Figur der Lorelei und die Art, wie sie präsentiert wird. Es wird nicht naiv
eine Geschichte erzählt nach dem Muster: „Es war einmal eine schöne
Frau ...", sondern die Geschichte wird quasi zitiert; das Tradieren des Mythos wird vom Autor-Ich auf das lesende/singende Ich fortgeschrieben.
Selbst bei der Katastrophe erzählt er nicht wie ein Beteiligter, sondern er
gibt nur Vermutungen weiter. Die Figur wird aus der Distanz betrachtet;
dagegen spricht nicht, dass das Lied völlig naiv gesungen wurde und wird.

Anregungen für den Unterricht:

Diesen Weg vom Liebeslied mit dem tödlichen Ausgang zur Einsicht, dass
ein „cooler" Beobachter die Story mitteilt, sollte die Analyse des Textes
gehen. Die romantische Ironie, die keine jüdische ist, wird Jugendlichen
beim Versuch, ihre eigenen Gefühle zu verbergen, sehr entgegenkommen: dieses gleichzeitige Eintauchen in die romantische Bilderwelt und
sich am eignen Schopf herausziehen. Vielleicht kann auch die Funktion
solcher von der Realität abgelöster, aber nicht abgetrennter Bilder/Kunst-
figuren im Zusammenhang mit den neuen Figuren der Werbung erkannt
werden. Figuren der Mythologie und der Alltagsmythologie müssen „grif-
fig" sein, müssen eine Botschaft haben, die abrufbar ist, müssen ein Wie-
dererkennungspotential enthalten wie ein Signet oder ein Reklamespot.
Ob es künftige Generationen noch schaudert, wenn sie im Zug am Lore-
lei-Felsen vorbeifahren?

Weitere Gedichte:

Joseph von Eichendorff: Waldgespräch (Conrady)

Richard Bletschacher: Der Zauberkünstler Hadraczek (Großer Ozean)

Börries Freiherr von Münchhausen: Das alizarinblaue Zwergenkind
(Wundertüte)

Literatur

Frenzel, Elisabeth: Stoffe der Weltliteratur. Ein Lexikon dichtungsgeschichtlicher Längsschnitte. – Stuttgart: Kröner 1962

Kliewer, Heinz-Jürgen: „Spaß for fun" – die Vierzeiler von Janosch und Wittkamp (1991) In: *Kliewer, Heinz-Jürgen*: Was denkt die Maus?. Gesammelte Aufsätze zur Kinderlyrik. Frankfurt: Lang 1999 (Kinder- und Jugendkultur, -literatur und -Medien Band 5), S. 85–90

Kliewer, Heinz-Jürgen: Keine halben Sachen ... Laudatio zur Verleihung des Österreichischen Staatspreises für Kinderlyrik 1995 an Frantz Wittkamp. – 1001 Buch 1/96, S. 7–11

Mucke, Dieter: Zwölf Antworten in der Reihe „Wie vom Regen in die Traufe gekommen ...". Ostdeutsche Antworten auf eine Autorenumfrage. Beiträge Jugendliteratur und Medien, 12. Beiheft 2001, S. 81–82

VIII. Wie entstehen Gedichte?

Kaum ein Gespräch zwischen AutorInnen und Kindern geht vorbei ohne die Frage: „Woher kommen Ihnen die Einfälle?" Der Wissenschaftler meint, etwas über das Wesen des Gedichts sagen zu können, wenn er Licht in die Geheimnisse der Entstehung zu bringen vermöchte. Dieser Frage geht die Reihe nach. Gedichte fliegen einem zu; man muss warten, bis einen die Muse küsst – so behaupten die einen. Schreiben ist ein handwerklicher Prozess, so konstatieren die anderen. Beides ist wohl richtig! Der Pianist Alfred Brendel sagt in einem Interview zur Entstehung seiner Gedichte, dass es einzig auf den Einfall ankomme: „Also, sie (die Wörter) kommen wirklich an mich heran; sie sind meistens nicht ausgedacht, geplant. Es beginnt mit ein oder zwei Zeilen und aus diesen Zeilen entwickelt sich etwas …"

Es gibt Gedichte, die ihren Entstehungsprozess reflektieren, den Impetus, aus dem ein Text entstanden ist. Am Anfang steht ein Kern, eine Idee, ein Einfall, vielleicht eine Zeile rhythmisierter Sprache als Bruchstück, zu der sich andere Zeilen gesellen, vielleicht ein Reim, auch ein Bild, das andere Vorstellungen nach sich ziehen kann. Die Situation, aus der heraus ein Gedicht entsteht, ist nur in den seltensten Fällen nachzuvollziehen; immer aber steht dahinter ein Autor oder eine Autorin, und oft ist dieser autobiografische Bezug wichtig. Nicht nur deren Namen zu kennen, sondern auch etwas von ihnen Geschriebenes wiederzuerkennen, sollte ein Ziel sein. Und jede ernste Tätigkeit lässt sich ins Komische kehren, gerade die ernste: Marquardt und Auer schreiben, dass sie schreiben. Grosches Einfall: ein und dieselbe Sache lässt sich so oder so sagen, kurz und bündig, auf zwei Zeilen verteilt.

Daneben sollte gezeigt werden, dass ein Gedicht in eine bestimmte Form gebracht worden ist, die der Autor/die Autorin so gewollt hat. Dennoch kann ein Gedicht auch zu eigenen Versuchen anregen. Da wäre zu denken an das Sprachspiel: man kann sich eine Aufzählung vorstellen, z. B. der Wochentage, in der ein Wort vorkommt, das vollkommen aus dem Rahmen fällt. Oder eine sogenannte Kettengeschichte kann man sich ausdenken, in der ein kleines Missgeschick am Anfang steht. Daraus entwickelt sich dann eine Folge von Ereignissen, die immer neue Ereignisse nach sich ziehen können. Oder: Aus einem Gedicht verselbständigt sich ein Name, vielleicht ein lustiger, vielleicht ein seltsam klingender. In dem Kinderreim *Backe, backe Kuchen* ist noch niemand auf die Merkwürdigkeit der Schlusszeile gestoßen: „Safran macht den Kuchen geel". Martin Auer kommt auf die Idee zu fragen: wer ist denn dieser Safran? – und es entsteht ein langes Gedicht *Das Geheimnis des Safrans* (Ozean S. 83). Das Parodieren von Sprichwörtern und Redensarten bietet Anlaß zu neuen Ideen. Schließlich sind Kinder auch in der Lage, eine ernste Sache ernst zu betrachten; als Beispiel für die Verschiedenartigkeit der Entstehungsprozesse wird die Reihe mit einem Text von Rose Ausländer abgeschlossen.

1. Axel Maria Marquardt: Nichts drin

Zum Text:

Die langwierige Beschreibung eines verkrampften Arbeitsprozesses, ein Selbstgespräch, bei dem am Ende nichts herauskommt als die müßige Frage: *Was ist denn nur los mit mir?* und das Resümee *nichts drin.* Allerdings wird auch die glückliche Wendung angedeutet, dass ein Gedicht entstehen kann, wenn einem der richtige Einfall kommt. Woran es liegen könnte, dass dies nicht eintritt, wird gleich am Anfang gesagt: *Jetzt ist es drei/bis vier will ich ein gedicht fertig haben.* In bewusst redundanter und alltagssprachlicher Form dieses „Gedichts" wird gezeigt, wie es gerade nicht geht, weil ein schöpferischer Prozess nicht mit der Uhr planbar ist. Der „Dichter" versucht sich zu beruhigen: *nur nicht nervös werden,* und prompt verhaspelt er sich: *gute einfälle kommen nicht wie/wie nicht von selbst.*

Anregungen für den Unterricht:

Die erste Frage wird sein, ob ein Prosa-Text in dieser Form als Gedicht bezeichnet werden kann. Die SchülerInnen werden zunächst das Fehlen des Reims und des Strophenaufbaus bemerken. Auch beim Vorlesen deutet nichts darauf hin, dass es sich um ein Gedicht handelt; der Text kann in seiner Eigenart nur durch stilles Lesen erfasst werden, obwohl dies wegen der fehlenden Interpunktion und der durchgehenden Kleinschreibung nicht einfach ist. Das Versiegen der Worte am Schluss, das „Tröpfeln" wird ausgedrückt in den letzten Zeilen, die jeweils nur noch ein Wort enthalten. Warum in jeder Zeile nur ein Wort steht, können die SchülerInnen leicht erklären und sollte auch im Vorlesen deutlich werden. Es ist nicht sicher, ob Kinder die Ironie spüren in den Sätzen *nein man muss um sie kämpfen/ in sich hineinhorchen.*

2. Martin Auer: Unnützes Gedicht

Zum Text:

Das Gedicht zeigt in zwei vierzeiligen Strophen in der perfekten Beschreibung eines unnützen Gedichts den vollkommenen Leerlauf, der entsteht, wenn nur um des Reimens willen Gedichte „gemacht" werden. Diese acht Zeilen erweisen sich selbst als überflüssig, aber wie das gezeigt wird, darauf kommt es an. Die vielfältige Umschreibung von *unnütz* wird gekonnt in Reime eingepasst. Das Gedicht endet mit einer witzigen Pointe: *Nach der achten Zeile ist Schluß.* Fast zwangsläufig schließt sich die Frage an: Was fehlt diesem Gedicht? Was gehört unbedingt zum Dichten? Kommt es nur auf das Reimen an? Der Titel möchte den Horizont über den Aspekt „Nonsense" hinausführen zur Frage nach dem Zweck, nach dem Gebrauchswert dieses Gedichts, von Gedichten überhaupt.

Anregungen für den Unterricht:

Die SchülerInnen müssen zunächst merken, dass es sich nicht um irgendein, sondern gerade dieses Gedicht handelt, das hier so negativ beschrieben wird. Dann werden sie beurteilen, warum es zwar gut gereimt ist (immer zwei Zeilen reimen sich, sie bilden einen Paarreim), aber sonst keinen Gedanken enthält, über den man nachdenken kann. Trotzdem lässt sich ein Bauprinzip als Kern erkennen; Kinder könnten versuchen, dies auszuformulieren und später an anderen Gedichten dieser Art wiedererkennen.

3. Erwin Grosche: Übermütige Sätze

Zum Text:

Eine Idee wird in 7 Zweizeilern abgewandelt: Eine Aussage mit dem Satztyp *nicht nur, (sondern) auch* addiert nicht zwei Dinge, wie es die Logik vorschreibt, sondern tritt auf der Stelle. Die zweite Zeile wiederholt inhaltlich die erste, wobei in den späteren Strophen doch die eine Zeile die andere kommentiert. Der Ton verändert sich, von der witzigen Pointe steigert er sich zur Skizzierung einer ausweglosen Situation in der 5. und 6. Strophe. Lediglich die Schlussstrophe hebt alles wieder auf und zeigt, dass man unangenehmen Vorstellungen auch wieder ein Ende setzen kann wie bei einem Film, der bedrohlich wirkt und bei dem die Eltern sagen: es ist doch alles nur gespielt. Ob der Gedichttitel zu allen Strophen passt, ist in Frage zu stellen. Bei aller Prosanähe wird man beim Sprechen in einigen Strophen den durchgehenden Rhythmus in der zweiten Zeile hören.

Anregungen für den Unterricht:

Da es sich um ein additives Gedicht handelt, zu dem keine Reime gesucht werden müssen, können SchülerInnen weiterdichten in der Art wie „Die Milch kochte nicht nur über, sie lief auch auf die Straße." Sie müssen nur erkannt haben, dass es auf das syntaktische Muster ankommt. Bei diesen eigenen Versuchen sollte beachtet werden, dass das Gedicht mit zwei verschiedenen Typen arbeitet; Strophe I–III verfahren anders als Strophe IV bis VI. Dabei können durchaus kreative Ergebnisse entstehen in der Art von unglücklich-komischen Verkettungen, wie sie aus Filmen mit Dick und Doof, Loriot oder Charly Chaplin bekannt sind.

4. Rose Ausländer: Nicht vergessen

Zum Text:

In diesem Text wird uns eine besondere Form der Genese eines Gedichts vorgeführt, die etwas ahnen lässt von „Eingebung". Das Gedicht hat sich verselbständigt, lebt unabhängig von der Person der Autorin weiter und kommt wieder zu ihr zurück. Vielmehr meint *hat ein Gedicht mich wieder erschaffen*, dass der Text erst das lyrische Ich hervorbringt. Das Gedicht schreibt sich sozusagen selbst, nachdem das lyrische Ich sich wieder dem Leben zugewandt hat: *Ich freute mich am Leben.* Hier zeigt sich anschaulich, dass Leben und Schreiben sich eigentlich ausschließen, dass aber die Eindrücke des Lebens *die Landschaft/vor meinem Fenster* notwendig sind, um schreiben zu können.

Anregungen für den Unterricht:

Auch wenn das Vokabular verständlich ist, die Sätze kurz und einfach gebaut sind, so gibt es doch schwer zu verstehende Formulierungen wie *hat ein Gedicht/mich wieder erschaffen* und die beiden letzten Zeilen *und schrieb sich/in meine Worte.* Keinesfalls sollte man diese Zeilen erklären wollen. Wichtig scheint der Gedanke zu sein, dass Vorstellungen wie von selbst in ein Gedicht einfließen können, auch wenn dieser Text nicht unmittelbar aufgeschrieben wird. Vielleicht gibt es auch bei Kindern und Jugendlichen eine nicht nachprüfbare Zahl von solchen Texten oder Bruchstücke von Texten, die entstehen in Tagträumen und bei Spielen. Auf diese Erfahrungen könnte zurückgegriffen werden bei SchülerInnen: „Vielleicht sind euch auch schon einmal Wörter oder Sätze eingefallen, die man aufschreiben könnte". Dass Gedichte aus der Begegnung mit der Natur, aus der Erinnerung an gelebtes Leben entstehen, also durchaus nicht so abgelöst von der Person, wie es auf den ersten Blick erscheint, ließe sich an diesem Text zeigen.

Weitere Gedichte:

Robert Gernhardt: Dreißigwortegedicht (Jugendlyrik)
Gerhard Rühm: Sonett (Jugendlyrik)
Ernst Jandl: inhalt (Großer Ozean)
Eva Strittmatter: Die Drossel singt (Wundertüte)

IX. Gedichte erzählen Geschichten

Schon in den Kinderreimen werden Geschichten erzählt, in denen sich ein Handlungsschritt an den nächsten reiht: vom Schneider, der seiner Frau das Bein wieder annähen muss, weil sie vom Balkon gefallen ist; vom Schlaraffenland und der Verkehrten Welt, vom Herrn, der den Jockel ausschickt und dann doch selber gehen muss; morgens früh um sechs beginnt die Hexe ihr Mittagsmahl zu kochen, und an den Zahlen entlang geht's „und dann, und dann, und dann." Rückert und Kopisch haben im 19. Jahrhundert lange Geschichten, etwa die von den *Heinzelmännchen* erzählt, Peter Hacks und James Krüss haben lange Gedichte mit narrativem Grundmuster geschrieben, aber der Begriff „Kinderballade" ist nur hie und da benutzt worden. „Erzählgedichte" kann man sie nicht nennen, auch wenn heute kein Lexikon mehr Heinz Piontek folgt, der Anfang der 60er Jahre die Weiterentwicklung der Ballade mit einem neuen Etikett versehen wollte. Krüss spricht in seinem Oktober-Kapitel der Kinderlyrik-Anthologie *So viele Tage wie das Jahr hat* (1959) von „Gereimten Geschichten zum Vorlesen", aber für den November bietet er „Balladen zum Gruseln und Schmunzeln". Nicht erst Lutz Görner hat versucht, mit seinen Rezitationen Kindern die klassischen Balladen näher zu bringen, Krüss stellt 1959 Mörikes *Der Feuerreiter* und Schillers *Der Handschuh* neben *Der Knabe im Moor* von Droste-Hülshoff und *John Maynard* von Theodor Fontane. Nur in der Schule kamen sie erst später dran, im Balladenalter der 5. und 6. Klasse oder eher erst in der 7. und 8 Klasse. Schaut man in heutige Lesebücher, dann scheint sich an dieser Zuordnung nichts geändert zu haben.

Zu den erzählenden Gedichten im weiteren Sinne gehören viele Texte zu Bilderbüchern. Vielleicht stößt man auf ältere wie *Kathrinchen ging spazieren* (1973) von Peter Hacks mit den Bildern von Heinz Edelmann oder *Räuber und Gendarm. Eine Moritat* (1968) von Herbert Asmodi (1968) mit den Illustrationen von Karl Wägele, vielleicht möchte man Kindern neuere Bilderbücher zu älteren Texten zeigen: *Der Sterngrauch Nimmersatt* (1993) von Stasys Eidrigevicius zu einem Text von Kurt Baumann oder *Das musikalische Nashorn* (1998), ebenfalls von Peter Hacks mit Bildern von Stefan Slupetzky oder das letzte Buch der bekannten Bilderbuchmacherin Lieselotte Schwarz zu einem eigenen Text *Ich* (2000). Schließlich könnte ein anderer Blick über den Tellerrand neue Regionen für den Unterricht erschließen: die Geschwister der Ballade, der Bänkelsang, der

Folksong oder der Politsong, überhaupt der Brecht'sche Song versprechen interessante Geschichten.

1. Frantz Wittkamp: Da sitzt er in der Kammer

Zum Text:

Der Vierzeiler, der mit den ersten beiden Sätzen knapp eine Situation
skizziert, lässt viel Raum für Phantasie. Wer ist dieser *er*, und warum sitzt
er allein *in der Kammer*? Woher hat er den Kuchen? Die beiden letzten
Zeilen sind dann eigentlich nur noch zwangsläufige Folge dieser missli-
chen Lage, in die er schuldlos oder doch durch eigene Schuld geraten ist.

Anregungen zum Unterricht:

Bis in die Orientierungsstufe hinein werden Kinder sich Geschichten ausdenken über diesen Unglücksknaben. Vielleicht ist es die von einem Jungen, den die anderen nicht besuchen wollen und der deshalb seinen Ge-
burtstagskuchen allein essen muss. Vielleicht ist es aber nur eine Beispiel-
geschichte von einem, der geizig ist und nun unter den Folgen seines Verhaltens leidet. Die ausgefallenste Geschichte wäre die von einem, der im
Gefängnis sitzt und den Kuchen isst, den ihm seine Mutter gebracht hat.
All diese Versionen zeigen, dass schon die Andeutung eines Erzählkerns
auf die Phantasie von Kindern anregend wirkt.

2. Frantz Wittkamp: Zum Abschied liebkoste er ihr Haar

Zum Text:

In diesem kleinen Gedicht wird die Handlung geschickt aufgebaut, so dass
in den letzten beiden Zeilen mit der Nennung der Personen in einer Pointe
eine Erzählsituation entsteht, die aber immerhin noch Leerstellen hat.
Auch hier können wieder Fragen gestellt werden, die dann zu eigenen
Überlegungen führen.

Anregungen zum Unterricht:

Im Unterricht bietet sich Wittkamps Gedicht als eine Geschichte an, die
uns Rätsel aufgibt. Wie reagiert die Prinzessin? Ist sie ärgerlich, will sie
den Räuber verfolgen lassen? Auch eine andere Version ist möglich. Und

der Räuber? Liebkost er das Haar der Prinzessin nur, um die Krone zu ergattern? Ist er also ein gemeiner Mensch? Wenn wir ein Bild dazu malen würden, könnte man sich die Prinzessin auch freundlich winkend am Fenster vorstellen, während der Räuber mit der Krone fröhlich zurückwinkt (vgl. Illustration im Textband). Je nach eigener Ausgestaltung kann man die Geschichte als ernsthaft oder heiter auffassen.

3. Anonym: Lilofee

Zum Text:

In teils voneinander abweichenden Fassungen hat sich in vielen Schulliederbüchern die Volksballade vom wilden Wassermann erhalten. Wie im Stoffkreis um Undine und Melusine – beide reichen bis ins 14. Jahrhundert zurück – geht der Mensch eine Verbindung mit einem elbischen, einem überirdischen Wesen ein. Allerdings sind hier die Geschlechter vertauscht, wenn auch die Frau die Heldin bleibt; Lilofee scheint zur Vereinigung gezwungen worden zu sein, in den anderen Varianten verbindet sich das menschliche Wesen freiwillig mit den Wassergeistern. Neu ist das Motiv der Erlösung durch die Kirche und die freiwillige Rückkehr ins Reich des Wassermanns. Sie hat weder die Gestalt der Meerfee mit dem Fischschwanz (Melusine) noch ist sie seelenlos wie Undine. Als sie die Glocken hört, vermag sie sich dem Elementaren zu entziehen, der Verfallenheit an das Irrationale zu entsagen und dann dem Wassermann, der sie um die Rückkehr bitten muss, aus freier Entscheidung zu folgen, wenn man die Mutterliebe nicht wiederum als Zwang des Elementaren auffassen will. Hinter der schlichten, im Stil der Volksdichtung sprunghaft dargestellten Handlung verbirgt sich ein Philosophem. Die drei Phasen versinnbildlichen im „drunten" den Menschen als Natur, im „droben" seine geistig-seelische Komponentem, in der Absicht zur Rückkehr die Synthese: die natürliche Bindung an die Kinder *und* die Lösung vom Willen des Wassermanns. Überwindung und Entsagung werden als menschliche Werte gesehen, nicht passives Erdulden. Von dieser für den Hörer tragisch wirkenden Entscheidung her rührt der leicht sentimentale Zug, der sich in der Schlusszeile deutlich ausdrückt. Die schöne junge Lilofee sieht sich als arm, d. h. bemitleidenswert. Sie sagt es selbst und hebt die Erzählerdistanzierung auf, die Gefühle hätten filtern können. Merkmale des Volksliedhaften sind außer dem schon erwähnten Fragmentstil (Übergang von der ersten zur zweiten Strophe) der Verzicht auf Beschreibungen, der Zeilen- und Strophenbau, also Freiheit in der Zahl der Senkungen und in der Reimbildung; das alles wirkt ebenso archaisch wie die Wiederholungen. Sei es, dass mit ihnen die Abgründigkeit des Sees ausgedrückt werden soll (*tiefen, tiefen See*) oder sei es, dass zwei leicht abgewandelte Zeilen durch alle Strophen ziehen, immer auf *See* und *Lilofee* ausgehen, um das Wesentliche herauszuheben, wohl aber auch, um das Einprägen und Weitersagen zu erleichtern.

Anregungen für den Unterricht:

Die Begegnung mit der *Lilofee* wird sich ereignen auf einem Hintergrund von Märchen, Sagen und Fernseherfahrungen, in denen gute und böse Geister aus der überirdischen oder unterirdischen Welt das Interesse der Kinder gefesselt haben. Andersens *Seejungfrau* könnte bekannt sein. Auch wenn es im Grundschulalter noch nicht möglich ist, den anthropologischen Hintergrund zu durchschauen, sollte der Wassermann nicht zur Horrorfigur und die Lilofee nicht zum armen Seelchen werden. Andererseits muss das Irrationale, Dämonische dieser Strophen erhalten bleiben, Handlung und ungewöhnliches Ereignis als Gedichtinhalt erkannt werden. Ein Einstieg ist möglich vom Lied aus im Zusammenhang mit dem Erlernen der Melodie. Auch auf Erfahrungen mit dem Unheimlichen des Wassers könnte eingegangen werden. Das Anknüpfen an bekannte Märchen oder Sagen ist möglich. Die Schwerpunkte könnten folgende sein:

a) Der Reiz des Geheimnisvollen: Menschen haben sich solche Geschichten gern erzählen lassen, sie erzählten sie weiter oder sangen sie bei der häuslichen Arbeit am Abend (Volkslied),

b) Sprünge in der Handlung: Es wird nicht erzählt, dass die Lilofee hinaufgeht, was sie dort erlebt. Es heißt nur: *Und als sie aus der Kirche kam,*

c) Die Ersatzprobe an der letzten Zeile des Gedichts: statt *schöne junge Lilofee* könnte eingesetzt werden *schöne, traurige Lilofee* o. a. Was soll mit *arme Lilofee* ausgedrückt werden?

d) Die Spannung zwischen der Welt des Wassermanns und der Kinder (drunten) und der Welt des Elternhauses (droben); die Begegnung von Mensch und übernatürlichem Wesen.

4. Heinrich Heine: Belsazar

Zum Text:

Ohne die Entwicklung des biblischen Stoffs (Buch Daniel, Kapitel 5) bis zu Heines Ballade, die er selbst „Romanze" nennt, nachzuzeichnen, ohne sich in den Streit einzumischen, ob er Metrum und Reim sehr nachlässig handhabe oder doch eine höchst bewusste Formgebung vorherrsche (vgl. Woesler 1988), soll hier auf ein paar balladentypische Elemente aufmerksam gemacht werden. Goethes Definition, wonach sie alle Grundarten der Poesie enthalte, ungetrennt, wie in einem lebendigen Ur-Ei zusammen, lässt sich mit Einschränkungen belegen: episch sind die fast durchgehenden Erzählpartien, dramatisch die szenische Vergegenwärtigung mit wenigen Zeilen direkter Rede (die es natürlich in epischen Texten auch gibt) und der Aufbau: Exposition (Str. 1–6), Peripetie (Str. 7–13), Katastrophe (Str. 14–21). Lyrisch, je nach Definition, ist die Grundstruktur des Textes als „Einzelrede in Versen" (Lamping) bzw. „die stimmungsträchtige Ausmalung der mitternächtlichen Ruhe, des Festmahls und der Angst und des Grauens" (Hartmann 1970: 100). Zu den formalen Auffälligkeiten gehört der ständige Wechsel des Tempus und das dichte Netz der Alliterationen, die durchgehenden a-Reime im letzten Teil (außer Str. 19). Das Wort *Wand* steht drei Mal im Reim! Das Umschlagen der Stimmung, von dem lärmenden Fest über der ruhigen Stadt bis zur Leichenstille als Folge der Flammenschrift, nicht erst des Todes, ist in einer Reihe von Kontrasten herausgearbeitet. Vom Balladentyp her gehört *Belsazar* zur „nordischen" Ballade. „Von ihr erwartete man die schauerlich-nächtliche Stimmung, die bereits auf den Untergang des Helden hinweist, das sichtbare Eingreifen einer überirdischen Macht, die seinen Tod bewirkt, der nicht selten als Bestrafung erscheint" (Woesler 1988: 188). Insofern gehört die Ballade in den Umkreis des *Erlkönigs.* Das Thema: menschliche Anmaßung, Herausforderung höherer Mächte (Hybris) und Bestrafung führt andererseits zum *Zauberlehrling* und damit zum Prometheus-Thema mit seinen Abwandlungen. Einen eigenwilligen Deutungsvorschlag hat Peter von Matt gemacht: „Heine hat bessere Gedichte geschrieben, raffiniertere nur wenige. Er operiert wie ein Postmoderner mit allen Spielformen der Trivialität. Das Metrum lässt er klappern, die Reime schnappen, die Wortwahl ist grell und die Moral von der Eindeutigkeit jener Kinnhaken, die ein Match beenden". Hauptgrund für den Erfolg sei aber „die ins Mythische gesteigerte Darstellung einer Schulklasse, wo der Lehrer vorübergehend fehlt" (Matt 1993: 82 f.).

Anregungen für den Unterricht:

„Ist das nicht die bekannteste aller Balladen?", fragt von Matt, und er stellt zutreffend fest: „Die Schule hat dabei natürlich ihre Hand im Spiel." Je nachdem, ob die spannende Geschichte und das angemessene Lesen im Vordergrund stehen oder ob Balladenelemente, die Gliederung, Beobachtungen an Sprache und Form (Metrum und Rhythmus) wichtig sein sollen, wird die Entscheidung für die Grundschule oder die Orientierungsstufe fallen. Die Idee, die Ballade in ein Spiel umzusetzen, dürfte trotz der spannenden Handlung wesentliche Aspekte ausblenden. Jugendliche könnten Interesse zeigen, generell über Gotteslästerung, Machtmissbrauch und Machtverlust zu diskutieren, aber auch über die Funktion von heiligen Geräten und Reliquien in Kirchen und Synagogen. Schließlich ließe sich versuchen, das Verhalten des Königs und seiner Gefolgschaft zu klären, einerseits in der historischen Situation der Ballade, andererseits aber auch in analogen sozialen Beziehungen im Erfahrungsfeld der Jugendlichen.

5. Eduard Mörike: Der Gärtner

Zum Text:

Eine flüchtige Begegnung, ein kurzer Augenblick des Vorrüberreitens und eine Fülle von Eindrücken, Farben und schließlich: welch ein Aufruhr der Gefühle! Die Situation wird in der ersten Strophe skizziert mit dem Nahen der *schönsten Prinzessin*, dann kommt das lyrische Ich, der Gärtner also, wie es der Titel verrät, zur Sprache. Ist *die schönste Prinzessin* Ausdruck seiner Begeisterung oder ist hier die Stimme eines Erzählers zu vernehmen, der zunächst die Personen einführt? Jedenfalls spricht der Gärtner nicht die Angebetete an, sondern eigentlich nur ihr *rosenfarbs Hütlein*, von dem er sich eine Feder erhofft. In den vier vierzeiligen Strophen reimen sich nur die zweite und die vierte Zeile. Beherrschendes Moment ist der bewegte Rhythmus, der durch das daktylische Versmaß zustande kommt und in dem man das „hintanzende" Rösslein und das *Hütlein, wohl auf und wohl ab* wahrnehmen kann. Wer die Vertonung von Hugo Wolf im Ohr hat, wird das Gedicht nicht mehr ohne diese Melodie lesen, die, die beiden letzten Zeilen wiederholend, den Überschwang der Gefühle bewegt zur Geltung bringt.

Anregungen für den Unterricht:

Besonders in lyrischen Gedichten gibt es Leerstellen, die Kinder zum Erzählen anregen können. Ein Bild nur oder schon eine Geschichte, die wir uns selbst ausmalen dürfen? Die Szenerie finden wir vor: Die Allee steht für den Park mit seinen Sandwegen, und alles, was zum Umkreis des Gärtners gehört, lässt sich auch leicht zusammentragen. Ob die Angebetete wirklich eine Prinzessin ist, führt zu dem Phänomen des Verliebtseins. Auf die vorgeschriebene Distanz zwischen beiden, wie sie in der damaligen Zeit üblich war, könnte man zu sprechen kommen. Es darf eben nur zu einem verstohlenen Tausch von Feder und Blüten kommen. Die sommerliche Stimmung und die Leichtigkeit der Begegnung, die schnell wieder vorüber sein wird, lässt sich vielleicht nur in der Vertonung Hugo Wolfs vermitteln.

6. Eduard Mörike: Der Feuerreiter

Zum Text:

Mit ganz wenigen Balladen ist Mörike in die Geschichte der Gattung eingegangen, und *Der Feuerreiter* gehört neben *Die Geister am Mummelsee* und *Die traurige Krönung* zu den klassischen Beispielen der Schauerballade. 1824, im Alter von 20 Jahren hat er die erste Fassung geschrieben, sie acht Jahre später in seinen Roman *Maler Nolten* integriert. Üblicherweise wird die zweite, um die dritte Strophe ergänzte Fassung von 1841 abgedruckt, der wir folgen (vgl. zur Textgeschichte Pohl 1966). Der geheimnisvolle Feuerreiter vermag das Element des Feuers zu beschwören, allerdings geschieht dies *freventlich* mithilfe einer Reliquie, und der Frevel wird mit dem Tod bestraft. Ob die rote Mütze nur poetisches Bild für das Feuer ist oder aber seinen Ursprung in einem Erlebnis Mörikes hat, den am Fenster auf und ab gehenden Hölderlin in seinem Turm in Tübingen, das mag ungeklärt bleiben. Die starke Wirkung des Gedichts geht vom „nicht geheuren" Geschehen aus, in erheblichem Maße aber auch von seiner Gestaltung. Die Aufgeregtheit ist sichtbar in der aufgerissenen Strophenform, hörbar in den atemlosen, signalhaften Kurzzeilen an deren Enden. Umso erstaunlicher ist es, wie es Mörike gelingt, nach dem großen Anfangsteil (Strophe I–IV), der die Feuersbrunst und das Eingreifen des Feuerreiters weniger erzählt als gestisch mitteilt, in der Schlussstrophe zur Ruhe zu finden: zeitliche Distanz, eine Änderung des Klangregisters. Die Einzelstrophen schließen jeweils mit einem Refrain, der den Fortgang des

Geschehens spiegelt bis hin zu dem dramatischen Schluss der Strophe IV *Hinterm Berg,/ Hinterm Berg/Brennts!* – Das Reimwort fehlt, weil die Mühle nicht mehr da ist. Hötzer weist auf die besondere Erzählweise der Ballade hin: „dass sie den Anfang des Geschehens mit geradezu dramatischer Suggestion in die Gegenwart hereinholt, (…) während sie das zeitlich sehr viel näher liegende Ende durch die Erzählzeit in die Vergangenheit zurückweist" (Hötzer 1972: 135).

Anregungen für den Unterricht:

Auch hier wird wieder von der Hugo Wolf-Vertonung auszugehen sein oder sie könnte im Verlauf der Textbegegnung eingesetzt werden. Sie bringt das Unheimliche der Handlung besonders gut zum Ausdruck. Die Chronologie des Geschehens wird mithilfe von Symbolen dargestellt. *Nach der Zeit* wird durch eine Unterbrechung der Zeitlinie verdeutlicht. Auf die volkstümliche Vorstellung, dass Tote, die nicht bestattet werden, ihre Ruhe nicht finden können, muss besonders eingegangen werden, um die letzte Zeile verstehen zu können. Hier handelt es sich um einen, der auf merkwürdige Weise zu Tode gekommen ist und deshalb der besonderen Erlösung bedarf. Hötzer fasst das Verstehensziel in seiner kenntnisreichen Analyse noch etwas weiter: „die Einsicht in einen Vorgang, den die Ballade mit den poetischen Mitteln der Romantik darstellt, der aber auch in unserer Zeit kaum etwas von seinem Wahrheitskern verloren hat: Zerstörendes Zurückschlagen der beherrschten Elementarkräfte gegen ihre Beherrscher" (Hötzer 1972: 136).

7. Johann Wolfgang von Goethe: Erlkönig

Zum Text:

Eine „erwachsene" Interpretation kann auf engstem Raum nicht geleistet werden; das wird bedrängend deutlich, wenn man etwa daneben Gerd Ueding (1988) oder Alexander von Bormann (1996) liest oder gar die dort eingearbeitete Forschungsliteratur, einschließlich der fachdidaktischen. Nicht weniger als 18 Interpretationen verzeichnet Segebrecht (1997) zwischen 1956 und 1993. Sie seien in den letzten Jahren vor allem ideologiekritisch ausgerichtet gewesen. „Fast entspannt wirkt es dagegen, wenn der ‘Erlkönig' als klassisches Horror-Gedicht charakterisiert wird. Das klingt schnoddrig, sagt aber vielleicht mehr als der eingebürgerte Begriff der ‘naturmagischen' Ballade" (Bormann 1996: 215). Nicht unterer und

oberer Vorgang, vordergründiger und hintergründiger stehen gegeneinander, wie nach traditioneller Balladenauffassung behauptet wird (vgl.
Ammon 1969: 74), sondern nach psychoanalytischer Deutung von Bor-
manns gehe es um „den Bereich des Unbewussten, des Begehrens, des
Imaginären, des Sexus." Dagegen ist für Ammon die Ballade „kein Anlass
zu psychologischen Untersuchungen, sondern zur Beschäftigung mit einem Sprachkunstwerk." Zwischen der einen, selbst für die Sekundarstufe
II nur mit erheblichem theoretischem Aufwand nachvollziehbaren Interpretation und der anderen, eher werkimmanenten, hat die Forschung ein
breites Spektrum weiterer Ansätze verfolgt, die wichtige Einsichten vermitteln können. Dabei spielt die Begegnung mit einer anderen Wirklichkeit eine Rolle, die Funktion von Elementargeistern wie Trollen und Feen
in einer modernen Welt, der Vergleich mit Kindern vertrauten Figuren aus
Fantasy oder Videospielen; sie werden sich nicht mit der Erklärung „Fie-
berträume" zufrieden geben bzw. für das Interesse zeigen, was Stückrath
vielen Interpretationen als Versäumnis anlastet: „erstaunlich vage und ab-
strakt bleiben sie gegenüber den in der Ballade konkretisierten Ängsten
und potentiellen Wünschen des Knaben" (nach Bormann 1996: 216).

Anregungen für den Unterricht:

Selten ist die Diskrepanz zwischen literarhistorischer Forschung, die etwa
die ursprüngliche Einbettung der Ballade in ein Singspiel zum Ausgangspunkt nimmt, und dem, was im Unterricht, zumal der Grundschule ver-
mittelbar ist, so groß wie beim *Erlkönig*, und selten ist in den Passus *Zum
Text* so viel über die heutige Rezeption eingeflossen. Lauterwasser (1972:
114) verfolgt den Fortgang der Ballade mit Kategorien der Form- und
Kompositionsanalyse:

a) Die Erscheinung des Elfen
b) Ausrufe des Kindes
c) Der Ton der Geisterrede
d) Die Haltung des Kindes
e) Der Vater

Wichtiger ist ihm jedoch, dass das verstandesmäßig nicht Fassbare offen-
gehalten wird, die Bedrohung des Menschen durch dämonische Mächte
erfahren wird. Dabei werden bei den Kindern Phantasien und Faseleien
vom Konsum der Fernseh – und Videospiele geprägt sein. Wozu braucht
man dann noch den *Erlkönig*? Auch darüber sollte gesprochen werden.
Statt des Fortgangs könnte auch eine Gegenüberstellung der beiden Welten Einsichten befördern: der Vater bietet Sicherheit, Ruhe, Geborgen-

heit; Erlkönig und seine Töchter locken ins Ungewisse, ins Unheimliche. Auch der Vater wird in diese Welt der Angst hinübergezogen, bis er „das sichere Ufer", den Hof erreicht. Das Verständnis dafür, dass es sich um den Gegensatz zwischen Zivilisation, aufgeklärter, lebenssichernder Vernunft auf der einen Seite und einer libidinösen, chaotischen Gegenwelt auf der andern handelt, wird sich wohl erst zu einem späteren Zeitpunkt einstellen. Dennoch kann versucht werden, diese Bereiche beschreibend zu erfassen, möglicherweise Vorstellungen hervorzurufen, die dieser Interpretation nahe kommen:

Ordnung	Unordnung
Erklärungsversuche des Vaters	Angstvorstellungen des Kindes
Sicherheit	Dunkel, Verlorenheit.

Aber nicht nur in abstrakten Begriffen lässt sich dieser Gegensatz fassen, sondern vielleicht in einem Versuch, mit symbolischen Bildern in sprachlicher oder künstlerischer Form eher die Sinne anzusprechen, also beispielsweise Bilder mit geordneten oder ungeordneten Strukturen aus der Kunst zu zeigen (oder zu zeichnen), die sich dem einen oder anderen Bereich zuordnen lassen.

8. Theodor Fontane: Herr von Ribbeck auf Ribbeck im Havelland

Zum Text:

Eine für Fontane eher untypische Ballade, eher ein balladenähnliches Gedicht, ist zum Schulklassiker geworden; in seiner Zeit war der Autor vor allem durch seine historischen Balladen, speziell zur preußischen Geschichte berühmt. Der Ton des Gedichts hingegen ist typisch für den Autor, vor allem für seine Alterslyrik: eine Lebensweisheit wird anmutig, mit verschmitztem Augenzwinkern in eine Geschichte verpackt. Historisch an dem Text ist wohl nur die Adelsfamilie, die noch heute samt ihrem Besitz in Brandenburg existiert und in der Nachwendezeit positiv in die Schlagzeilen geriet. Um alte und neue Zeit geht es: das intakte patriarchalische Verhältnis zwischen Adel und Untergebenen, für die stellvertretend die Kinder stehen, auf der einen Seite und den Verlust der Güte, der Menschlichkeit und des Verantwortungsgefühls der Reichen auf der andern. Die Skepsis an der neuen Zeit, in der diese Werte nicht mehr gelten, ist spürbar. Wie können sie über den eigenen Tod hinaus wirken? An den beiden symbolischen Motiven, der Frucht und dem Baum, der weiter Segen spendet, lässt sich zeigen, dass es Traditionen von Fürsorge über die Zeit hinaus geben kann, die jedem Einzelnen zugemessen ist und sich auch in der Formel äußert: „das Zeitliche segnen". Lässt sich dieses Ethos auch in unsere Zeit übertragen? Das hieße, dafür zu sorgen, dass auch künftige Generationen noch gut leben können, dass nicht alle Ressourcen aufgebraucht werden sollten.

Die Mundart schafft Vertrauen; Birnen aus der Tasche des Herrn schmecken besonders gut. So schlicht wie der Alte ist der Stil des Gedichts; die sprechnahe, „systemwidrige" Syntax am Gedichtanfang, die Wiederholungen des *kam* in der ersten und zweiten Strophe und die häufigen Anknüpfungen mit *und* sind wirksam eingesetzte Mittel eines verständlichen Stils.

Anregungen zum Unterricht:

Die Geschichte dürfte keine Verständnisschwierigkeiten bereiten und verlangt von den Kindern dennoch einerseits Verständnis für die historische und geographische Einbettung und andererseits Fähigkeit zur Übertragung auf ihre Lebenswelt. Dabei werden Diskrepanzen im Vordergrund stehen (Welches Kind freut sich heute noch über so etwas Geringfügiges wie eine Birne!) und dadurch die Suche nach einer möglichen Verallgemeinerung der Aussage anstoßen. Nicht die Saat der bösen Tat geht auf, wie es im Volksmund heißt, sondern die guten Taten wirken über den Tod hinaus weiter. Weder sollte das Gedicht nur als informatives Anschauungsmaterial dienen noch allein als eine nette alte Geschichte. Natürlich ist auch zu beachten, wie sie erzählt ist: die leicht variierten Entsprechungen in der ersten und letzten Strophe, die Tempuswahl, das *Doppeldachhaus* und das *stille Haus*, die geschmeidigen, gut sprechbaren vierhebigen Zeilen mit freien Füllungen und vielen Zeilensprüngen.

Weitere Gedichte:

Johann Wolfgang von Goethe: Der Zauberlehrling (Reihe II)

Christa Reinig: Robinson (Großer Ozean)

August Kopisch: Die Heinzelmännchen von Köln (Jacoby)

Friedrich von Schiller: Der Handschuh

Literatur

Ammon, Emil: Johann Wolfgang Goethe, *Erlkönig*. In: Emil Ammon u. a.: Lesebuch C (Hauptschule) 8. Schuljahr. Stuttgart: Klett 1969, S. 74–76.

Bormann, Alexander von: Erlkönig. In: Regine Otto und Bernd Witte (Hrsg.): Goethe Handbuch in vier Bänden. Band I: Gedichte. Stuttgart: Metzler 1996, S. 212–217

Fontane, Theodor: Herr von Ribbeck auf Ribbeck im Havelland. Ill. Nonny Hogrogian. Zürich: Atlantis 1991

Fritsch, Gerolf: Die deutsche Ballade zwischen Herders naturaler Theorie und später Industriegesellschaft. Ein literaturdidaktischer Kurs. Stuttgart: Metzler 1976 (Zur Praxis des Deutschunterrichts 8)

Haas, Adam: Theodor Fontane, Herr von Ribbeck auf Ribbeck im Havelland. In: Rupert Hirschenauer und Albrecht Weber (Hrsg.): Wege zum Gedicht. Band II Interpretation von Balladen. München: Schnell und Steiner 1963, S. 408–412

Hartmann, Andreas: Heinrich Heine: Belsazar. In: Gottfried Eisert u. a.: Lesebuch C6 (6.Schuljahr) Lehrerbegleitheft. Stuttgart: Klett 1970, S. 100–102

Hötzer, Ulrich: Eduard Mörike, Der Feuerreiter. In: Johann Bauer (Hrsg.): Lyrik interpretiert. Darmstadt: Schroedel 1972, S. 134–137

Köpf, Gerhard: Die Ballade. Probleme in Forschung und Didaktik. Kronberg: Scriptor 1976 (Scriptor Taschenbücher S 63)

Lamping, Dieter: Das lyrische Gedicht. Definitionen zu Theorie und Geschichte der Gattung. Göttingen: Vandenhoeck & Ruprecht 1989, 2. Auflage 1993

Lauterwasser, Walter: Johann Wolfgang von Goethe: Erlkönig. In: Johann Bauer (Hrsg.): Lyrik interpretiert. Darmstadt: Schroedel 1972, S. 112–116

Matt, Peter von: Heinrich Heine. Belsazar. Knalleffekt und Raffinesse. In: Frankfurter Anthologie 16(1993) S. 79–84

Pohl, Rainer: Zur Textgeschichte von Mörikes „Feuerreiter". Zeitschrift für deutsche Philologie 85(1966) S. 223–240

Stückrath, Jörn: Wider den Relativismus im Umgang mit Literatur. Ein Vorschlag zur inhaltsbezogenen Erschließung narrativer literarischer Texte am Beispiel von Goethes *Erlkönig*. Diskussion Deutsch 97 (1987), S. 468–524

Ueding, Gerd: Vermählung mit der Natur. Zu Goethes Erlkönig. In: Gunter E. Grimm (Hrsg.): Gedichte und Interpretationen. Deutsche Balladen. Stuttgart: Reclam 1988, S. 93–107

Woesler, Winfried: Zu Heinrich Heines *Belsatzar*. In: Gunter E. Grimm (Hrsg.): Gedichte und Interpretationen. Deutsche Balladen. Stuttgart: Reclam 1988, S. 180–195

X. In Gedichten steckt eine Lehre

„Die Moral klebt am Kindergedicht wie Fliegenleim" konstatierte Hans-Joachim Gelberg 1969, als er mit seiner Anthologie *Die Stadt der Kinder* neue Autoren mit einem neuen Kinderlyrikstil vorstellte. Guggenmos und Krüss, Janosch und Manz geben den Ton an, Kindergedichte sind nicht länger primär versifizierte Erziehungslehren. Lehrdichtung oder didaktische Dichtung stellt für die Poetik insofern ein Problem dar, als sie zur Gattungstrias von Epik, Lyrik und Dramatik quer liegt; statt der formalen Kategorien werden inhaltliche, auf den Zweck zielende Kriterien zum hauptsächlichen Merkmal. Wo sie als vierte Gattung neben die anderen gestellt wird, entsteht die immer wieder vorgetragene Dichotomie von autonomer, zweckfreier Dichtung und qualitativ abgestufter Lehrdichtung, die im übrigen nicht nur die Belehrung, sondern jede Art von Wissensvermittlung beinhaltet und bis in die Antike zurückreicht. Ein Blick in die Geschichte der Kinderliteratur zeigt, dass ihre Wurzeln in der Aufklärung liegen, also einer Epoche pädagogischer Euphorie. Angemessener erscheint das Denkmodell, das auf der Basis des Horaz'schen *prodesse et delectare* eine grundsätzliche Bifunktionalität von Literatur annimmt, wobei auch bei Dichtung nach Zweck und Wirkung gefragt werden sollte. Dass man sich gern der Versform bediente, hat die gleichen Gründe wie in der Kinderliteratur: leichtere Memorierbarkeit und Steigerung der Bedeutsamkeit, d. h. besonders bei religiösen und moralischen Dichtungen hebt der Vers die Dignität des Stoffes. Da die Literaturwissenschaft normalerweise die Kinderliteratur ausblendet, kann die „didaktische Literatur" im 20. Jahrhundert nur noch vereinzelte Beispiele aufweisen: Brecht und die politische Lyrik.

Welchen Sinn hat es also, mit Kindern alte und neue Lehrgedichte zu lesen? Die positiven Seiten der antiautoritären Erziehungskonzepte, die man nicht mit dem für beide Seiten angenehmeren Stil des „laissez-faire" verwechseln sollte, liegen in dem Aufdecken und Bewusstmachen der Ziele und Methoden. Sie dürfen in Frage gestellt und diskutiert werden, sie sind zeitgebunden und veränderbar. Auch der *Anti-Struwwelpeter* und viele Texte der Aufklärungslyrik der 70er Jahre trägt autoritäre Züge. Einige didaktische Formen wie die Kabarett-Texte, vor allem die Satire und der Politsong sind Kindern kaum zugänglich, so dass die Fabel und fabelähnliche Texte weiterhin die Kinderlyrik bestimmen. Hinzu kommen Texte, die das Erziehen selbst thematisieren.

1. Wilhelm Busch: Bewaffneter Friede

Zum Text:

Die Versfabel ist als Mittel der Aufklärung eine Lieblingsform des 18.
Jahrhunderts gewesen, mit anderer Intention auch noch des neunzehn-
ten. Wilhelm Buschs Beispiel erschien 1904 und gehört nicht mehr in die
Reihe der moraltriefenden und soziale Werte setzenden Texte der Hey-
Speckter'schen Art. Er verzichtet darauf, eine leicht ablösbare Lehre zu
formulieren. Das dialektische Begriffspaar des Titels: „Waffe" und „Frieden" entspricht seiner skeptischen Lebenseinstellung; deshalb greifen ältere Menschen so gern zu Busch-Zitaten. In der traditionsreichen literarischen Form des Streitgesprächs begegnen sich die Feinde. Das Missverhältnis der Redeteile springt ins Auge: die Aggressivität des Fuchses kann
sich in der erregten und wortreichen Beschimpfung und Herausforderung
nur schwer verbergen. Er möchte den Gegner zu unbedachten Worten
oder Taten provozieren und erinnert an die nordischen Sagahelden, die
durch sprachliche Angriffe ihre Kampfeswut entfachten. Damit verhält er
sich nicht wie der typische Fabelfuchs, der auf der Lauer liegt und dem
Gegner die Fäden des Handelns zu überlassen scheint. Eins hat sich jedoch nicht geändert: die Sympathie des Lesers gehört wieder dem Be-
drohten, wenn auch hier nicht Unterlegenen. Der Igel durchschaut die
Scheinmoral des Angreifers, die einseitige Auslegung der Order und setzt
dem hysterischen Pochen auf das Gesetz seine ruhige und knappe Bloß-
stellung des Gesetzesbrechers entgegen. Der Schwache unterliegt nicht
dem Stärkeren, sondern er besiegt ihn durch seine Klugheit. Reale und
ideelle Waffen bewirken ein „Rüstungspatt" und garantieren den Frieden.
Im zwischenmenschlichen und zwischenstaatlichen Bereich gibt es Beispiele, die die Fabelmoral bestätigen. Der dichte Stachelbund kennzeichnet treffend das System der modernen Defensivwaffen, wenn es denn so
etwas überhaupt geben kann. Als „Anpassung und Widerstand" formuliert Klaus Doderer die beiden divergierenden Tendenzen, mit denen die
Fabel die Einstellung des Menschen zu seiner Umwelt steuern möchte
(Doderer 1970: 115 ff.). Soll er die Verhältnisse als naturgegeben ansehen,
als unveränderbar, soll er den Aggressionstrieb als Erbschuld hinnehmen,
soll er sich mit den Mächtigen arrangieren und überlegen, wie er überleben kann oder soll er wie Kafka glauben, der Mensch sei „für ein Paradies
geschaffen", soll er sich für die Utopie einer besseren Welt einsetzen und
die Schlechtigkeit der bestehenden anprangern? (vgl. Kreis 1971) Diese
Unterscheidung trifft allerdings nur die Intention des Fabelautors; der

Leser kann die Aufforderung zur Anpassung ebenfalls als Anlass zum Widerstand nehmen. In *Bewaffneter Friede* wird zwar anerkannt, dass im Vitalbereich Aggressionstrieb und Wille zum Überleben naturgegeben sind, dass aber mitunter doch das Verhältnis der Macht zugunsten des Schwächeren mit Hilfe von Klugheit umgekehrt oder um weniges verändert werden kann. Wilhelm Busch war 62 Jahre alt, als er die Fabel veröffentlichte. Ihre Grundhaltung „So ist es, man kann nichts daran ändern" muss nicht mit seinem Lebensalter erklärt werden. Humor als resignatives Element kennzeichnet das gesamte Werk des Dichters, weitgehend sogar die ganze Epoche des sogenannten poetischen Realismus bzw. die wilhelminische Prosperitätsära, Humor als Mittel des Ertragenkönnens der menschlichen und gesellschaftlichen Spannungen.

Anregungen für den Unterricht:

Die ausgewählten Beispiele sind in besonderer Weise geeignet, die Zusammenschau von Sachbereich und Bildbereich in der Fabel zu üben. Der verborgene Sachverhalt bezieht sich immer auf Probleme des menschlichen, häufig auch kindlichen Miteinanderauskommens; das Bild (Fabeltier) ist nicht statisch wie etwa ein Symbol, sondern ein lebendiges, dem Kind heute meist nicht mehr aus der Wirklichkeit, sondern nur aus Märchen und Erzählungen vertrautes Wesen. Die Begegnung zwischen Fuchs und Igel macht deutlich, wie ein Streit geschlichtet werden kann: die Schlägerei ist eine der unfruchtbarsten Lösungen. Man versucht lieber, über eine Sache ins Reine zu kommen, indem man darüber spricht. Konflikte zwischen Kindern, aber auch zwischen Kindern und Erwachsenen, also Schwächeren und Stärkeren, sollten bewusst gemacht und ausdiskutiert werden. Diese Aufforderung könnte unter der humorvollen Diktion bei Busch von Kindern leicht übersehen werden. Die Tiere begegnen sich, sie sprechen miteinander, sie sind in ihrem Wesen äußerst gegensätzlich. Bei Busch gibt die in Titel und Schlusszeile auftauchende Antithese Gelegenheit zu einem Blick in die Staatspolitik, soweit sie Kindern verständlich zu machen ist. Altertümliche Sprachwendungen *Order, im Namen seiner Majestät, getrost* und Neubildungen *Friedensheld, Stachelbund* können dem Kontext erschlossen werden. Die SchülerInnen erkennen die sprachliche Auseinandersetzung als Mittel der Konfliktlösung. Die Lehre wird nicht thesenhaft vorgetragen, sondern humorvoll „verpackt". Sie wird an Typen gezeigt, damit sie auf möglichst viele Einzelfälle übertragbar bleibt. Die gebundene Form kommt der Aneignung entgegen. Struktur und Bauformen der Fabel können am besten im Vergleich mit der Tiergeschichte verdeutlicht werden.

1. Wer ist Handlungsträger? Nicht das Verhältnis Mensch und Tier steht im Mittelpunkt; die Tiere sind unter sich als Spieler und Gegenspieler,

2. Wie handeln diese Tiere? Sie reden miteinander, sie streiten. Deshalb kommt in der Fabel die wörtliche Rede vor, meist in Form eines knappen Dialogs. Die Tiere benehmen sich nicht wie in Wirklichkeit, sondern wie Menschen,

3. Warum nimmt der Dichter Tiere? Die Kinder sollen erkennen, dass sie eine Lehre weniger gern annehmen, wenn sie unmittelbar angesprochen werden. Über das Verhalten der andern lässt sich leichter urteilen. Das führt auf den lehrhaften Charakter der Fabel. Im Unterschied zur Tiergeschichte verfolgt der Fabeldichter eine ganz bestimmte Absicht,

4. Die Wirksamkeit der Pointe wird untersucht. Der Schluss ist lustig. Worüber freut man sich? Der Schwächere siegt; der Stärkere kommt nicht zum Ziel,

5. Um zu zeigen, dass es bei der Fabel ganz wesentlich auf die „Verpackung" ankommt, könnte man die Lehre der Fabel in einem Satz zusammenziehen. Eine Art Ersatzprobe klärt, wie sie ohne die lustige Geschichte langweilig und aufdringlich wird. Die Wahrheit „steckt eben in den Kleidern, obwohl sie nicht in den Kleidern steckenbleibt" (Doderer 1970: 11),

6. Der Schmuck der Gedichtform macht die Fabel nicht nur „schöner", sondern er trägt auch dazu bei, dass sie leichter gelernt werd kann.

2. Heinrich Seidel: Das Huhn und der Karpfen

Zum Text:

Der Autor des humorvollen und idyllischen *Leberecht Hühnchen* war mit seinen Kindergedichten ein Lesebuchklassiker. In einigen neueren Anthologien hat er diesen Ehrenplatz mit Recht behalten. Er gehört zu jener Generation, die gegen Ende des vergangenen Jahrhunderts die Umwelt des Kindes zeichnete, bevor die Bewegung „Vom Kinde aus" programmatisch wurde. Ohne aufdringliche Moral wandte er sich an Kinder, ebenso wie Victor Blüthgen und Gustav Falke, wie Jakob Loewenberg und Emil Weber, Albert Sergel und Adolf Holst, Paula und Richard Dehmel. Um leere Geschwätzigkeit anzuprangern, bedarf es des positiven Gegenwertes. Das Gegacker um eine nichtige Sache hebt sich ab von der Haltung dessen, der ruhig und bescheiden seine Arbeit verrichtet. Die Übertragbarkeit der Versfabel auf den politischen Bereich stößt auf Schwierigkeiten: jede Regierung wird lautstark auf ihre wirklichen oder vermeintlichen Erfolge hinweisen müssen; darf man in der persönlichen Sphäre ganz darauf verzichten? Auch der stumme Staatsdiener kann nicht mehr das Ideal sein. Diese extremen Ausdeutungen machen darauf aufmerksam, dass die Bilder von Huhn und Karpfen absichtlich vergröbern wollen, um den lehrhaften Effekt zu erzielen. Die beiden Tiere eignen sich in doppelter Weise als Kontrastfiguren. Der Abstand des Stummen zum Geschwätzigen ist noch größer als jener von einem Ei zu einer Million. Der Karpfen galt in der Antike als Symbol der Fruchtbarkeit, das Huhn dient bis heute als Inbegriff der Dummheit.

Die drei Strophen sind in sich klar gegliedert (Erzählteil und Kehrreim mit leicht variierter Anknüpfung) und durch die Reimbindungen strukturiert. Alles dreht sich ums Ei, auch bei den Reimwörtern (vgl. ähnlich *Das Liebesbrief-Ei* von Janosch in der Reihe XI). Die Pointe in der Schlusszeile beendet nicht nur die Moral des Karpfens und dessen aufwendig formulierte Tirade (*Wenn ich um jedes Ei…*), sondern durch Rückgriff auf die Mittelstrophe (*Der hörte das Geschrei*) das ganze Versgebilde. Neben der hübschen Idee der Gegenüberstellung und dem totalen Bruch mit der Realität – nur der Stumme wird in wörtlicher Rede vorgeführt – lebt das Gedicht von der Klangmalerei. Aus dem unartikulierten Gackern stoßen einige Töne lautstark hervor. Auf die beiden tonlosen Silben des Wortausganges und den Auftakt des nächsten folgt jeweils ein dem *gack* sehr ähnlich klingender Laut. Die semantischen Verbindungen von *mirakelte* und *Wunder*, von *spektakelte* und dem *Spektakel* (=Schauspiel), das aufgeführt wird, sind zusätzliche Sprachspiele. Lehrhafte Gedichte wollen zeigen, wollen eine Wahrheit mitteilen über das Denken und Handeln der Menschen. Die reinen Formen der Gedankenlyrik und des politischen Gedichts sind in der Versfabel noch nicht differenziert. Mit der zweiten hat sie gemein die Tendenz zum „öffentlichen Gedicht" (Krolow), zur Ansprache, zur Kritik, mit beiden die Absicht zur Verständigung durch Reflexion. Die Fabel unterscheidet sich von ihnen durch die explizite Dialogisierung; die Lehre wird textimmanent erteilt und nicht einem gedachten Leser. Wesensmerkmal der Fabel ist die verhüllte Wahrheit; politische Lyrik „verfährt nicht metaphorisch, sie benennt den Zustand, in dem der Mensch sich befindet, unmittelbar und ohne die Vermittlung durch Bilder und Imagination" (Heißenbüttel 1968). Gerade dadurch gerät sie in die Nähe der Überredung, der Propaganda. Die Enträtselung der Fabel, das Aufreißen der Hülle erfordert geistige Aufmerksamkeit. Primäres Ziel ist jedoch nicht das Herauskristallisieren einer unumstößlichen Wahrheit, sondern die Aufforderung zu kritischem Nachdenken. Aus diesem Grunde kann das lehrhafte Gedicht im Unterricht heute nicht mehr die Aufgabe einer moralischen Lektion haben, die die Übernahme und Anerkennung bewährter Ordnung empfiehlt. Das Grundschulkind sollte zur rationalen Auseinandersetzung befähigt werden. Eine vorschnelle Polarisierung und Verurteilung der Fabelthesen würde diesem Anspruch nicht gerecht. An dem Text von Seidel sind neben der Formanalyse vor allem die lehrhafte Tendenz und die Fabelverkleidung deutlich zu machen. Die vordergründige Erzählhandlung ist so eingängig, dass Kinder die gemeinte Humanschicht vermutlich zunächst nicht sehen können.

Anregungen für den Unterricht:

Es empfiehlt sich ein Anknüpfen an Beispielen von Tierstimmen oder man lässt nach den Tieren suchen, die den Kontrast von menschlicher Geschwätzigkeit und Bescheidenheit am besten zeigen: Vogel – Fisch, Entengeschnatter – Fisch. Vielleicht kann auch auf die Gemeinsamkeit des Eierlegens bei Vögeln und Fischen eingegangen werden. Nach der Textbegegnung wird an der Tafel das Kontrastpaar festgehalten:

Huhn		Karpfen	
gackert	= redet sehr *viel*	stumm	= redet *nichts*
1 Ei	= sehr *wenig*	1 Million Eier	= sehr *viel*

Die Kinder werden sicher auf zwei Unwahrheiten aufmerksam: der stumme Karpfen spricht; das Verhältnis der Eigröße wird nicht beachtet. Aus Tiergeschichten und Tiermärchen ist bekannt, dass in bestimmten Gattungen Tiere sprechen können; die LeserInnen stellen sich auf dieses Merkmal ein. Die Vergröberung als Mittel der Lehrhaftigkeit muss an diesem Beispiel geklärt werden. Zur Verdeutlichung werden Beispiele aus dem sprachlichen Alltag gesammelt: Schimpfwörter und Schimpftiraden, Warnungen und Verbote, Sprichwörter und Redensarten. Für *Meierei* stünde heute vielleicht *Hühnerfarm* als Ortsangabe. An wen richtet sich die direkte Rede in der dritten Strophe? An das Huhn, einen Menschen, der am

Weiher steht, die LeserInnen, HörerInnen? Heißt die Moral: *Reden ist Silber, Schweigen ist Gold?* Dagegen spricht erstens, dass beide Tiere als *brav* bezeichnet werden, zweitens widerlegen sie die Erfordernisse der Lebenspraxis. Alle müssen das Recht haben, auf ihre Arbeit hinzuweisen. Der Nachdruck der Karpfenmoral liegt in der Zeile *und rühm' mich des mit keinem Ton.* Der Volksmund sagt: *Eigenlob stinkt.* Mit dem Mittel der Übertreibung wird vor Übertreibung gewarnt.

3. Günter Bruno Fuchs: Für ein Kind

Zum Text:

Für ein modernes Gedicht hat dieser Text einen ungewöhnlich feierlichen Ton. Die kurzen Sätze enthalten poetische Bilder, die teilweise unverbunden nebeneinander stehen. Ist es als ein Gedicht zu verstehen, in dem eine Lehre steckt? Als Lehre könnte eine Gewissheit verstanden werden, die jemand an eine jüngere Generation weitergeben möchte. „Man könnte sich vorstellen, dass dies ein Gedicht zum Abschreiben ist, das man seinen Kindern und Enkeln schenkt, wobei der Widmende sich selber vielleicht mehr Trost zuspricht als dem, der die Botschaft empfängt" (Gregor-Dellin, 1986: 238), denn er weiß um die Gefährdungen, möchte man hinzusetzen. *Für ein Kind* heißt der Titel, der nahe legt, dass ein Kind, wie jung oder wie alt es auch sein mag, begleitet wird von guten Gedanken. Dass jemand für einen geliebten Menschen betet, wird heute nicht mehr oft offen ausgesprochen. Eine positive Weltsicht soll vermittelt werden, Zuversicht bei der Begegnung mit Menschen, bei der imaginären Überfahrt mit dem Fährmann, der sicher über das Wasser bringen wird, wer sich ihm anvertraut. Wie auch immer dieses mythische Bild – sei es das Bild des Todes oder im Bild des Christopherus eher eine Metapher der Hoffnung – in eine reale Erfahrung übertragen werden mag, ist der Phantasie der LeserInnen überlassen. In diesem frühen Gedicht eines eher resignativen Autors gibt es auch die Verheißungen des Glücks in der Zuwendung und Güte der Menschen, in den Naturbildern von Sonne, Bäumen und Blüten.

Anregungen für den Unterricht:

Ein Verständnis könnte angebahnt werden dafür, dass lyrische Bilder für sich keine eindeutige Aussage haben müssen, sich aber gegenseitig erhellen und zu einer Grundaussage zusammenfügen lassen. Isoliert ist die Zeile *Zur Nacht läutet sein Herz über*s *Wasser* wohl unverständlich, aber da es im ganzen Text einerseits um Gefährdung, andererseits um Zuversicht geht, kann man diese beiden Elemente doch in dieser Zeile entdecken: *Nacht* und *Wasser* stehen für Gefahr, *läutet sein Herz* hat etwas zu tun mit dem Versprechen, sicher hinüber zu gelangen. Der Ton des Gedichts ist kennzeichnend für die Haltung eines Erwachsenen, der einem Kind entgegen aller negativen Erwartungen ein Gefühl von Sicherheit geben will. Gerade für Jugendliche in der Pubertät könnte es wichtig sein, im Unterrichtsgespräch die Situation der Gefährdung zumindest anzudeuten, um die Möglichkeiten der Geborgenheit in der Freundschaft, der Liebe, in der Familie dem gegenüberzustellen.

4. Julius Becke:
Maria schickt den Michael auf den Schulweg

Zum Text:

Ein wenig an Günter Eichs *Inventur* erinnernd, wird in diesem Gedicht die Ausstattung aufgezählt, die ein Kind für seine wichtigsten Bedürfnisse braucht: das Brot, damit es keinen Hunger leidet, den Mantel, damit es nicht friert, den Schlüssel, damit es allein in die Wohnung zurückkehren kann (vgl. weitere Gedichte). Zunächst aber wird erwähnt, dass Michael, an den sich die mütterlichen Ermahnungen wenden, auch befähigt werden soll, mit dem Wecker, das heißt, mit der Zeit umzugehen. Ebenso wichtig ist es aber für die Mutter, deren Stimme wir hören, zu wissen, dass der Sohn sich mit anderen Kindern zurechtfinden kann. „Auf die Nägel beißen" ist Ausdruck von Unterlegenheit. Wie kann sich einer aus Schlägereien heraushalten, in denen er mit Sicherheit unterliegt? Geht das mit Argumentieren, mit dem Überhören von Kommandos? Das Wortspiel *schlage dich nicht mit den Verschlagenen* zeigt, dass der Sohn sich möglicherweise verbal, aber nicht mit den Fäusten gegen die wehren kann, die physisch stärker sind als er, weil sie schon Erfahrungen haben in tätlichen Auseinandersetzungen. Die Schlusszeilen *Du darfst weinen./Dein Vater wollte das nicht lernen* eröffnen dem Kind die Möglichkeit, Schwäche zu zeigen, andererseits werfen sie ein Licht auf die Familiensituation. Nicht weinen können, keine Schwäche zugeben, heißt möglicherweise, nicht nur mit sich selbst, sondern auch mit anderen hart umzugehen. Claudia H. Roesch macht darauf aufmerksam, dass die Mutter, wie es in partnerschaftlich orientierten Familien üblich ist, mit dem Vornamen angeredet wird (Roesch 1989: 45)

Anregungen für den Unterricht:

Ob die pädagogischen Erkenntnisse aus den siebziger Jahren in Zeiten von Gewalt unter Schülern noch ausreichen, um sensiblen Kindern im Umgang mit Stärkeren zu helfen, muss diskutiert werden. Schule ist schon lange nicht mehr der Ort, wo primär die Angst vor dem Lehrer herrscht, sondern wo es um ein Sich-Behaupten mit verschiedenen Strategien innerhalb einer Gruppe geht. Da spielen Details eine Rolle, die von Situation zu Situation wechseln: man muss mithalten können mit den richtigen Klamotten, Markenschuhen, mit der Kenntnis von Fernsehserien, dem Besitz von bestimmten modischen Artikeln usw. Argumentieren können wird häufig als Fähigkeit verstanden, den anderen mundtot zu machen mit vorgefertigten Redewendungen. In dieser Situation ist dieses Gedicht schon ein Anachronismus und muss kritisch auf seine heutige Bedeutung befragt werden.

5. Dieter Mucke: Die einfältige Glucke

Zum Text:

Wer soll hier belehrt werden? Ausnahmsweise einmal nicht die Kinder, sondern die Mütter. Besonders die, die wie die Glucke ihre Kinder nicht loslassen und erwachsen werden lassen wollen. Das absurde Bild von der Glucke, die *mit ihrem kleinen Grips/Froh und zufrieden auf Eiern aus Gips* sitzt, zeigt eindringlich Neurotisches in manchen Mutter-Kind-Verhältnissen. In den acht Zweizeilern wird folgerichtig die Entwicklung der Küken-Kinder gezeigt bis zu dem Punkt, wo die Kinder sich nicht mehr gefallen lassen wollen, dass sie wie kleine Kinder behandelt werden: *und sie war sehr enttäuscht von allen*, eine verfehlte Haltung angesichts der Tatsache, dass Kinder erwachsen werden. Wieder ist bei dem verschmitzten Mucke nicht auszuschließen, dass er wenigstens im unverdächtigen Kindergedicht seine Meinung über das Gluckenhafte der Partei in der DDR sagen wollte.

Anregungen für den Unterricht:

Anknüpfen an Fotos von Babys und Kleinkindern, über die alle BetrachterInnen begeistert sind: die Kinder liegen so anschmiegsam im Arm der Mutter. Ein Foto aus einer späteren Zeit sähe ganz anders aus. Hier könnte ein Gespräch über entwicklungsbedingte Veränderungen zum Text führen und folgende Fragen aufwerfen: Warum will die Glucke (vielleicht

auch die Mutter) die Kinder immer klein behalten? Sie sind niedlich, brav
und laufen nicht weg. Könnte jedoch auch an der Entwicklung zum Er-
wachsenwerden etwas Positives sein in den Augen der Glucke (der Mutter)? Hier könnten Kinder ihre eigene Sicht einbringen. Im Gedicht wird
das Negativbeispiel vorgeführt aus der Welt der Hühner und Küken, und
damit der Lerneffekt deutlich wird, müsste immer wieder in menschliche
Dimensionen übertragen werden.

6. Jürgen Spohn: Ernste Frage

Zum Text:

Dieser Text eignet sich eigentlich nicht als Kindergedicht, er sollte als
Adressaten eher die Eltern oder überhaupt die Erwachsenen ansprechen,
denn Kinder sind nicht die Verursacher der genannten Probleme. Sie mit
diesen nicht gerade ermutigenden Perspektiven zu belasten, ist psychologisch nicht zu vertreten, besonders dann, wenn es sich ohnehin um eine
gefährliche Welt-Situation handelt. Dennoch ist gerade die Ironie in diesem Text mit den vertauschten Rollen (Mäuseplage wird zur Menschen-
plage) so interessant, dass es sich schon lohnt, genauer hinzuschauen.
Mäusegift oder Rattengift wird zu Gift, das in den Kaviar gemischt werden könnte, eine besondere Boshaftigkeit, signalisiert sie doch die Gefahr, am eigenen Wohlstand verrecken zu können. Der lapidare Schlusssatz ist als Pointe nicht zu überbieten.

Anregungen für den Unterricht:

Auf die Darstellung konkreter Vernichtungszenarien sollte auf jeden Fall
verzichtet werden. Es empfiehlt sich, nur die Struktur der ironischen Aussagen unter die Lupe zu nehmen. Die Mäuse geben sich wie Krisenmana-
ger, die sich mit einer ernsten Situation beschäftigen. Sie machen Vorschläge, die aber alle als wirkungslos verworfen werden. Das Problem
wird sich ohnehin erledigen, meint die klügste Maus. Wie bei jeder negativen Utopie wäre nach einem Ausweg zu fragen: Muss es wirklich zu diesem Ende kommen? Der Text ist außerdem auf dem Hintergrund des ganzen Arsenals an Mäuschen-Gedichten zu sehen, der Berge von Stofftieren
und Comic-Mäusen. Gerade der Inbegriff des Niedlichen und Harmlosen
wird zum Sprachrohr der einzigen wirklich wichtigen Frage.

Weitere Gedichte:

Bert Brecht: Was ein Kind gesagt bekommt (Wundertüte)
Peter Maiwald: Was ein Kind braucht (Wundertüte)
Jürgen Spohn: Kindergedicht (Wundertüte)
Heinrich Böll: Für Sammy (Großer Ozean)
Erich Fried: Angst und Zweifel (Großer Ozean)
Zbigniew Lengren Grau und rot (Kliewer: Elemente und Formen der Lyrik)

Literatur

Doderer, Klaus: Fabeln. Formen. Figuren Lehren. Zürich: Atlantis 1970

Gregor-Dellin, Martin: Flaschenpost für Nachgeborene In: Frankfurter Anthologie 10 (1986) S. 235–238

Heißenbüttel, Helmut: Was alles hat Platz in einem Gedicht? In: Jahresring 68/69 (1968)

Kreis, Rudolf: Fabel und Tiergleichnis. In: Projekt Deutschunterricht Band I. Stuttgart: Metzler 1971

Roesch, Claudia H.: Das Bild des Kindes in der deutschsprachigen Lyrik nach 1945 unter besonderer Berücksichtigung der 70er und 80er Jahre. Eine Untersuchung zur pädagogischen Anthropologie. Frankfurt: Lang 1989 (Studien zur Pädagogik, Andragogik und Gerontagogik 2)

XI. Über Gedichte kann man lachen

Obwohl Rolle und Funktion des Lachens, des Humors, der Komik in der Kinder- und Jugendliteraturforschung intensiv untersucht wurden (vgl. Czech 2000), geschieht dies fast ausschließlich an Prosatexten, häufig an Kinderbüchern von Lindgren, Nöstlinger, Maar. In der Lyrik erscheinen die Phänomene meist im Gewand des Nonsense oder des Sprachspiels (siehe Reihe V); Helmers hatte in *Lyrischer Humor* (1971), einer der wenigen Arbeiten zum Thema der Reihe, Lügengedichte und komische Erzählgedichte ergänzt, unter „lachender Moral" die große Zahl der Texte gefasst, in denen die Tradition des Lehrgedichts fortlebte, auch noch in einigen Gedichten von Krüss. Wenn man die Entwicklung der Kinderlyrik beobachtet, stellt man fest, dass nicht erst die heutige Fun-Gesellschaft das belehrende oder informierende Gedicht verdrängt hat, sondern schon seit den 60ern der Eindruck entsteht, Kinder seien die lachenden Wesen schlechthin und Gedichte hätten die alleinige Aufgabe, ihnen Spaß zu machen. Wenn dies ihre einzige Funktion ist, sind alle Texte gut, die das erreichen, und in der Tat gibt sich billiger Klamauk und Blödsinn häufig als „Nonsense" aus.

Lustige Gedichte sind zwar im Unterricht beliebt, stellen aber dennoch ein didaktisch schwieriges Genre dar. Hintergründiger Humor verfehlt seine Wirkung, wenn die AdressatInnen ihn nicht wahrnehmen können. Wer aus Unverständnis nicht lachen kann, dem ist nicht zu helfen, und wer lacht, muss dem noch erklärt werden, warum etwas lustig ist? Sind also diese Gedichte nur Anlass zum Spaß und Lustigsein oder kann es nicht doch ein Vergnügen geben, wenn die Wirkung der sprachlichen und inhaltlichen Mittel bewusst wird?

1. Frantz Wittkamp: Übermorgen bin ich verreist

Zum Text:

Vorgetragen in einem Ton des Wichtigtuns, wirkt dieses Gedicht komisch, denn es zeigt eine winzige Lücke im Terminkalender, die allerdings schon vertan ist. Gerade die Floskeln *wie du ja weißt* und *tut mir sehr leid* wirken wie aus dem Leben von VIPs gegriffen. Auch das *allerdings* hört sich aufgeblasen an.

Anregungen für den Unterricht:
Die Vorstellung von Leuten, die so sprechen wie in dem Vierzeiler, sollte möglichst konkret werden. Das könnte vielleicht ein Telefongespräch sein von einem vielbeschäftigten Mann oder aber ein Junge erklärt seinem Freund, dass er leider keine Zeit für ihn hat. Was könnte dahinterstecken? Bei Sprechübungen muss der richtige Ton getroffen werden. Auch eigene Versuche in dieser Art wären interessant.

2. Frantz Wittkamp:
Wie gut, daß ein Hase nicht lesen kann

Zum Text:
„Mein Name ist Hase" könnte Motto und Titel für diesen Vierzeiler sein, in dem der Hase zeigt, dass er so harmlos, wie man es ihm nachsagt, doch nicht ist. Ja, er hat es faustdick hinter den Ohren, weil er ganz bewusst einsetzt, was andere von ihm glauben. Er versteckt sich also hinter einer Maske, die er für diese Rolle braucht.

Anregungen für den Unterricht:
An welcher Stelle erkennen wir die Täuschung? Gesichtsausdruck und das Händereiben muss vorgeführt werden, damit klar wird, dass der Hase (oder irgendein Kind) seine Ziele verfolgt, indem er sich geschickt als unwissend und harmlos ausgibt. Gibt es auch Situationen, in denen Menschen ebenso handeln und damit Erfolg haben? Welche Menschen haben es nötig, so zu handeln?

3. Janosch: Das Liebesbrief-Ei

Zum Text:
Das Gedicht lebt von verschiedenen komischen Elementen. Da gibt es einmal das Hin- und Herwechseln zwischen Hühnerstall und der Welt der Menschen (*Düsseldorf!*) Wie einem Musterbuch für Liebesbriefe entnommen wird im betont gewählten Stil (*er solle doch …*) der ferne Freund herbeigesehnt. Dass es Schwierigkeiten gibt, zwischen diesen beiden Welten zu vermitteln, zeigt sich dann in der zweiten Strophe, als das Liebesbrief-Ei „expediert" wird. Hier ist dann noch ein weiteres Element zu erkennen: das Sprachspiel (*Ei-Liebelei*). Nicht weniger als acht Mal bei 16 Zei-

len steht das „Ei" im Reim und zusätzlich im abschließenden Themenwort *Liebelei*. Die lakonischen Kurzzeilen am Ende der beiden Strophen schließen sie deutlich ab; auch die Mitteilungen sind erkennbar pointiert, auch als nichtssagende. Übrigens entsprechen sich die Schlüsse auch im Metrum vollständig, allerdings in umgekehrter Reihenfolge (I,7−II,9 und I,8=II,8). Die teilweise umständlich ausführlichen Erklärungen des Berichters und Kommentators stehen in komischem Kontrast zu den Liebesgefühlen der Hauptperson, des Huhns. Vielleicht nur Erwachsenen zugänglich sind bewusste Doppeldeutigkeiten: nach dem bekannten Muster von Kabarettisten, die mit unvollständigen Sätzen einen witzigen Effekt erzielen (vgl. Heinz Ehrhardt, Werner Finck u. a.), wird die Lust in der dritten Zeile verharmlost zur „Lust zu schreiben". Auch der Zeilenbruch am Beginn der zweiten Strophe ist ähnlich angelegt: man erwartet natürlich, dass es dem Huhn an etwas fehlte. *Die Stange teilen* wirkt nur komisch auf dem Hintergrund von *das Bett teilen*.

Anregungen für den Unterricht:

Es sind verschiedene Möglichkeiten von Illustrationen vorstellbar: das schreibende Huhn, das Ei mit dem Liebesbrief usw. Daran ließe sich in einer anderen Form das Komische der Geschichte zeigen. Auch der gestaltende Vortrag des Textes mit akustischen Akzenten könnte den gewichtigen Ton des Briefes von der einfachen Umgebung im Hühnerstall absetzen. Diese Gestaltungsaufgaben müssten immer wieder am Text überprüft werden. Es wird dann vielleicht deutlich, dass die Welt des Huhns nicht mit der großen Welt in Einklang zu bringen ist, was das Komische des Gedichts ausmacht.

4. Josef Guggenmos: So geht es in Grönland

Zum Text:

Im Unterschied zu den ebenfalls typisch mündlichen Erzählformen Witz und Anekdote wird der Aprilscherz in der Regel nicht schriftlich tradiert. Er entsteht und vergeht in einer bestimmten Situation: einer bewirkt durch einen falschen Auftrag oder eine Lügenmeldung die Reaktion des andern, er schickt ihn in den April und zieht die überlegenen Lacher auf seine Seite. Das Handlungsschema und die formelhafte Pointe „April, April!" rücken den Brauch mit seiner Freude am Versagen des Partners in die Nähe des Schwanks. Beiden kommt es auf den komischen Effekt an;

Necken und Verspotten dürfen jedoch der Tendenz zur Schadenfreude und Bösartigkeit nicht erliegen. Meldungen und Bildmontagen in der Zeitung vom 1. April zeigen am besten, wovon die Qualität eines Aprilscherzes abhängt. Möglichkeit und Unwahrscheinlichkeit müssen sich die Waage halten. Dieser Rätselcharakter fehlt in der Regel bei den Scherzen in Familie, Schule und unter Berufskollegen.

Das Gedicht von Guggenmos folgt dem hier üblichen Typus: Lügenmeldung – Reaktion des/der anderen (*Alles stürzt zu ihr*), Aufdeckung der Lüge – Schlussformel. Während bei Kindern schon ein nicht vorhandener Fleck auf der Hose genügt, bei den Erwachsenen ein Gag mit dem Telefon, ist die Lügenmeldung des Eskimomädchens etwas differenzierter angelegt. Die epische Wiedergabe des Aprilscherzes mit der notwendigen Situationsschilderung folgt den Gütekriterien eines Witzes, wie sie Bausinger formuliert hat: „Distanz der Normbereiche, die Verständlichkeit, das Gewicht der Normbereiche und die Pointierung." (Bausinger 1968: 133) Das Gedicht enthält eine doppelte Kontrastierung. Zunächst will die übliche Vorstellung von Grönland, Eskimo und Schneehaus nicht zum Mercedes passen, dem Symbol für Technisierung und Wohlstand. Zum andern – und darauf weist die Überschrift hin – zielt die Meldung des Mädchens auf etwas für uns völlig Gewöhnliches, für Grönland, wenigstens in dem Bild, das wir von ihm haben (*weiß und still*) völlig Ungewöhnliches. Die Reaktion der Geneckten ist nur verständlich, wenn sie das angekündigte Ereignis für möglich halten und die Sensation ihre Neugier wachruft oder wenn ein Mercedes für alle Beteiligten nur ein Wort ist, mit dem sie keine oder nur sehr unklare Vorstellungen verbinden. Guggenmos hat die kleine Episode in neun Zeilen mit mehr oder weniger deutlichen Reimbindungen dargestellt. Nur die Schlusspointe löst völlig rein die aufgestaute Spannung (*still – April*). Die Assonanzen der 1. Strophe geben den freien Rhythmen Halt und Gestalt, indem Anfang, Mitte und Ende miteinander korrespondieren. Dem breit ausholenden Satz folgt als erstes Fazit eine knappe Aussage, deren Reim die beiden Strophen verbindet, die aber ihr Gewicht vor allem dadurch erhält, dass die Zeile auftaktlos einsetzt, während in der 1. Strophe der Hauptton von Zeile zu Zeile weiter nach hinten gerückt war. Der vor allem am Beginn des Gedichts deutlich daktylische Versgang geht plötzlich in den alternierenden über; besonders aussagekräftig wird das regelmäßige Sprechmaß, wo die gespielte Erregung der tatsächlichen Ruhe der Umwelt weicht: *Rings liegt Grönland weiß und still.*. Die entstellende Kraft der Sprache wird schon vom Kleinkind freudig genutzt in Wortverdrehungen und absichtlich falschen Sachzuordnungen. Die Sieben- bis Achtjährigen erfahren im Scherzspiel, dass Sprache zur Irreführung anderer dienen kann. Die bewusst falsche Aussage des Aprilscherzes „setzt Plan, Überlegung voraus. In der Freude am Necken, Hänseln, Streichespielen bekunden sich geistige Fähigkeiten, die das Kind in sich entdeckt und erproben will" (Ulshöfer 1962: 26). Ungereimtheiten zu schaffen liebt es ebenso sehr wie vorhandene aufzulösen. Daher seine Begeisterung für Lügengeschichten; es gesellt sich sofort zu den Lachern, es genießt den Erfolg des Eskimomädchens. Allein in diesem Überlegenheitsgefühl werden Kinder die Komik des Gedichtes vermuten. Folgt man der Meinung jener, die glauben, man könnte durch Textanalyse den Spaß an dem Geschichtchen verderben, dann bleibt die Begegnung in der Identifikation stecken, dann werden die eigentlichen Gründe für die Komik gar nicht gesehen, und die Funktion der sprachlichen Gestaltung wird völlig außer Acht gelassen. Ein befriedigendes Unterrichtsergebnis wird weitgehend davon abhängen, wieweit die SchülerInnen schon Kenntnisse von lyrischen Strukturen haben, Einsichten über den inneren Aufbau. Das Verhältnis von Wahrscheinlichkeit und Unglaubwürdigkeit in den Gegensatzpaaren Grönland – Mercedes als ein Mittel der Komik sollte deutlich werden.

Anregungen für den Unterricht:

Zur Einführung berichten SchülerInnen von Aprilscherzen und beurteilen sie, wobei es immer um die Glaubwürdigkeit des Täuschungsversuchs geht. Nach der Textbegegnung könnte dann die Frage gestellt werden: Wärt ihr auch drauf reingefallen? Im Gedicht berichtet das Mädchen etwas Außergewöhnliches, etwas Unglaubliches. Dennoch kommen die anderen angelaufen. Möglicherweise könnte man die letzten zwei Zeilen zunächst weglassen, um deutlich zu machen, warum der Aprilscherz keine Lügengeschichte ist, sondern ein Scherz, den die Beteiligten auch als solchen wahrnehmen können. Die Auflösung muss also nicht von den LeserInnen vollzogen werden, sondern wird mitgeliefert. Das Einprägen während des Unterrichts durch häufiges Sprechen ist bei diesem Text besonders gut möglich.

5. Robert Gernhardt: Heut singt der Salamanderchor

Zum Text:

Wir singen immer wieder. Mit ihrem fast zwanghaften Singen ernten die Salamander keinen Beifall. Die Katze sieht sich das Spektakel an und ihre beschwörenden Worte finden für ein paar Augenblicke Gehör. Dann aber bricht sich der künstlerische Impetus Bahn und der anfängliche Lärm schwillt wieder an. „Hauptsache, ihnen macht es Spaß" könnte man dazu sagen. In den sechs vierzeiligen Strophen mit Kreuzreim lässt der Autor die Salamander nach Herzenslust und zum Verdruss der Zuhörenden *brüllen, lärmen, plärrn, krakeeln*. Ob die Sänger dies für Kunst halten, wird offengelassen. Hier wird möglicherweise eine Art von Dilettantismus karikiert.

Anregungen für den Unterricht:

Salamander gehören heute nicht wie zu früheren Zeiten, als noch Erdal-(Salamander)-Bildchen gesammelt wurden, zur Vorstellungswelt von Kindern. Dass sie eigentlich stumme Tiere sind, müsste wenigstens bekannt sein, weil es gar nicht zu diesem Ausbruch von Sangesleidenschaft passt, wie sie uns hier vorgeführt wird. Es ist vielleicht wichtig, sich die Katze vorzustellen, wie sie das Treiben der Salamander beobachtet. Welches Bild bietet sich ihr? Wie versucht sie, auf die Sänger einzuwirken? (In einer fast mütterlich mahnenden Art vermag sie es, die Salamander eine Weile zur Ruhe zu bringen). Aus der Erinnerung wird das Anschwellen des Chorgesangs beschrieben. Der Text, den sie singen (durch Anführungszeichen kenntlich gemacht) wird besonders beachtet: was sagen sie darin über sich selbst? „Das ist doch keine Kunst" sagen wir oft im täglichen Leben. Was meinen wir mit solchen Redensarten? Manche „Künstler" verstehen es, ihre Produkte als Kunst auszugeben.

6. Shel Silverstein: Erfindung

Zum Text:

Nicht um irgendeine *Erfindung* würde es sich hier handeln, sondern um eine geniale, eine weltverändernde grundlegende Umwälzung: alle Energieprobleme wären gelöst und damit viele politische Auseinandersetzungen hinfällig. Die riesige Energiequelle könnte ja auch angezapft werden, aber leider gibt es einen kleinen Fehler in diesem Gedankenspiel: Es fehlt an einer Leitung, die lang genug wäre. Dass dieses gigantische Unternehmen so konkret an die alltägliche Umwelt geknüpft wird, macht es für Kinder fassbar, und der komische Effekt wird seine Wirkung nicht verfehlen.

Anregungen für den Unterricht:
Die Komik des Textes lässt sich am besten wieder in einer Illustration verdeutlichen. Der ernsthafte Hintergrund des naturwissenschaftlichen Problems sollte nicht außer acht gelassen werden, zumal an diesen Fragen in-
teressierte Kinder sicher einen Beitrag dazu leisten können. Inwiefern ist
es möglich, die Sonne „anzuzapfen" und Energie zu gewinnen? Das kann
vielleicht, anders als in unserem Gedicht geplant, in die Wirklichkeit umgesetzt werden.

Weitere Gedichte:

Hanna Johansen: Gespenster (Großer Ozean)
Hans Manz: Fürs Familienalbum (Wundertüte)
Hans Manz: Wiedersehen (Wundertüte)
Erwin Grosche: Nach dem Spülen (Großer Ozean)

Literatur

Bausinger, Hermann: Formen der „Volkspoesie". Berlin: Schmidt 1968 (Grundla-
gen der Germanistik 6)
Czech, Gabriele: Komik in der Kinder- und Jugendliteratur. In: Günter Lange
(Hrsg.): Taschenbuch der Kinder- und Jugendliteratur. Baltmannsweiler:
Schneider Hohengehren 2000. Band 2, S. 862–887
Ewers, Hans-Heino (Hrsg.):Komik im Kinderbuch. Erscheinungsformen des Ko-
mischen in der Kinder- und Jugendliteratur. München: Juventa 1992
Helmers, Hermann: Lyrischer Humor. Strukturanalyse und Didaktik der komi-
schen Versliteratur. Stuttgart: Klett 1971
Ulshöfer, Robert: Lustige Geschichten im Deutschunterricht der Unterstufe.
Deutschunterricht 14 (1962) Heft 5, S. 24–39

XII. Von seltsamen Leuten

Egal ob am Biertisch oder in der Literatur, wer etwas Neues zu erzählen verspricht, der findet sofort ZuhörerInnen: merkwürdige Geschichten über Leute, die anders sind, über Riesen und Zwerge, über Lottogewinner oder vom Schicksal Geschlagene. Worin liegt die Faszination, die immer noch von dem uralten *Bucklichen Männlein* ausgeht? Was interessiert uns an so skurrilen und schnurrigen Typen wie dem Wiener Caféhausdichter Peter Paul Altenberg, die eher mit ihrer Biographie überleben als mit ihrem literarischen Werk? Da macht es kaum einen Unterschied, ob es sich um ausgedachte, zusammenfabulierte Figuren handelt oder ob sie tatsächlich gelebt haben. Selbst in Gedichten, die doch eigentlich gar keinen Raum haben für lange Geschichten, und nicht nur in Balladen treffen wir auf interessante Menschen, die uns zum Nachdenken bringen wie die philosophische und widerständige Figur des Clowns. Bis zu einer eigenen Gattung hat es die Neugier der LeserInnen gebracht: als Human Interest Story könnte man sich die vielleicht ja doch echte Geschichte von dem kuriosen Postboten vorstellen.

1. Anonym: Himpelchen und Pimpelchen

Zum Text:

Sie betreten sofort die Szene, werden vorgestellt und bei ihrem Namen genannt. Das Präteritum deutet an, dass es sich um einen schon vergangenen Erzählvorgang handelt, der schließlich wieder in die Gegenwart zurückkehrt und vor unseren Augen Gestalt annimmt.

Anregungen für den Unterricht:

Das kleine Gedicht gehört zu den Fingerspielen für Kleinkinder. Aus den beiden gefalteten Händen schauen die zwei Daumen heraus als Himpelchen und Pimpelchen, als säßen sie oben auf einem Berg. Man lässt sie mit den Zipfelmützen wackeln und dann ins Innere der beiden Hände kriechen. Nach der Aufforderung *Seid mal still ...* kann man sie noch schnarchen hören. Auf diese Weise kommt es zu einer Art von szenischer Darstellung, während der Text gesprochen wird.

2. Anonym: Das buckliche Männlein

Zum Text:

Was für Hanno Buddenbrock zum „pavor nocturnus" wurde, wie der Hausarzt es nannte, kann Kinder immer wieder bis in den Schlaf verfolgen. Die Erwachsenen am Bett des Phantasierenden halten das Gedicht vom buckligen Männlein für kurios und recht graulich. Der Bub hatte sinniert: *Nicht wahr, Ida, es tut es nicht aus Schlechtigkeit, nicht aus Schlechtigkeit! ... Es tut es aus Traurigkeit und ist dann noch trauriger darüber ... Wenn man betet, so braucht es das alles nicht mehr zu tun* (Mann 1952: 476). Auch Walter Benjamin erinnert sich in seiner *Berliner Kindheit um neunzehnhundert*, dass der Bucklige zu jenen Nachtgesellen gehörte, vor denen ihm grauste. Er nimmt ihn als Personifizierung einer Macht, der er ausgeliefert ist. Für sein ganzes Leben gilt das „Ungeschickt lässt grüßen" seiner Mutter, wie Hannah Arendt gezeigt hat (Arendt 1971: 51). Die personifizierte Tücke des Objekts erscheint als missgestaltetes Wesen; der Bucklige wirkt auch auf Erwachsene komisch und tragisch zugleich. Auf alle körperlichen Missbildungen reagiert der Betrachter hilflos. Abgesehen von dem merkwürdigen Verhalten des Männleins wirkt schon seine Gestalt unheimlich, vor allem aber seine Sprachlosigkeit. Es erklärt seine Handlungen nicht, das Schweigen wird durch die abschließende überraschende Bitte rückwirkend noch bedrohlicher. Selbst sein Tun ist keine sinnvoll fortschreitende Folge von Aktionen, sondern ein leicht variierbares Mosaik von unverständlichen Begebenheiten aus dem Alltag, in den Ursachen undurchschaubar wie das Schweigen. Archaisch wie der reihende Bau, der noch auf kausale Erzählzusammenhänge verzichtet, wirkt die Sprache des Gedichts, die so ganz der Ausdrucksweise des Kleinkindes entspricht. Mit einem Minimum an Veränderung und einem Maximum an Formelhaftigkeit ist sie ein Abbild der stereotypen Satzreihe während der frühen Spracherlernung. Die Abweichung von dem Muster *Will ich .../ Will mein ...* in den letzten Strophen leitet zum Schluss über, der das Männlein zur Ahasver-Gestalt macht, zum ewig Umgetriebenen, der nur durch Fürbitte Erlösung finden kann. Dieser mythologische, volksballadenhafte Schluss, die letzten sechs Zeilen, die angeblich aus der Feder Brentanos stammen, kontrastiert mit der Banalität der häuslichen Vorfälle ebenso wie die betont schlichte Ausdrucksweise mit dem Ernst der Aussage über die menschliche Existenz.

Das *Buckliche Männlein* wird bei Kindern die natürliche Schadenfreude über das Missgeschick des andern hervorrufen. Es dürfte jedoch nicht schwer fallen, die vordergründige Heiterkeit zu durchstoßen und das Unheimliche und Bedrohliche im Gedicht sehen zu lassen. Die Auseinandersetzung mit dem Text könnte geradezu therapeutische Bedeutung erhalten, wenn es gelingt, das Kind zum Aussprechen seiner Ängste zu bewegen. Das kann nicht allein auf der Ebene des Intellekts geschehen bei einem dermaßen vom Emotionalen gesteuerten Zustand. Sicher kann über dieses Problem mit SchülerInnen einer höheren Jahrgangsstufe differenzierter gesprochen werden als mit Zweitklässern (Dobritz 1967); sie stoßen sich aber wahrscheinlich an der einfachen Sprache, deren künstlerische Naivität sie nicht erfassen können, und an dem recht märchenhaften Geschehen, das zum Anlass genommen ist, das Dämonische zu verbildlichen. Kinder können vielleicht etwas ahnen von dem Grauen, das das Männlein verbreitet und das Heinz Politzer darin sieht, „dass es, wie es Sigmund Freud in seiner Schrift vom *Unheimlichen* dargetan hat, den Vorboten eines weit größeren Schreckens, den Boten des Todes, darstellt" (Politzer 1979: 50).

Anregungen für den Unterricht:

Der Text erfordert in besonderem Maße eine Zurückhaltung bei den Lehrenden: je besser die Kinder zu fragen verstehen, desto selbständiger werden sie versuchen, die Erzählvorgänge zu ordnen, im Gedicht aufzusuchen und zu deuten. Das Geheimnisvolle und Unlösbare im Text sollte immer bestehen bleiben und nicht durch Erklärungen aufgelöst werden. Einige Ergebnisse könnte das Gespräch über den Text bringen: Was da alles angerichtet wird, hört sich lustig an. Was aber sonst über das Aussehen und das Treiben des Männleins erzählt wird, ist nicht lustig. Der Vergleich mit ähnlichen Figuren aus dem märchenhaften Bereich (Zwerge, Rumpelstilzchen) zeigt, dass das bucklige Männlein nichts dafür kann, wenn es nur Schlechtes tut. Ähnlich wie in Märchen kommt auch hier das Motiv der Erlösung vor. Die Personifizierung des Missgeschicks ist Kindern aus eigener Erfahrung bekannt. Wenn sie sich an einem Gegenstand gestoßen haben, richten sie ihren Zorn nicht gegen sich, sondern gegen den „bösen" Tisch, ein Verhalten, das die kindliche Psyche entlastet. So könnte das bucklige Männlein als eine Art Doppelgänger von uns gesehen werden, wie es Heinz Politzer versteht, einer der sozusagen stellvertretend für uns die ungeschickten Dinge tut, die die anderen Menschen ärgern (Politzer 1979: 49).

3. Karlhans Frank: Krimi

Zum Text:

Der märchenhafte Einstieg *Es lebte einst* wird durch Nennung einer Stadt zwar gebrochen, aber es ist nicht Berlin oder München, sondern das romantische Heidelberg. Mit dem Zwerg sind wir wieder im Märchen. Man versuche, den *Heidelzwerg* nach Wittenberg zu schicken, und schon fehlt die Assoziation zu *Heidelbeere*, die zu *Gartenzwerg* bliebe erhalten; wichtiger ist jedoch, dass zwei sehr bekannte Städte genommen werden, und der unwiederholbare Gag ist die konsequente Wiederholung des Wortbildungsmusters. Der Anlass des Umzugs in eine andere Stadt ist vergleichsweise lächerlich: auslachen einer Respektsperson, allerdings besteht nur ein Verdacht. Wenn der Text nicht in einer Serie von acht Stadtgedichten stünde, die alle Nonsense bieten wie der ganze Gedichtband *Vom Dach die Schornsteinfeger grüßen mit Taucherflossen an den Füßen*, dann könnte man eine versteckte, natürlich nur an erwachsene MitleserInnen gerichtete Satire über die Gesinnungsschnüffelei der 70er Jahre vermuten.

Anregungen zum Unterricht:

Neue Wesen erfinden durch Sprachkombinationen, das hat u. a. Morgenstern gereizt (*Neue Bildungen, der Natur vorgeschlagen*), und Maler wie Dieter Brembs haben es auf ihre Weise versucht (*Brembs' Tierleben*), ganz zu schweigen von der Phantastischen Malerei. Das Spiel mit Städtenamen, die aus Komposita bestehen, wird nicht sehr ergiebig sein. Vielleicht ist der Text für produktionsorientierte Verfahren überhaupt ein ungeeignetes Beispiel, und man sollte eher ein Gespür dafür entwickeln, dass Fiktionen, ausgedachte Figuren und ausgedachte Handlungen, anders als beim Remix der Fantasy, ein eigenes Leben entwickeln, das nur aufgebaut wird, um es in den Sprach-Gag purzeln zu lassen.

4. Richard Bletschacher: Der dumme August

Zum Text:

Der dumme August wird ausdrücklich nicht beschrieben, denn jede/r hat ein Bild von einem anderen Zirkusclown, der den dummen August gespielt hat. Er ist uns von vornherein sympathisch, auch wenn er die Dummheit und die menschlichen Schwächen vor Augen führt und damit das eigentlich Menschliche. Der Text wird beherrscht von der Reflexion über den Sinn der Dummheit, die kontrastartig von der sogenannten Klugheit abgesetzt wird. Er führt sentenzartig Lebensweisheiten in Paarreimen vor Augen.

Anregungen für den Unterricht:

Kinder malen sich *ihren* dummen August. Sie erinnern sich an einzelne Szenen: immer geht etwas schief, weil der Clown zu blöd ist, mit der Tücke des Objekts zurechtzukommen, oder weil er zu ungeschickt ist. Warum lachen wir, wenn er uns Dummheit vorführt? Warum lachen Schulkameraden, wenn einer von ihnen vom Stuhl fällt? Zu diesem Thema ließe sich auch das Bilderbuch zeigen: *Die Sara, die zum Zirkus will,* (Mebs / Buchholz) in dem ein kleines Mädchen erfährt, wie die Leute über ihr Missgeschick lachen, worüber sie selbst nur weinen kann.

5. Michael Krüger: Rede des Postboten

Zum Text:

Das Ich dieses Gedichts ist nur mit Hilfe des Titels zu erschließen: ein Postbote, der *eine schöne Sammlung von Postkarten* besitzt, *die sich nicht zustellen ließen* – aus welchem Grunde auch immer. Nach welchen Kriterien er sie in seine Sammlung aufgenommen hat, wird aus der Beschreibung der Exemplare deutlich. Da gibt es das Interesse an philatelistischen Seltenheiten, an den *schönen entwerteten Gesichtern,* an besonderen Schriftbildern, vielleicht an Urlaubskarten mit schönen Fotos aus aller Welt und schließlich das Interesse an Mitteilungen, die wegen der Sammelleidenschaft des Postboten nie an die Adressaten gelangt sind. Zwei ausgewählte Beispiele zeigen die Dringlichkeit dieser Nachrichten, die über die Post zu den Empfängern hätten kommen sollen. Ist das nachgestellte *nie* ein Zusatz des Postboten oder gehört es noch zum Text der Postkarte? Der harmlose Ton fällt auf, in dem der dienstvergessene Postbote von seiner Sammlung schwärmt. Die Erläuterungen zeigen sprachliche Prägnanz wie beispielsweise das doppeldeutige *all die schönen entwerteten Gesichter.* Auch der Gegensatz zwischen der strengen alphabetischen Ordnung der Postkarten und deren Mitteilungen, die gelebtes, unordentliches Leben offenbaren, ist interessant.

Anregungen für den Unterricht:
Dieser Text muss sorgfältig gelesen werden, um auch wirklich alle Pointen wahrnehmen zu können. Dabei sollte zusammengetragen werden, was über diesen Postboten zu sagen ist: was will er mit einer Sammlung, die er doch niemandem zeigen darf! Welches Interesse hat ihn geleitet, und lassen sich Situationen vorstellen, in denen er seiner gar nicht so harmlosen Leidenschaft erlegen ist? Es lässt sich ein innerer Monolog vorstellen: „Ach, da ist wieder so ein schönes Exemplar ...!" Die aufgeführten Namen sind heutigen Jugendlichen nicht mehr gegenwärtig: den Namen Adenauers haben sie wenigstens schon einmal im Geschichtsunterricht gehört oder auf Straßenschildern gelesen, Franco werden sie nicht kennen und wer *der traurige griechische König* ist, werden auch Erwachsene nicht wissen.

Weitere Gedichte:

Peter Hacks: Ballade vom schweren Leben des Ritters Kauz vom Rabensee (Wundertüte)
Wilhelm Busch: Max und Moritz

Literatur

Arendt, Hannah: Benjamin, Brecht. Zwei Essays. München: Piper 1971 (Serie Piper 12)

Brembs, Dieter: Brembs' Tierleben. 427 und einige mehr unmögliche Tiere. Weinheim: Beltz&Gelberg 1974

Das bucklicht Männlein. Ein Kinderlied aus „Des Knaben Wunderhorn". Ill. Lilo Fromm. München: Ellermann 1986

Dobritz, Ursula u. a.: Wege zum Lesen im 1. bis 3. Schuljahr. Hamburg 1967 (Beiträge zur Literaturpädagogik 1) S. 22–31

Mann, Thomas: Buddenbrooks. Verfall einer Familie. (VIII. Teil, 3. Kapitel). Berlin: Aufbau 1952

Mebs, Gudrun: Die Sara, die zum Zirkus will. Ill. Quint Buchholz. Aarau: Sauerländer 1990

Politzer, Heinz: Sozusagen ein Doppelgänger. In: Frankfurter Anthologie4 (1979) S. 47–51

XIII. Traumbilder – Phantastische Vorstellungen

Von Lindgren bis Tolkien, von Fantasy bis Harry Potter: phantastische Literatur ist bei Kindern und nicht nur bei ihnen beliebt, aber es ist durchweg Prosa. Phantastik in der Lyrik? Braucht sie die Handlungsträger und die sich entwickelnde Story, das Kolorit der Situation und das Kostüm? Lyrik hält es eher mit den Träumen, auch den Angstträumen. Die Liebe und die schöne Natur sind ihre Themen, der Haß und das Chaos, Gefühle, nicht Action. Bilder sieht man im Traum, man kann fliegen und Löwen besiegen. In der früheren Kinderlyrik wird wenig geträumt; es wird ins reale Leben eingeführt, mit Informationen und Verhaltensregeln; in der neueren werden die Regeln der Logik und der Sprache durcheinander gewirbelt, Probleme lassen sich in der imaginären Welt lösen, aber auch heute wird in Kindergedichten selten selbstvergessen geträumt. Manche Bilderbücher, die in der Tradition der phantastischen Malerei und des Surrealismus stehen, zeigen solche Traumbilder besser als die Texte.

Warum urteilen ältere SchülerInnen häufig so negativ über Gedichte dieser Art? Was sie in der Prosa vorbehaltlos akzeptieren, wenn Figuren und Handlungen nicht an reale Zeiten und Räume gebunden sind, das monieren sie in der Lyrik. Dass Dichten etwas mit Verrücktsein zu tun hat, quittieren sie eher mit Gelächter und Abwehr als mit Verständnis und Betroffenheit. Gedichte dieser Reihe könnten dieses Urteil vorbereitet oder bestätigt haben. Wer hat je Pferde sprechen hören; Mäuse und Elefanten schon. Das Irritierende ist auch nicht das Sprechen der Tiere, sondern das Verletzen des Systems durch den neuen Kontext, ihr pessimistisches Urteil über die Zeitumstände! Möglicherweise sind jene SchülerInnen der Sekundarstufe II, darunter die späteren LehrerInnen, nicht zum richtigen Zeitpunkt und in geeigneter Weise mit solch „störender" Lyrik konfrontiert worden, um die Bedeutung von Gedichten anzuerkennen, die existentielle Fragen stellen und nicht nur Unterhaltung oder Belehrung vermitteln. Natürlich lassen sich die Gedichte dieser Reihe kaum von den Kindern oder Jugendlichen verstehen, die nur die Orientierung in der Alltagswelt gewohnt sind. Träumen ist etwas sehr Privates und ästhetische Sensibilität etwas, das nicht alle Kinder besitzen; diese Lyrik sollte also eher vorsichtig in den Unterricht gebracht werden. Sie könnte ein Beispiel für einen Glücksfall sein, für das Gespräch zum rechten Zeitpunkt in einer kleinen Gruppe, die sich ein solches Gedicht gewählt hat.

1. Lutz Rathenow: Was sonst noch passierte

Zum Text:

Und beide schüttelten verwundert ihre Köpfe, dies der Schluß des Gedichts, der zeigt, dass die beiden beteiligten Figuren ebenso wie die LeserInnen die „Täuschung" als das nehmen, was sie ist: eine ausgedachte
Maskerade. Wenn die ZuschauerInnen dem nicht glauben wollen, ist dies
kein Grund zur Aufregung, denn auch die Protagonisten wissen genau,
dass sie nicht den vor sich haben, als den der andere sich ausgibt. Der kurze Text zeigt, dass man in Gedichten erfinden, lügen kann, ohne dass man
deshalb zur Rechenschaft gezogen wird, denn *gedichte stören den nachbarn nicht* (Marti). Dass es sich in diesem Text um ein Grundphänomen
phantastischer Lyrik handelt, wird sich wohl nur erwachsenen LeserInnen
erschließen. Ein intellektueller Spaß auf engstem Raum und geradezu
mathematischer Verknappung; das Spielprinzip wird ins Spiel verlagert;
die Aussensicht: da spielen zwei Figuren Prinz und König, aber ich als Le-
ser/Leserin weiß, dass es sie nicht gibt, wird zur Innensicht: sie wissen selber, dass es sie nur in ihrer Phantasie gibt. Und ihre Verwunderung bezieht
sich auf nichts Geringeres als das anthropologische Phänomen der Phan-
tasiefähigkeit des Menschen. Der Titel des Gedichts könnte auch in eine
andere Richtung führen, zur Überleitung des Nachrichtensprechers:
„Und nun weitere Meldungen des heutigen Tages". Ein Staatsmann trifft
einen anderen, die sich gegenseitig ihren Status absprechen, und die Folge
– man wundert sich gar nicht! – ist Krieg.

Anregungen für den Unterricht:

Es gibt für Kinder einen ähnlich unverbindlichen Raum, nämlich den des
Karnevals. Die Verkleidungen mögen noch so kunstvoll sein, jeder weiß,
dass es wie auf der Bühne auf das phantasievolle Kostüm ankommt. Der
Person in dieser Verkleidung glauben wir alles, obwohl wir genau wissen,
dass dies nicht die dargestellte Figur ist. Über diese Täuschungen sollten
wir die Kinder sprechen lassen und darüber, wie in Texten getäuscht werden kann. Sie selbst könnten sich ähnliche Konstellationen ausdenken,
vielleicht mit Märchenfiguren spielen. Hier lässt sich beispielsweise vorstellen, dass Rotkäppchen oder die Geißlein Hand in Hand mit dem bösen
Wolf spazieren gehen. Das wären dann schon Ansätze zur Parodie.

2. Hans Arp: Märchen

Zum Text:

Es sind Bilder, in denen man sich verlieren kann. Die Vorstellung vom blauen Falter und dem Blau des Himmels mag die Erinnerung nahe legen an einen heiteren Sommertag. Andererseits ist das wohltuende Vergessen nur möglich durch das tiefer- und tiefer Sinken, womit die Nähe zum Traum angedeutet wird. Auch der Titel legt das Unwirkliche nahe.

Anregungen für den Unterricht:

Nicht erklärt werden soll dieser Text, aber die Vorstellungskraft soll angeregt werden. Was stellen wir uns bei diesem Gedicht vor, wie können wir uns selbst in ihm wiederfinden? Der knappe Text fordert geradezu heraus zum freien Malen und Improvisieren. Möglich, dass darin die Farbe Blau eine besondere Rolle spielen kann. Es könnte nach der Wirkung dieser Farbe gefragt werden. Welche Art von Musik passt dazu? Die SchülerInnen könnten eine Musik aussuchen, die das Sinken und Träumen besonders gut wiedergibt, beispielsweise das Stück „Aquarium" aus dem impressionistischen „Karneval der Tiere" von Camille Saint-Saëns.

3. Joseph von Eichendorff: Meeresstille

Zum Text:

Die Faszination des Wasserspiegels, der Blick in die Tiefe eröffnet eine ganze Welt, die nur durch die Kraft der Phantasie entsteht. *Wie ich's oft im Traum mir gedacht* zeigt dieses Eintauchen in eine phantastische Welt. Die typisch romantische Szenerie einer mittelalterlichen Burgruine ist Kulisse für den Seekönig, eine märchenhafte Figur, die natürlich an Barbarossa oder an den wilden Wassermann aus der *Lilofee* erinnert. Alles ist in Dunkel und Schweigen getaucht, was zu dem Märchenzauber erheblich beiträgt. Die durch Daktylen bewegte Sprache gibt dem gesprochenen Gedicht einen magischen Reiz.

Anregungen für den Unterricht:

Einzelne Wörter haben eine starke Wirkung, und einige davon können die SchülerInnen sicher nach dem Zuhören aus der Erinnerung nennen. Auch die Aufforderung „Habt ihr Bilder gesehen während des Hörens?" könnte zur inneren Konzentration und zur Vertiefung der Imagination beitragen. Kein Gedicht zum „Besprechen", eher zum Hören oder zu stillem Lesen, aber auch geeignet zu kreativem Gestalten, beispielsweise zu „Klanginszenierungen", (vielleicht mit Xylophon oder Klanghölzern). Die eindrucksvollen Bilder im Gedicht lassen in ihrer traumartigen Unbestimmtheit Raum für bildnerisches Gestalten, möglicherweise im Zusammenhang mit dem Kunstunterricht, in der die Wahl der Farben, die Komposition u. a. fachgerechter behandelt werden könnten.

4. Gustav Falke: Närrische Träume

Zum Text:

Schon die einleitende Zeile jeder Strophe macht deutlich, dass es sich jeweils um Träume handelt. Im Mittelpunkt fast jeder Strophe steht außer dem See oder dem Meer der Mond, der mal als *Kegelkugel*, mal als Ball ins Meer geworfen wird. Alle Sterne werden gelöscht und eine Stimme ist zu hören: *Wer pustet mir mein Licht aus?* Der absonderlichste Traum ist jedoch die Vorstellung, selbst als Mond im Wasser zu liegen, abgesunken am Meeresgrund und zu beobachten, was an der Oberfläche des Wassers vorbeizieht. Eine Steigerung dieser surrealen Vorstellung ist die Verdoppelung des denkenden Subjekts: Das Mond-Ich denkt sich, es könnte noch jemand zu ihm hinunterblicken und sich über die Erscheinung wundern. Auch die dritte Strophe wirkt sehr unheimlich, weil nicht gesagt wird, was *es* ist: *Da kam was leise auf mich zugegangen, wie auf Zehen ging's.* Der Versuch, sich davor zu verstecken, führt zu neuen Katastrophen, wobei der Eindruck entsteht, dass das Stolpern über Scheune und Kirchen sich eher in einer Spielzeugwelt abspielt. Die ambivalente Wirkung von surrealer Kunst wird hier deutlich: Was so unwahrscheinlich ist, kann einerseits lustig wirken oder andererseits bedrohlich. Der Text trägt äußerlich das Kostüm seiner Entstehungszeit: um die Wende zum 20. Jahrhundert hatte sich Arno Holz mit seiner *Revolution der Lyrik* (1899) dem Impressionismus zugewandt. Wie in seinen reim- und strophenlosen Gedichten ist auch an diesem die Form der Mittelachse erkennbar.

Anregungen für den Unterricht:

Die inhaltliche Wiedergabe des relativ langen Textes mit den vielfältigen Eindrücken stellt schon eine echte Schwierigkeit dar, so dass man zunächst einmal Bilder und Bruchstücke von Träumen aus der Erinnerung sammeln sollte. Die Wirkung auf die ZuhörerInnen wird nicht einheitlich sein. Die einen werden es lustig finden, dass da was umfällt, jemand in den

See fällt, andere werden das Bedrohliche heraushören. Es wäre das enge Netz der Motivwiederholungen herauszuarbeiten; ganze Zeilen und Satzstücke werden immer wieder benutzt. Dass Mond und Ich verschwimmen, wird schon vorbereitet, wird beim Vergleich der Strophen I und III ersichtlich. Und dann gibt es natürlich viel zu malen!

5. Josef Guggenmos: Auf dieser Erde

Zum Text:

Unter dem Titel *Beschämender Traum* stand der Text 1957 in seinem Band für Erwachsene *Gugummer geht über den See*; in seinem *Oh, Verzeihung, sagte die Ameise* (1990) steht der Text wieder unter seinem urprünglichen Titel. Reizvoll ist es, die Funktion der einzelnen Bilder zu beleuchten, die sich zu einem Gesamteindruck von winterlicher Kälte, Unbehaustsein und winterlicher Depression zusammensetzen. Die gedrückte Stimmungslage wird schon in der ersten Zeile mit „*bekümmert*" vorgezeichnet. Sie steigert sich dann in den letzten drei Zeilen dramatisch. In dem Gefühlsausbruch eines der Pferde ist das Ineinander von äußeren Bedingungen und seelischer Verfassung deutlich zu spüren. Auch die Szenerie dient diesem Gesamteindruck: die Schneelandschaft verspricht zunächst ein idyllisches Naturbild, das Eintreten in das Gartenhaus muss als der vergebliche Versuch erscheinen, etwas Wärme und Geborgenheit zu finden, ebenso wie das Kaffeetrinken dort. Dass die Pferde ihre Halfter ausziehen, vermittelt den Eindruck, dass sie sich entspannen wollen. Aber ein Gartenhaus ist eher für den Aufenthalt im Sommer gedacht und bietet bei Kälte nur bedingt einen Schutz. Ein weiteres Bild zeigt sich in der Herbstzeitlosen, deren Name in diesem Gedicht sicher mehr bedeutet als nur eine Pflanzenbezeichnung. In einer Klammer wird ihr Versuch dargestellt, sich vor dem Frost zu schützen, aber ihre *blasslila Augen* verraten, dass ihr das nicht glückt. Ein Blick auf die metrische Gestalt des Textes offenbart eine sehr kunstvoll angelegte Reimfolge: einer Einheit von sechs Zeilen folgen zwei unterschiedlich gebaute Viererreihen, die durch eine Waise getrennt sind. Rhythmisch wird der erste Teil deutlich durch eine kurze Zeile abgeschlossen; mit dem *doch* setzt der zweite ebenso klar ein. Der unregelmäßige Wechsel von alternierenden und daktylischen Takten bringt ein spannungsreiches rhythmisches Gefüge.

Anregungen für den Unterricht:

Der Gedanke müsste vermittelt werden, dass sich Tiere und sogar Pflanzen durch die Kraft sprachlicher Bilder glaubhaft in reflektierende und empfindende Wesen verwandeln können. Durch die Verfremdung gewinnen ihre Aussagen einen besonderen Rciz. Deshalb ist die Frage berechtigt, warum in diesem Gedicht die Menschen durch Tiere und eine Pflanze ersetzt werden. Möglicherweise werden SchülerInnen den komischen Effekt herausfinden, der ja ein Merkmal surrealistischer Kunst ist: das Bedrohliche wird erträglicher, wenn man darüber lachen kann wie über das Bild, wie die Pferde ihre Halfter ausziehen oder im Gänsemarsch durch den Schnee gehen. Dass sie betrübt und ernst über die Zeitumstände reden, zeigt, dass sich Heiteres und Ernstes vereinen lässt in dieser Verfremdung. Wenn das Pferd anscheinend auch noch „falsche Wörter" benutzt wie in der letzten Zeile, so darf gefragt werden, was es denn meint mit *es ist alles so Winter auf dieser Erde.*

6. Frantz Wittkamp: Auf einmal fiel ich aus dem Nest

Zum Text:

Dieser Vierzeiler erinnert an andere Vogelgedichte Wittkamps. Es wird eine Lügengeschichte aufgetischt. Diesmal sollen nicht andere getäuscht werden, sondern man macht sich selbst was vor, was den andern natürlich verborgen bleibt. Wer dieses Ich ist, bleibt im Unklaren. Der Zusammenhang von Fliegen und Nest legt allerdings nahe, dass dieses Ich ein junger Vogel sein könnte. *Ich fiel und fiel* zeigt, dass es sich um einen unendlich langen Vorgang handelt, während das Fliegen noch als etwas anderes gedeutet werden kann, als die Fähigkeit, die Flügel zu bewegen. Die Rolle der anderen, die zwar wussten, dass es so etwas gibt, dies aber immer *verschwiegen* haben, sollte bedacht werden. Das Bild von Frederik (Leo Lionni) drängt sich auf, von dem die anderen Mäuse sagen: „Du bist ja ein Dichter!"

Anregungen für den Unterricht:

Der Text ist wie ein Rätselgedicht zu behandeln. Welche Rätsel gibt es uns auf? Wer ist das „ der da spricht? Wer sind die anderen? Warum verschweigen sie, dass man fliegen kann? Was kann gemeint sein mit *fliegen*? Der (psychoanalytische) Zusammenhang von Fallen und Fliegenkönnen und Träumen kann zur Sprache kommen.

7. Ernst Jandl: ein schulmädchen

Zum Text:

Unweigerlich werden literarische Erinnerungen in Gang gesetzt an Kafkas Fabel von der Maus, die keinen Ausweg mehr sieht. Nur die Katze fehlt hier, ihre Rolle nimmt der Lehrer ein. Dass er wie Käse aussieht, heißt, dass er zunächst einen angenehmen Eindruck hervorruft, aber dann doch dazu beiträgt, dass das Mäuslein in der Falle gefangen wird. All das wird gesehen im Kontrast zu den Ferien, die jetzt *alle* sind.

Anregungen zum Unterricht:

Eindrücke und Gedanken von Kindern nach den Ferien werden gesammelt. Der Verlust von Freiheit wird thematisiert, vielleicht tauchen aber auch positive Gedanken auf. Hier spielen wahrscheinlich auch Schulkameraden eine Rolle, die für einige bedrohlich sein können, nicht nur Lehrer.

Weitere Gedichte:

Inge Meyer-Dietrich: Traumbuch (Großer Ozean)
Paul Maar: Mitten in der Nacht (Großer Ozean)
Hans Manz: Abenteuer in der Nacht (Großer Ozean)

XIV. Märchenhafte Gedichte

Die Gedichte sind nicht „märchenhaft" oder „sagenhaft" in der Bedeutung, die diese Wörter im Alltag angenommen haben, sondern ihre Stoffgrundlage ist das Märchen. Während Sagenstoffe recht häufig in die Gedichtform gegossen wurden, man denke nur an Kopischs *Die Heinzelmännchen* oder die vielen Balladen, scheint sich das Märchen dem zu entziehen. Hie und da finden sich einzelne Märchenmotive in der Erwachsenenlyrik, aber ganze Märchengedichte sind selten. Neben einigen Märchenliedern z.B. *Hänsel und Gretel verirrten sich im Wald* stößt man in einigen Anthologien lediglich auf Manfred Hausmanns *Die Bremer Stadtmusikanten* (1960). Erst der Boom der Märchenparodien und Anti-Märchen in den 70er Jahren mit *Wer hat Dornröschen wachgeküsst?* (1972) von Iring Fetscher und *Janosch erzählt Grimms Märchen* (1972) brachte ein paar „märchenhafte Gedichte". Interessanterweise stammen sie fast ausschließlich aus dieser Zeit, aus den ersten drei Jahrbüchern der Kinderliteratur von Gelberg. Ein ganz frühes Beispiel finden wir bei dem DDR-Autor Franz Fühmann, der 1962 mit *Lob des Ungehorsams* antiautoritäre Töne vorwegnimmt. Selbstverständlich greift man zu den bekanntesten Märchen, weil Parodien die Kenntnis des Grundtextes voraussetzen. Dass die wenigen Beispiele kaum den Weg in die Lesebücher und Schulanthologien gefunden haben, dürfte weniger daran liegen, dass der Literaturunterricht grundsätzlich sich mit dem Lächerlichmachen der Kulturgüter der Nation schwer tut, sondern dass sie durch die politische Aufmüpfigkeit der 70er Jahre geprägt sind. Unbeachtet geblieben ist ein ganzer Band mit Märchengedichten: Bernd Lunghard hat 1991 ein Märchenratebuch geschrieben. *Eine Frau aß gern Radieschen* nennt die Titel nur im Register; die jeweils zwei Vierzeiler verraten sich vielleicht nur durch die Illustrationen.

1. Josef Wittmann: dornresal / Dornröschen

Zum Text:

Extrem kurze Zeilen mit entsprechenden kurzen Aussagen, Aufzählungen, Auslassungszeichen und dem Zeichen & statt *und* sind besondere Kennzeichen für dieses Gedicht, das auch in einer Mundartfassung existiert. (vgl. das Mundartgedicht *Märchen* von Kurt Sigel in Dencker 1995:

311) Es legt nahe, dass märchenhafte (auch mädchenhafte) Träumereien keinen Platz haben in einer Zeit, in der es um den Erhalt des Arbeitsplatzes geht. Der Traum vom „richtigen" Mann wird hier als albern entlarvt. In Zeiten, in denen man sich ganz nach Belieben wieder scheiden lassen kann, kommt es nicht wie früher auf den einzig Richtigen an. Auch die Sprache ist nüchtern und signalisiert Realitätsnähe. Das Gedicht wird also in den heutigen Alltag übertragen und wird dadurch zur Parodie.

Anregungen für den Unterricht:
Aus dem Text werden die Motive und Situationen herausgesucht, die mit dem ursprünglichen Märchen übereinstimmen. Versuche dieser Art ließen sich auch mit anderen Märchen ausprobieren. Kinder könnten daran das Spiel mit der Parodie begreifen, das aus einer allseits bekannten Erzählung (meist sind es Märchen, vielleicht auch Fabeln) eine Fassung herstellt, die mit komischen Effekten aufwartet. Der Vergleich der Mundartfassung mit der hochdeutschen führt vielleicht zu einer in der Heimatmundart der Kinder.

2. Karlhans Frank: Eine berühmte Prinzessin

Zum Text:
Zwei gereimte Zweizeiler erzählen lapidar und nüchtern das Märchen von Dornröschen nach, der dritte Zweizeiler paraphrasiert nur die Schlussformel aller Märchen: „Und wenn sie nicht gestorben sind ..." Vorlage zu diesem Text ist das bekannte Kinderlied *Dornröschen war ein schönes Kind.* Dies wird stark verkürzt und dabei banalisiert. Die alltagssprachliche Formulierung *was weiter wurde aus der Frau* zeigt die Kernaussage, dass aus dem Märchen nun wirklich nichts Erzählenswertes herauszuholen ist. Der Text könnte als Beispiel dafür gelten, dass viele Menschen unfähig zum Erzählen sind und aus dem besten Erzählstoff nur ein mageres Ergebnis erzielen.

Anregungen für den Unterricht:
Die Nacherzählung von Geschichten könnte Ausgangspunkt für die Betrachtung dieses Textes sein. Während einige ausführlich erzählen, wollen andere ganz schnell fertig sein. So geht es auch in diesem Gedicht. Dass Dornröschen ein schönes Kind war, scheint dem Verfasser nicht wichtig zu sein, ebenso wie der hundertjährige Schlaf. Hier könnte das Gegenteil von Übertreibung deutlich werden. In welchen Situationen wird „unter-

trieben"? Andererseits kann der Autor sicher sein, dass diese Geschichte so bekannt ist, dass man sie nicht noch einmal ausführlich erzählen muss. Aber es könnte doch sein, dass wir einiges für erzählenswert halten?

3. Richard Bletschacher: Neues vom Rumpelstilzchen

Zum Text:

Was aus dem Rumpelstilzchen wird, nachdem es sich in einem Anfall von Jähzorn auseinander gerissen hat, wird auf eine humorvolle Weise Inhalt dieses Gedichts. *Jähzornig ist es von Natur* ist der Kernsatz, und „was lehrt uns die Geschichte?" könnte man gleich hinzusetzen. Das Rumpelstilzchen wird sich das nächste Mal überlegen müssen, *ob es sich lohnt, sich aufzuregen.* Für jüngere Kinder wird diese Figur zum Kürzel werden für unbeherrschtes Verhalten, mit dem man sich selbst schaden kann.

Anregungen für Unterricht:

Es empfiehlt sich nicht, den Lehrgehalt des Gedichts allzu sehr in den Mittelpunkt des Unterrichts zu stellen. Eher sollten die komischen Elemente beleuchtet werden: Rumpelstilzchen, zwar geteilt in zwei Hälften und dadurch verdoppelt im Krankenhaus, im Doppelbett, das ihm freundliche Schwestern gegeben haben. Dies könnte auch Anlass zum Malen werden oder zum Weitererzählen. Stellt euch das Zimmer im Krankenhaus vor, das Bett, in dem die beiden Teile des Rumpelstilzchen liegen. Die Übertragung in den Alltag kann wenigstens angedeutet werden. Wann sagt man: „der benimmt sich wie ein Rumpelstilzchen"?

4. Wolfgang Bächler: Märchen

Zum Text:

Drei prosaartige Sätze, die jeweils zwei Zeilen füllen, deuten das Märchen vom Froschkönig um. Im Mittelpunkt steht *der goldene Sonnenball,* der zwar in den Brunnen fällt, am Morgen aber wieder zu dem wird, was er am Anfang war, Sinnbild für die Sonne. Die neben dem Froschkönig wichtigste Person des Märchens, die Prinzessin tritt nicht in Erscheinung. Der Froschkönig holt nur den Ball aus dem Brunnen und wirft ihn in den Himmel. Der Titel des Gedichts trifft also nur bedingt auf den Inhalt zu, soll aber offenbar den Zugang zu einem mythischen Geschehen eröffnen.

Anregungen für den Unterricht:
Der Rätselcharakter des Textes könnte zu einer Reihe von Fragen führen: warum nennt der Dichter dieses Gedicht *Märchen*? Will er das Märchen vom Froschkönig nachdichten? Welche Elemente und welche Personen fehlen in diesem Handlungsgefüge? Worauf kommt es ihm an, und warum verknüpft er dies mit dem märchenhaften Geschehen? Daneben wird die Frage nach der Form, der Notwendigkeit oder Schlüssigkeit der Zeilenbildung zurücktreten.

5. Elisabeth Borchers: November

Zum Text:
Es kommt eine Zeit, so beginnt jedes Gedicht des Zyklus, mit dem Elisabeth Borchers 1965 in *Und oben schwimmt die Sonne davon* dem *Kleinen Kalender* von Weinheber und Kästners *Die dreizehn Monate* einen weiteren lyrischen Kalender hinzufügte. Das klingt stereotyp wie „Es war einmal" und naturgegeben wie „so wird es immer sein". Das Bild der herbstlichen Natur ist sparsam gezeichnet *da lassen die Bäume ihre Blätter fallen*. Die Leblosigkeit und Passivität tritt deutlicher hervor als in dem allzu bekannten *die Blätter fallen*. Das ruft jedoch nicht Trauer und Gedanken an Einsamkeit hervor. Vielmehr rücken Häuser und damit die Menschen näher zusammen, der rauchende Schornstein ist nicht nur Zeichen menschlichen Lebens (vgl. Brechts *Der Rauch*), sondern der Wärme, der Geselligkeit, des Heimeligen. Der Wechsel der Jahreszeit kündigt sich darin an, dass *die Tage klein und die Nächte groß* werden. *Groß* im Kontext von Nacht ist ungewöhnlich. Der Leser stutzt und nimmt die Aussage nicht als vordergründige Mitteilung. Die Nächte gewinnen an Fülle, nicht nur an zeitlicher Länge. Die Abende verselbständigen sich, indem sie Namen tragen; sie werden zu Märchen. Allein das Nennen der Titel ruft eine Fülle von Vorstellungen wach. Mit einem Minimum an Mitteln wird die Stimmung im häuslichen Bereich gezeichnet, der Phantasie des Lesers Raum gelassen. Nur als poetisches Bild und daher letztlich rational unerklärbar erscheint der geheimnisvolle Stern, den niemand sieht und der doch da ist. Er sitzt *auf der Fensterbank*, erfasst also die reale Umwelt. Außer der letzten zeigen alle Strophen einfache Reihungen, die eine bewusste Einfachheit der Form bewirken. Die Verknüpfung von *eine Zeit* mit *da* statt des korrekteren *in der* klingt altertümlich, aber auch Kinder beginnen ihre Sätze mit *da* oder reihen sie mit *und* aneinander wie in der

zweiten Strophe. *November* lebt in besonderer Weise von dem Ineinander von Naturbetrachtung und menschlicher Empfindung. Die Flüchtigkeit des Daseins und der Zeit spiegelt sich im Absterben der Natur. Das ruft im Menschen eine melancholische Stimmung hervor. „Die Natur ist deutbar auf den Menschen hin, der Mensch verständlich wie die Natur. Diese Binsenwahrheit steht am Anfang aller Poesie, sie ist ihr Urelement und nur scheinbar eine Binsenwahrheit" (Killy 1972: 8). Mit Walther Killy muss davon abgeraten werden, Liebe zur Natur als Voraussetzung der Gedichtbetrachtung zu deklarieren noch gar sie mit dem Gedicht wecken zu wollen. Seine Überlegungen decken sich mit unseren didaktischen Zielsetzungen. Das Naturbild kann wie jedes lyrische Bild für etwas anderes stehen. Mit seiner Hilfe wird versucht, menschliches Sein zu deuten. Diese Zusammenhänge gilt es erfahrbar zu machen. Die LeserInnen sollen nicht in Stimmung *versetzt* werden, sondern Stimmungsträger *erkennen*: fallendes Laub, Nennen von Märchen etc.

Anregungen für den Unterricht:

Wie der November mit seinem schlechten Wetter sich auf das menschliche Leben auswirkt, kann im kindlichen Erfahrungsbereich aufgesucht werden. Die Kinder berichten von Spielen im Haus, die Spiele im Freien abgelöst haben. Das Gedicht lässt einen deutlichen Gegensatz zwischen Draußen und Drinnen erkennen. Die kurzen Sätze der ersten Strophe wollen nicht nur erzählen, wie es draußen aussieht, sie sagen mehr. Beispiel: *Aus dem Schornstein kommt ein Rauch.* Man könnte es als Zeichen dafür nehmen, dass geheizt wird. Ist das schon alles? Zweites Beispiel: *Die Häuser rücken enger zusammen.* Die logische Richtigkeit dieses Satzes wird geprüft, die dichterische Stimmigkeit des Bildes bestätigt. Ebenso könnte *groß* in Zeile 5 ersetzt werden durch *lang*. Der Zusammenhang zu den Abenden, die einen Namen tragen, könnte hergestellt werden. Auch Tage haben Namen, die im Kalender stehen (Wochentage, Heiligenkalender). Die Kinder suchen sie. Im Gedicht aber hat die Autorin die Abende benannt. Die Namen sollen Vorstellungen wachrufen, dürfen aber nicht zu Märchennacherzählungen führen. Mögliche Illustrationen können nur das Draußen wiedergeben. Wie es im Menschen aussieht, vermag nur das Gedicht zu sagen.

Weitere Gedichte:

Josef Wittmann: Hänsel und Gretel (Großer Ozean)
Gerald Jatzek: Rumpelstilz sucht Freunde (Großer Ozean)
Michael Kumpe: Schneewittschen (Wundertüte)
Michael Ende: Ein sehr kurzes Märchen (Wundertüte)

Literatur

Dencker, Klaus Peter: Deutsche Unsinnspoesie. Stuttgart: Reclam 1978, durchges. Ausgabe 1995

Fetscher, Iring: Wer hat Dornröschen wachgeküsst? Das Märchenverwirrbuch. Hamburg: Claassen 1972

Janosch: Janosch erzählt Grimm's Märchen und zeichnet für Kinder von heute. Fünfzig ausgewählte Märchen. Weinheim: Beltz & Gelberg 1972

Killy, Walther: Elemente der Lyrik. München: Beck 1972

Lunghard, Bernd: Eine Frau aß gern Radieschen. 23 Märchenrätsel. Ill. Klaus Müller. Berlin: Altberliner Verlag 1991

XV. Stimmungen im Gedicht

Während einerseits im Alltagssprachgebrauch „lyrisch" und „stimmungs-
voll" synonym sind, für Staiger Lyrik gesehen wird als „Dichtung der Einsamkeit, welche nur von einzelnen Gleichgestimmten erhört wird" (zit.
nach Burdorf 1997: 5), sind Erlebnis, Stimmung und lyrisches Ich für Burdorf „drei problematische Kategorien" (Burdorf 1997: 182 ff.) Der Begriff
„Stimmung" wird denn auch von uns nicht als Gattungsmerkmal verstanden, sondern nur auf bestimmte Texte bezogen, die in der Literaturwissenschaft als „Stimmungslyrik" bezeichnet werden. Der Stimmungsbe-
griff wurde im 18. Jahrhundert aus der Musikwissenschaft generell auf ästhetische Phänomene übertragen; für die Gedichtanalyse hat er „nur als
Mittel einer vorläufigen Beschreibung schwer zu verbalisierender Text-
eindrücke seinen Platz" (Burdorf 1997: 185). Für Killy gehört Stimmung
zu den Elementen der Lyrik; damit folgt er der einschränkenden romantischen Poesiekonzeption, die vor allem auf moderne Lyrik nicht zutrifft.
Wie die Texte der Reihe zeigen, lassen sich Stimmungen vor allem an der
Naturlyrik nachweisen. „Die Lyrik lebt also vom Naturbild und bedarf
seiner auch noch in Zeiten, da das unmittelbare Verhältnis zur Natur ge-
schwunden ist. Sie nutzt es nicht, weil Natur schön ist … Sie will vielmehr
mit dem Materiale der Natur das Thema Mensch fassen, und womit sonst
sollte ihr das gelingen? Es geht der Lyrik keineswegs um Stimmung, sondern um Begreifen der Welt auf dichterische Weise" (Killy 1972: 9). Das
Naturbild kann wie jedes lyrische Bild für etwas anderes stehen. Mit seiner Hilfe wird versucht, menschliches Sein zu deuten. Diese Zusammenhänge gilt es erfahrbar zu machen. Mit welchen Mitteln? Keineswegs damit, dass man von außen eine Stimmung aufbaut, denn hier wird nicht Di-
stanzlosigkeit als Inbegriff des Lyrischen intendiert, weshalb „der Laie
der Poesie nicht ohne Einstimmung zu nahen wagt". (Killy 1972: 118)

1. Elisabeth Borchers: September

Zum Text:

September ist Inbegriff des Lyrischen, Metapher für Fülle und Vollen-
dung, aber auch für Abschiednehmen vom Sommer und damit mit Wehmut belastet. Die positiven Bilder von reifen Früchten in ihren prächtigen
Farben überwiegen in der ersten Strophe. Das Phänomen, dass die Sonne

ihre Kraft verliert und weniger lange scheint, wird in der zweiten Strophe in mehreren bildkräftigen Vergleichen verdeutlicht (*Orange, Taler, Knopf*). Es wird sozusagen immer neu angesetzt, um die Verkleinerung noch einmal anders darzustellen und schließlich das Verschwinden der Sonne so zu zeigen, dass sie wie ein Ball *rollt übers Dach/rollt hintern Berg*. Die letzte Zeile ist eine nüchterne Feststellung, also kein Abgesang wie in impressionistischer Lyrik. Dennoch liegt auch darin etwas Endgültiges, das nicht gerade fröhlich stimmt. Auch die erste Zeile mit ihrem fast ritualisierten Anfang aller Monatsgedichte aus diesem Zyklus *Es kommt eine Zeit* hat etwas von den ehernen Gesetzen des jahreszeitlichen Ablaufs, an denen nicht zu rütteln ist.

Anregungen für den Unterricht:
Auszugehen wäre möglicherweise von einem Auftrag zu einem Monatsbild. Was könnte für diese Zeit besonders gut passen? Sollte es ein farbenfrohes, fröhliches Bild sein oder eher den Abschied vom Sommer zeigen? Die Kinder werden je nach Witterung mehr zum einen oder mehr zum anderen neigen. Bei der Textbetrachtung sehen sie wohl beide Tendenzen und können sie benennen. Die verschiedenen Bilder des Gedichts rufen sicher auch die Lust zum bildnerischen Gestalten hervor und zum sprachlichen Deuten des Gemalten.

2. Hans Georg Bulla: Sommertage

Zum Text:
Bilder und Vorstellungen vom Sommer und seinen Freuden entstehen besonders in den ersten vier Zeilen: vom Sitzen im Schatten der Bäume ist die Rede, vom Kirschenessen. Danach wird das Wohlbehagen, das entsteht, wenn Menschen sich im Freien aufhalten können, durch das *Reden* und das *schönere Schweigen* skizziert. Auch das *aus der Hand … in den Mund* signalisiert die Leichtlebigkeit in dieser Zeit. Aber diese Sommerseligkeit wird ein Ende haben, und es fragt sich nur, was davon mitgenommen werden kann in die *Winterzimmer*.

Anregungen für den Unterricht:
Hier kann versucht werden, die Erinnerung an vergangene Ereignisse und Erlebnisse von Jugendlichen zu evozieren, in denen emotionale Elemente zum Ausdruck kommen: die Stimmung an einem Sommerabend, der Eindruck von einer Reise, die Begegnung mit Menschen, die Wehmut

nach einem Fest. Die SchülerInnen erinnern sich an die Fotos vom letzten Urlaub. Warum brauchen Menschen solche Fotos? Wie reden sie darüber? Warum zeigen sie sie anderen Leuten? Im Text ist es ähnlich. Der Autor (sprich *wir*) nimmt auch Bilder mit in die *Winterzimmer*. Es sind aber nicht nur Bilder zum Anschauen, sondern es sind auch *Hörbilder*. Was ist fcstgehalten in der Erinnerung?

3. Gerhild Michel: Ein Frühlingstag

Zum Text:

Begriffe wie *Dunkelheit, Eiszapfen, Schnee* gehören zum Winter, den man abschütteln will. *Hunger nach Sonne* wird später abgewandelt in *hungrig nach Sonne/hungrig nach vielen Leben*. Das ist das Lebensgefühl, das auch die verkleideten Figuren im Faschingstreiben erfüllt. Eindrücke von diesem Trubel erzeugt in der Aufzählung der Figuren eine übermütige Stimmung. *Wir gehen durch die Luft/heut wird sie uns tragen* zeigt diesen Glückszustand, der vielleicht etwas mit Schweben zu tun hat. Auch das Bild von den Papierschlangen, die *über die Dächer unserem Nachbarn ins Fenster* geworfen werden, zeigt die wunderbare Stimmung derer, die jetzt den Winter hinter sich lassen wollen.

Anregungen für den Unterricht:

Dieses Gedicht ist an die Ereignisse des Karneval gebunden und kann nur in dieser Zeit mit seiner besonderen Stimmung von Kindern und Jugendlichen nachempfunden werden.

Sie ist geprägt von den Schwankungen des Wetters, von Krankheiten und Unpässlichkeiten, auch von der Unlust vieler SchülerInnen, in dieser Zeit konzentriert zu lernen, andererseits von der Erwartung der helleren, wärmeren Jahreszeit. Frage: Warum wollen gerade in dieser Zeit die Menschen ausbrechen aus ihrer Ordnung? Dazu ist vielleicht ein Vergleich mit der Zeit im Herbst hilfreich (Totensonntag; Volkstrauertag). Welche Stimmung macht sich breit, wenn das Jahr zuende geht, und welche im Vorfrühling? Die Elemente werden aus dem Text herausgesucht, die etwas mit Chaos und Unordnung zu tun haben. Beispiel: Die Papierschlangen bewirken einerseits Buntheit, andererseits Unordnung. All diese Stimmungen könnten im Gespräch oder in Bildern und Zeichnungen artikuliert werden, die wie im Gedicht sich aneinander reihen oder zu einem Gesamtbild zusammensetzen.

4. Gustav Falke: Winter

Zum Text:

Winterlandschaft und Mondnacht sind die Requisiten, die eine Theaterkulisse von schauriger Schönheit suggerieren. Das Bild in der ersten Zeile mit seinem wiederholenden *ein weißes Feld, ein stilles Feld* zeigt ohne jedes Verb etwas Statisches. Erst in den folgenden Zeilen geschieht etwas, wenn auch sehr langsam und fast nicht wahrnehmbar. Auch hier ein zweimaliges *hob*, das den Vorgang quasi in die Länge zieht. Nur das Veilchenblau der Wolkenwand lässt angenehme Assoziationen aufkommen, sonst gibt es nur düstere Vorstellungen. Dies verdeutlichen auch die Adjektive (*rot, düster, heiser, gespenstig, dunkel, schwarz*). Eine Erinnerung wird beschworen, wie das Präteritum andeutet. Das regelmäßig alternierende Metrum, die langen Vokale und die weiten Satzbögen geben der Szenerie Ruhe und eine schaurige Stimmung.

Anregungen für den Unterricht:

Die sehr einprägsamen Bilder werden aus der Erinnerung zitiert. Welche Stimmung vermittelt das Gedicht und wie entsteht eine solche Stimmung? Dazu muss das Vokabular näher betrachtet werden: die Art der Verben, der Adjektive in ihrer Funktion der Beschreibung. Welche Rolle spielen dabei die Vokale, welche die Konsonanten? (*Klang einer Krähe heisres Krah*) Welche Wirkung haben die harten Konsonanten? Wie würden die Bilder in einem Film auf uns wirken? (besonders der schwarze Vogel!) Welche Art von Filmhandlung könnte man sich dabei vorstellen?

Weitere Gedichte:

Eduard Mörike: Septembermorgen (Wundertüte)

Eduard Mörike: Er ist's (Wundertüte)

Mattias Claudius: Der Mond ist aufgegangen (Wundertüte)

Literatur

Burdorf, Dieter: Einführung in die Gedichtanalyse. Stuttgart: Metzler 1995. 2., überarb. und aktualisierte Auflage 1997 (Sammlung Metzler 284)

Killy, Walther: Elemente der Lyrik. München: Beck 1972

XVI. Gedichte zum Nachdenken

Nicht erst seit dem durchschlagenden Erfolg von Jostein Gaarders *Sofies Welt* (1993) wissen Eltern und LehrerInnen, dass Kinder nicht nur Spiel und Spaß lieben, nicht nur das Idealbild von Unschuld, Naivität und Realitätsferne verkörpern, sondern sich sehr wohl mit den ernsten Fragen des Lebens, ihres Lebens auseinandersetzen. Nicht „Kinderphilosophie" wollte Roland Simon-Schaefer seiner 12jährigen Tochter bieten, sondern seine *Kleine Philosophie für Berenike* (1996) will Philosophie so vorführen, „dass sie von einem Kind und damit von allen Kindern und Jugendlichen verstanden werden kann" (Simon-Schaefer 1996: 13). Ganz praktische Vorschläge zum Gespräch mit Kindern macht Eva Zoller Morf mit *Philosophische Reise* (1998), gibt weiterführende Literatur und Kontaktadressen zur Kinderphilosophie. Für die Kinderlyrik muss eine Binsenwahrheit erst hervorgezogen werden: Literatur kann unter anderem auch die Funktion haben, Reflexion über existentielle und ethische Fragen anzustoßen und damit zur Selbstfindung beizutragen. Besonders jüngere Kinder verlangen von Erwachsenen fertige Antworten, und es ist oft schwer, ihnen einerseits die Sicherheit zu geben, die sie erwarten, andererseits sie daran zu gewöhnen, Unsicherheit auszuhalten und ihnen klarzumachen, dass diese Fragen nur unvollkommen beantwortet werden können. Methodisch ist ein Vorgehen in diesem Bereich schwer zu planen. Es kommt hier noch mehr als bei anderen Inhalten auf Konzentration und ein vertrauensvolles Klima in der Lerngruppe an. Ein Gespräch ist vielleicht mit geschickten Denkanstößen zu provozieren. Dennoch sollte vermieden werden, das Gedicht lediglich als Sprechanlass zu missbrauchen. Es muss immer auch als das vorgestellt werden, was es ist: Gedanken, Erfahrungen sind in eine Form gebracht, die sie auch anderen zugänglich machen.

1. Michael Ende: Ein Schnurps grübelt

Zum Text:

Es ist kaum bekannt, dass Michael Ende nach den Erfolgen seiner *Jim Knopf* – Bücher (1960 und 1962) 1969 eine Sammlung mit Gedichten veröffentlicht hat *Das Schnurpsenbuch*. Der Titel des Gedichts mit dem lustigen Namen *Schnurps* steht in Kontrast zu der Ernsthaftigkeit des Inhalts, der in der Überschrift mit Grübeln bezeichnet wird. Jedes Kind stellt sich oder den Erwachsenen die Frage, wo Menschen hinkommen, wenn sie tot sind. Die Antwort klingt relativ einfach: *ich bin dann halt wieder dort,/wo ich vorher gewesen bin.* Das hört sich auch tröstlich an, zumal in den ersten beiden Strophen der vorherige Zustand als völlig normal beschrieben wird: alles gab es schon, *bloß ohne mich.* Nur eine Frage lässt sich hier und jetzt nicht beantworten, wo man denn selbst vorher gewesen ist. Aber auch dieses Problem löst sich *dann* von allein: *Das fällt mir dann bestimmt wieder ein,* und beruhigend wird hinzugesetzt: *Ja, so wird es sein!* Die Vorstellungen eines Erwachsenen über Tod und Vergänglichkeit und sein eigener Versuch, sich mit all dem abzufinden, werden in gereimter Form in die Sprache eines Kindes übersetzt und dadurch für Kinder verständlich. Aber auch für Erwachsene werden diese Gedanken einsichtig sein.

Anregungen für den Unterricht:

Die Vorstellung von einem Kinderzimmer mit Spielzeug und Büchern, in dem nur das Kind fehlt, führt vielleicht im Unterrichtsgespräch zum eigentlichen Thema: Ein anderes Kind könnte zwar von allem Besitz ergreifen, auch den Namen des eigentlichen Kindes erhalten, aber wo ist das Ich, das aus dem Text spricht? Ist es austauschbar? Dieser Gedanke führt unmittelbar zur Frage der Identität und zum Woher und Wohin, womit Menschen sich auseinandersetzen müssen. Beantworten lassen sich diese unauflösbaren Rätsel nicht. Sicher ist dieses Gedicht nicht zu jedem beliebigen Zeitpunkt Kindern zugänglich zu machen, wie auch Erwachsene nicht immer bereit sind, sich mit schwierigen Gedanken zu beschäftigen.

2. Martin Auer: Zufall

Zum Text:

Das Nachsinnen über die eigene Identität, die Unverwechselbarkeit der eigenen Person, ist das Thema dieses Gedichts. Das „Ich" dieses Textes stellt sich vor, nicht auf der Welt zu sein. Daran knüpft sich die Frage: *Und würd' mich irgendwer vermissen?* Das ist in der Tat für viele Kinder eine bittere Erkenntnis, unter der sie sehr leiden können, dass sie ungewollt auf die Welt gekommen sind, also keine „Wunschkinder" sind, deren Eltern also ganz zufrieden ohne sie leben könnten. Aber um dieses psychologisch schwierige Thema geht es hier vorrangig nicht, sondern um die Frage, was an diesem Ich nicht austauschbar ist, wenn schon Spielzeug, Kleider und sogar der Name an ein anderes Kind weitergegeben werden können.

Anregungen für den Unterricht:

Bei der Texterschließung wird schon deutlich, dass Lehrende hier mit besonderer Rücksichtnahme auf die private Sphäre der Kinder vorgehen müssen. Es empfiehlt sich, den Inhalt möglichst auf eine Modell-Person zu projizieren, damit nicht der Eindruck entsteht, dass über konkrete häusliche Verhältnisse einzelner SchülerInnen gesprochen wird. Auch hier wird wieder das Problem der Austauschbarkeit bzw. der Identität zur Sprache gebracht. Es sollte deutlich werden, dass Geschwister zwar die gleichen Eltern und auch die gleichen häuslichen Verhältnisse haben, dennoch aber vollkommen verschieden sein können. Wie äußert sich das im konkreten Fall? (Ich mag Sport, mein Bruder nicht; er liest gern, ich …) Bei all diesen Verschiedenheiten sollte schon deutlich werden, dass es bei jedem Kind um einen liebenswerten Menschen geht.

3. Max Kruse: Zeit-Wörter

Zum Text:

Was zunächst wie ein Spiel mit der Konjugation des Verbs *sein* in Präsens und Imperfekt aussieht, entpuppt sich als ein Text zum Thema Vergänglichkeit der Zeit. Schon der Titel ist im Blick auf den Inhalt doppeldeutig. Es geht nicht nur um den grammatikalischen Begriff, sondern um Wörter, die etwas über das Vergehen von Zeit aussagen. Wie Mörike in seinem Gedicht *Um Mitternacht* (Reihe II) versucht Kruse zu fassen, was zwischen Jetzt und Vorbei liegt, was wie *ein Wirbelwind von Jahren* vergeht; aber in der Abfolge von Zeitformen wird deutlich, dass es doch nicht zu fassen ist, am deutlichsten in den beiden Zeilen *das ist/das wird gewesen sein*. Die kurzen Zeilen geben dem Text etwas Atemloses, Flüchtiges.

Anregungen für den Unterricht:

Wie kann man das Vergehen von Zeit darstellen? Mit bildnerischen Mitteln, mit Sprache könnten eigene Versuche vorbereitend zum Text führen. Auf einer „Zeitlinie" könnten die grammatikalischen Zeitangaben angeordnet werden. Ob und in welchem Umfang Kinder, auch wenn sich das Gedicht dezidiert an sie wendet, das Problem der Zeit, die Zeit als vorbeirauschenden Wirbelwind erkennen können, muss in der jeweiligen Unterrichtssituation neu geklärt werden.

4. Susanne Kilian: Irgendwann fängt etwas an

Zum Text:

Es wird einem geradezu schwindlig, wenn man die sechs Zeilen liest: mit den Zeitdimensionen wird jongliert, und man hat Schwierigkeiten, einen Fixpunkt zu finden und das Durcheinander logisch zu ordnen. Andererseits wird unerbittlich Anfang und Ende thematisiert, damit an den Prediger Salomon erinnert (*Ein jegliches hat seine Zeit ...*). Die Flüchtigkeit der Zeit erscheint im Bild der changierenden Zeitbezüge. Die letzte Zeile hat einerseits etwas Bedrohliches, Gefährdendes, wenn man an das Schwimmen des Schiffes auf dem Meer denkt, andererseits kann sie auch Aufbruch signalisieren, den Anfang einer Reise.

Anregungen für den Unterricht:

Im Unterricht könnte über Erfahrungen mit der Zeit gesprochen werden. Wann vergeht Zeit schnell, wann vergeht sie langsam? Wo gibt es „Zeitschnitte", wie erleben wir sie? Erinnerungen an Jahresende und Jahresanfang, an den Beginn und das Ende einer schönen Reise, einer Theatervorstellung könnten Impulse sein, die zum Text hinführen. Das Spiel mit gestern – heute – morgen ließe sich fortsetzen; Versuche, das logische Geflecht aufzudröseln und anderen zu erläutern, machen Kindern sicher Spaß. Das Bild vom Schwimmen auf der Zeit könnte aufgeschlüsselt werden. Auch hier geht es nicht um Erklärungen, sondern um Versuche, sich etwas Abstraktes vorzustellen, was im Gedicht als Bild erscheint.

5. Dorothee Sölle: Auf die frage was glück sei

Zum Text:

Was zunächst wie eine grammatische Übung in Konjugationen und Modi aussieht, stellt sich schließlich als eine konkrete Situation dar: ein Telefonanruf und *vor glück weinen* stehen in einem Folgezusammenhang, der in allen Möglichkeiten durchgespielt wird, bis hin zur Nicht-Realisierung: *wenn du anrufen hättest wollen.* So beantwortet schließlich die letzte Zeile die Frage aus der Überschrift. Der mögliche Anruf ist wohl auf dem Hintergrund *der alles beherrschenden kälte* für das lyrische Ich von ungeheurer Wichtigkeit. Der Text, der ohne Satzzeichen und nur in Kleinschreibung im ersten Augenblick unübersichtlich erscheinen mag, wird gegliedert durch den Sinnzusammenhang der Zeilenpaare und durch den Rahmen, den Titel und letzte Zeile ergeben.

Anregungen für den Unterricht:

Sicher drängen sich unmittelbar Fragen auf: Wer könnte das sein, der oder die anrufen soll? Warum ist mancher Anruf so wichtig? Gibt es bei Kindern auch solche Anrufe? Man hat beispielsweise sehnlichst auf die Einladung zu einem Fest gewartet oder auf den Anruf nach einem Streit, in dem man so verletzt wurde, dass man selbst nicht anrufen kann. Warum kann ein solcher Anruf glücklich machen? Eine Verständnishürde stellt die vorletzte Zeile dar: *gemessen an der alles beherrschenden kälte*. Sie signalisiert die Gleichgültigkeit in den Beziehungen und kann für Kinder nur mit Sinn gefüllt werden durch vorstellbare reale Situationen ihres eigenen Lebens. In den Kontext von *kälte* passt denn auch das immer wiederkehrende *vor glück weinen*, das vielleicht für Kinder zunächst paradox klingt.

6. Franz Hohler: Sprachlicher Rückstand

Zum Text:

Ein Einfall, eines Kabarettisten würdig! Der Ausdruck *Die Sonne geht auf* wird auf seinen physikalischen Wahrheitsgehalt geprüft und für falsch erachtet: nichts als ein nüchternes Exempel für den Sprachunterricht, wenn nicht die Pointe käme. Die beiden wichtigsten Zeilen ragen an exponierter Stelle heraus: *die Sonne geht auf* und *die Welt geht unter* (nicht die Erde!). Letzteres ist doppeldeutig, denn es kann ebenso heißen: die Welt geht zugrunde. In dem Text wird also nicht eigentlich die kopernikanische Wende diskutiert, der die Sprache nicht gefolgt ist, sondern aus der semantischen Besonderheit von *auf-* und *untergehen* ein Ton von Weltuntergangsstimmung abgeleitet.

Anregungen für den Unterricht:

Die größte Schwierigkeit fürs Verstehen ist sicherlich, die Überschrift mit dem übrigen Text in Zusammenhang zu bringen. Gemeint sind nicht veraltete Wendungen, die in der heutigen Realität keine Entsprechungen mehr finden wie z. B. die Fachsprache untergegangener Berufe. Die Kopernikanische Erkenntnis müsste zunächst erklärt werden. Was hat der Kopernikus gesagt? Wie haben die Leute darauf reagiert? Warum hat sie das erschreckt? Die beiden herausragenden Zeilen könnten mit passenden Farben umrandet oder unterlegt werden. (orange oder gelb für *die Sonne geht auf* und dunkelblau oder schwarz für die Zeile *die Welt geht unter*) Vielleicht führt dies schon zu der erwähnten weiteren Bedeutung dieses Satzes. Überhaupt könnten Beispiele für das Wörtlichnehmen und Übertragen von Bedeutungen das Grundmuster des Textes klären helfen (vgl. Bofingers Bilderbuch *Die Zitrone drückt sich gut aus*). Erst auf diesem Hintergrund kann die Einsicht entstehen, wo das Spezifikum des Gedichts liegt: das Sprechen über Himmel und Erde mit Hilfe von Übertragungen und Wortspielen.

7. Christine Nöstlinger: Mein Gegenteil

Zum Text:

Die „Selbstvergewisserung" *Ich bin mir sicher* gerät in diesem Text immer mehr zum Zweifel, denn auf die Spitze getrieben, bedeutet das genaue Gegenteil dessen, was man selbst ist, die Selbstauflösung und Verneinung. Die Suche nach dem positiven Alter Ego wird ad absurdum geführt durch die Frage: *Oder bin* ich *tot?*, was so ausgelegt werden könnte: lebendig ist nur, wer beides in sich vereint, das Lachen *und* das Weinen, keine Angst haben *und* sich fürchten usw.

Anregungen für den Unterricht:

Kinder kennen die Entmutigung, wenn Erwachsene ihnen Vorbilder vor Augen stellen, die natürlich alles anders und besser machen als sie. Andererseits kann aber auch auf die Erfahrung zurückgegriffen werden, dass Wunschbilder entstehen, dass es auch Vorbilder gibt, wie man gern sein möchte. Auch das Fernsehen nährt vielleicht diese Vorstellungen von Idealfiguren. Es könnte zu heilsamen Selbsterfahrungen kommen, wenn man der zunehmenden Verunsicherung im Text nachgeht und zu dem Schluss kommt, dass jede/jeder sich zwar korrigieren muss in seinem Verhalten, aber nicht einem unerreichbaren Phantom nachjagen muss.

8. James Krüss: Lied des Menschen

Zum Text:

Schon der Titel signalisiert einen literarischen Anspruch (wie viele Gedichte führen „Lied" im Titel!). Das Einsetzen mit *Ich bin ein Mensch* verstärkt diesen Eindruck. Der lange Satzbogen über vier Zeilen mit fünf Hebungen hinweg, der Konjunktiv in den ersten beiden Strophen, der umarmende Reim, die Enjambements und schließlich der philosophische Gehalt im gesamten Gedicht zeigen an, dass der Text bewusst komponiert

ist und unsere gesamte Aufmerksamkeit beansprucht. Die Worte des Me-
phisto aus dem „Prolog im Himmel" fallen spontan ein, zumal es auch Anklänge an das Metrum gibt: *Er nennt's Vernunft und braucht's allein,/Nur
tierischer als jedes Tier zu sein.* Das Gedicht von Krüss paraphrasiert diesen Gedanken, widerspricht ihm und findet eine für Kinder fassliche
Form. Der Gedanke, Tieren nicht überlegen zu sein, sich in den Kreis der
Schöpfung einzufügen, andererseits aber mit den Möglichkeiten der
Phantasie und auch der Last des Bewusstseins begabt zu sein, wird über
fünf Strophen entfaltet. Dabei gelingt es dem Autor, in verständlicher
Weise anthropologische Phänomene darzustellen ohne verfälschende Ver-
einfachungen. Wenn es beispielsweise heißt *Ich aber* weiß es, *wenn ich
glücklich bin,* so schließt dies ja die Möglichkeit des Unglücklichseins mit
ein, ja sogar der Gedanke an den eigenen Tod begleitet den Menschen im
Unterschied zum Tier. So heißt es in der zweiten Strophe, der Mensch
könne nicht so glücklich sein wie beispielsweise Delphine oder Vögel. Begründungen werden teilweise gegeben, teilweise sind sie von den LeserInnen zu erschließen. Im Bild von *Delphin* und *Möve* gelingt dem Autor am
Schluss die Imagination vom Schwimmen und Fliegen, wozu Menschen
kraft ihrer Phantasie spontan fähig sind.

Anregungen für den Unterricht:

Man könnte sich dieses Gedicht als Unterrichtsgegenstand in den Fächern
Religion oder Ethik vorstellen. Dort würde die Reflexion über den anthropologischen Gehalt im Mittelpunkt stehen, ähnlich wie von Hentig
die Bedeutung des Lernens am Vergleich von Mensch und Tier erklärt
(von Hentig 2000). Im Deutschunterricht müsste jedoch in einzelnen
Schritten auch gezeigt werden, wie ein so schwieriger Gedanke in einem
Gedicht verständlich dargestellt werden kann. Dazu trägt sicher die Kon-
kretisierung und die Ich-Perspektive bei, denn sonst würde alles im Allgemeinen bleiben und Kinder nicht ansprechen. Die erste Strophe hält sozusagen einen Trick bereit: was da gesagt wird, klingt einfach und selbstverständlich, fügt sich dann aber mit anderen Bausteinen, den Aussagen in
den anderen Strophen zu einem Gedankengebäude. Vielleicht finden
Kinder diese „Bausteine", indem sie die wichtigen Sätze unterstreichen.

Weitere Gedichte:

Paul Maar: Gegenwart (Großer Ozean)

Paul Mahr: Zukunft (Großer Ozean)

Joachim Ringelnatz: Eltern denken über ihre Kinder nach (Großer Ozean)

Jürg Amann: Wenn man nur wüsste (Großer Ozean)

Literatur

Bofinger, Manfred: Die Zitrone drückt sich gut aus. Ein Bilderbuch der deutschen Sprache. Berlin: Faber & Faber Verlag der SISYPHOS-Presse 1992

Gaarder, Jostein: Sofies Welt. Roman über die Geschichte der Philosophie. München: Hanser 1993

Hentig, Hartmut von: Warum muss ich zur Schule gehen? Eine Antwort an Tobias in Briefen. München: Hanser 2001

Simon-Schaefer, Roland: Kleine Philosophie für Berenike. – Stuttgart: Reclam 1996

Zoller Morf, Eva: Philosophische Reise. Mit Kindern auf der Suche nach Lebensfreude und Sinn. Zürich: pro juventute 1998. Freiburg: Herder 2000

XVII. Wie es früher war

Walter Hinck (1979) würde die Texte dieser Reihe zur Geschichtslyrik
rechnen, die er versucht, gegen die politische Lyrik abzugrenzen. Sie
„setzt ein gewisses Maß an Distanz voraus und hebt sich ab (...) gegen jene politische Lyrik, die Affekte erregen, die aufreizen und mitreißen will
oder unmittelbar (agitatorisch) zur weltverändernden Tat aufruft" (Hinck
1979: 7). Es scheint Hinck nicht gelungen zu sein, mit seiner Sammlung
von Texten und Interpretationen neben Geschichtsdrama und histori-
schem Roman auch für die Gattung Lyrik ein Pendant zu installieren. Nur
die Ballade als Mischgattung findet häufig ihren Stoff in Ereignissen der
Vergangenheit. Die historische Ballade, aber auch die Auswahl von Hinck
konzentriert sich, wie es in der Geschichtswissenschaft durchaus bis heute
üblich ist, auf die großen Männer und die politischen Highlights. Für Kinder dürften jene Bereiche der Vergangenheit interessanter sein, auf die
die Alltagsgeschichte ihren Blick gerichtet hat, den Blick von unten, auf
das Leben der kleinen Leute, auch der Kinder, auf die kleinen Dinge und
die scheinbaren Nebensächlichkeiten. Unter diesem Aspekt ist *Wie Heini
gratulierte* nicht ein Anachronismus in einem modernen Literaturunterricht, sondern bietet ein anschauliches Bild für die Erziehung in früheren
Zeiten, und *Das Dorf* will nicht nur Nostalgie heraufbeschwören bei
Großeltern und Urgroßeltern, sondern auch bei Kindern das Interesse für
das Gestern wecken oder befriedigen. Merkwürdig, dass sich Didaktike-
rInnen darüber den Kopf zerbrechen müssen, wie im Literaturunterricht
die historische Distanz zu den Texten bewusst gemacht werden kann, dort
jedoch, wo Kinder noch wissen wollen, „wie es früher war", eliminiert
man sie aus Lesebüchern und Anthologien, weil man von Lyrik erwartet,
dass sie eher das Immerwährende oder das Aktuelle repräsentieren kann;
Geschichte sei etwas für Geschichten, für die Sachbücher und den Film.
Aus dem Kontrast zum Heute könnte sich auch Verständnis einstellen für
das Gegenwärtige, das nicht schon immer so war wie jetzt. Dass Werte
nichts zeitlos Gültiges sind, sondern immer wieder durch Vereinbarung
neu definiert und praktiziert werden müssen, ließe sich gerade an den Texten dieses Kapitels zeigen.

In diesem Zusammenhang wären auch die Biografien von Autoren inter-
essant: mit welchen Schwierigkeiten hatte beispielsweise ein Dichter wie
Eduard Mörike zu kämpfen, um seinen Lebensunterhalt zu bestreiten,
Zeit zum Dichten zu finden? Was verdiente ein Autor mit seinen Gedich-

ten, was sind sie heute wert? Anhand einer Wandzeitung könnten die Texte dieser Reihe und andere vorgestellt werden zum Thema beispielsweise „Vor hundert Jahren", zusammen mit Fotos, Zeichnungen und Zeitungsausschnitten. Die Fotos erzählen davon, wie die Leute früher aussahen, wie ärmlich oder reich sie gekleidet waren. Vielleicht sagen sie auch etwas über die großen Familien mit den vielen Kindern. Diese Menschen leben schon längst nicht mehr, aber es interessiert uns dennoch, weil alles anders war. Auf diese Weise können Kinder konfrontiert werden mit dem Phänomen der Vergänglichkeit.

1. Julius Lohmeyer: Wie Heini gratulierte

Zum Text:

In ordentlich alternierendem Metrum, wie es zum Aufsagen eines Gelegenheitsgedichts passt, werden alle Anweisungen der Mutter an den braven Heini wiederholt, so dass der schließlich fast vergisst, weshalb er gekommen ist: zum Gratulieren. Nichts wird vergessen, was zu gutem Benehmen gehört, für heutige Kinder möglicherweise eine Karikatur. Die Regeln, denen sich Heini unterwerfen muss, Grüßen, Mütze ziehen, stille sein, wenn die Erwachsenen sprechen usw. werden humorvoll kommentiert, so dass schließlich kein stures Reglement herauskommt, sondern deutlich wird, wie Kinder sich damals auch auf die Erwartungen der Erwachsenen eingestellt haben.

Anregungen für den Unterricht:

Ausgehen könnte man von den unterschiedlichen Situationen früher und heute mit allen Details. Für Kinder früherer Zeiten hatte eine Gratulation zum Geburtstag sicher einen ganz anderen Stellenwert: das Starren auf die Torte, das die Mutter verboten hatte, zeigt das deutlich. Der Zugang zu Süßigkeiten war damals wesentlich schwieriger als heute, und nur durch Wohlverhalten konnte man sich etwas ergattern von dem, was die Erwachsenen den Kindern zuteilten. Erwähnt werden müsste, dass es auch den Erwachsenen früher allgemein nicht so gut ging wie heute. Die Frage wäre zu stellen, was sich verändert hat von früheren zu heutigen Verhältnissen, und warum es heute anders ist und ob es noch ähnliche Formen der Höflichkeit geben muss. Ein Vergleich des Erziehungssystems könnte auch zeigen, wer von den Veränderungen profitiert hat. Dabei wäre sicher manches in Frage zu stellen, was Kinder heute für selbstständlich halten: dass sie nur das tun, wozu sie Lust haben, nicht, was Erwachsene von ihnen erwarten. Der Dialog zwischen Heini, dem Gratulanten, und seiner Mutter vor dem Besuch beim Onkel könnte rekonstruiert und möglicherweise einem Gespräch zwischen Mutter und Sohn aus der heutigen Zeit gegenübergestellt werden, in das die besprochenen Punkte einbezogen werden.

2. Matthias Claudius: Ein Lied, hinterm Ofen zu singen

Zum Text:

Das Lob auf die Macht des Winters im Volksliedton gehört zu den bekanntesten Claudius-Gedichten, vielleicht auch deshalb, weil es sich zur Wehrertüchtigung und als Idealbild des deutschen Mannes leicht missbrauchen ließ. Der barockisierende Titel aus der Sicht des Duckmäusers nimmt die Wir-Aussage der letzten Strophe vorweg und fordert den Leser auf, sich anders zu verhalten. Außer dem Metrum und der Syntax mögen die Doppelformen und Parallelismen für die Eingängigkeit der Zeilen verantwortlich sein, wahrscheinlich auch die abgewandelten Redensarten (es friert Stein und Bein, das Regiment führen) und das leicht veränderte Schlussbild vom Winter, *der ins Land zieht.* Die Strophen I bis III sind inhaltlich gut voneinander abgehoben: einerseits eine positiv gemeinte Beschreibungsreihe, wie das einleitende *recht* zeigt, mit dem Tenor Starre (*kernfest, Dauer, Eisen, Mut*); andererseits einen Negativkatalog mit dem zentralen *warm* (wobei *Drang* vielleicht als Binnenreim zu *Klang* etwas nichtssagend geraten ist); ein Gegenbild dazu, *das hasst er nicht.* Recht ungewöhnlich, wenigstens für das heutige Ohr, klingen einige Wendungen: *Der Winter ist ... auf die Dauer;* sein Schloss ... *liegt ganz hinaus.*

Die Personifikation ist hier ausgesprochen: der Winter ist ein Mann. Es werden recht detaillierte Angaben gemacht, die sich nicht in einer Naturbeschreibung erschöpfen, sondern deutliche Verhaltensmuster anbieten. Niemand wird sich mit jenen identifizieren wollen, die sich ängstlich hinter dem Ofen verstecken. Da die Personifikation eine der grundlegenden Möglichkeiten der Verbildlichung ist, die später zu solch differenzierten Gebilden wie Mörikes *Er ist's* führt, sollte auf Aussehen und Funktion dieser literarischen Form behutsam hingeführt werden, sollten gleichzeitig die Denkmuster einer bestimmten Zeit kritisch beleuchtet werden.

Anregungen für den Unterricht:

Zum Einstieg in die Textbesprechung eignet sich eventuell der Gedichtschluss: *... stehen wir/und sehn ihn an und frieren.* Was sehen wir tatsächlich? Beispiele aus dem Text, besonders Strophe III und ex negativo Strophe II. Dann können Beschreibungsmerkmale in einer Übersicht zusammengestellt werden –.

Winter	Sommer
Frost	Blumen
Schloss von Eis	Vogelsang
Nordpol	warmer Klang
Fleisch von Eisen	

Die schwierige Zuordnung von Sommerhaus/Schweizerland wird diskutiert, dabei das Bild geklärt (= Berge mit ewigem Schnee), Erläuterungen der übertragenen Floskel *gut Regiment zu führen* und des geographischen Hintergrundes zu *Und wenn er durchzieht.* Wie ist es in Wirklichkeit? Zusammenfassung: was erfahren wir über den Winter? Wie er aussieht, was er tut, was er fühlt. Nochmals Vergleich: was ist Realität, was ist erfunden, und welches Bild einer bestimmten Zeit entsteht vor dem inneren Auge? Wie wurde der Winter erlebt, als es noch keine Zentralheizung und kein fließendes warmes Wasser gab?

In einem zweiten Schritt kann dann die Differenz zwischen den Personen in Überschrift und Gedichtschluss einerseits und der Person des Winters andererseits zum Ausgangspunkt für ein Gespräch über die empfohlenen Eigenschaften dienen. Ist der Winter *ein rechter Mann?* Er *hasst warmen Drang*; was könnte das heißen? Welche Folgen hätte ein solches Vorbild? Unter diesem Gesichtswinkel ist vor allem die Strophe I genau durchzugehen. Dabei sollte deutlich werden: Ein Gedicht vom Winter erzählt nicht nur über eine Jahreszeit, sondern gibt auch etwas wieder von den Ansichten in der Entstehungszeit.

3. Robert Reinick: Das Dorf

Zum Text:

„Es war einmal" ... meint – vielleicht – heutige Zeiten heißt es in dem Gedicht *Was im Buche steht* von Hans Manz (Reihe XX). Diese Zeile müsste hier abgewandelt werden in: Es war damals nicht so und ist heute höchstens auf einem Urlaubsprospekt zu sehen, der für Ferien auf dem Bau-

ernhof wirbt. Die Bildchen reihen sich hier wie dort aneinander und zeigen eine fröhliche Welt. Der Wagen ist schon beladen mit Heu, keine Rede von Mühe und eintöniger Arbeit in ländlicher Abgeschiedenheit. Die Kinder *jodeln und juchzen*, wie sich das für Kinder gehört, und der Junge auf der Brücke *singt, dass es schallt.* So idyllisch, wie es aussieht und sich anhört, kann es sich nur um eine Kindheitserinnerung des Dichters handeln, der die unangenehmen Seiten des Landlebens einfach vergessen hat und sich nach dem Ort seiner Kindheit sehnt.

Anregungen für den Unterricht:

Es ist dennoch reizvoll, den Gegensatz zwischen damals und heute herauszuarbeiten und möglicherweise einzelne Details hinzuzufügen, die für die Zeit vor hundert Jahren zutreffen: also keine Maschinen, die die Arbeit auf den Feldern erleichtern, kein Verkehr, der soviel Lärm macht, dass man die Kinder gar nicht mehr singen hören könnte usw. Welche Vorteile und welche Nachteile bringt das den Menschen? Wie würden die Leute von damals unsere heutige Welt sehen, was würden sie darüber sagen und wie sprechen wir über die Welt von gestern? Was finden wir liebenswert? Was verschweigt der Dichter? Warum schreibt er nicht über die Langeweile während des Winters, über die Arbeit, die Mühe?

4. Georg Weerth: Hungerlied

Zum Text:

Ein Beispiel dafür, dass Gedichte aus einer vergangenen Zeit nicht nur die gute alte Zeit verklären, ist diese Ansprache an den König, in der ihm *die schlimme Geschicht* erklärt wird: das Hungern an jedem Tag der Woche, das mit immer neuen Formulierungen ausgeführt wird, bis hin zum Freitag mit dem absoluten Höhepunkt: *Und ach, am Freitag starben/Wir fast den Hungertod!* In der letzten Strophe leitet die Aufforderung an den König, am Samstag für Brot zu sorgen, über zur ungeheuerlichen Drohung: *Sonst werden wir Sonntag packen/Und fressen, o König dich!* Diese elementare Formulierung ist Ausdruck für Aufruhr und in einer Zeit der Revolutionen ein gefährliches Drohen mit Aufständen. *Hungerlied* ist ein einfach gebautes Gedicht mit drei gereimten vierzeiligen Strophen und einem markanten daktylischen Versmaß. Als Merkworte dienen die Wochentage, so dass es von den Betroffenen leicht gelernt und nachgesprochen werden konnte, wahrscheinlich auch von ganzen Gruppen von Aufständischen.

Anregungen für den Unterricht

Heutige Kinder und Jugendliche werden den Ernst und das revolutionäre Potential dieses Gedichts nicht nachvollziehen können, denn sie kennen keinen Hunger, den man nicht nach Belieben stillen kann. Deshalb wird es notwendig sein, ihnen die sozialen Verhältnisse des 19. Jahrhunderts, die zu dieser Art von Dichtung geführt haben, nahe zu bringen, sei es mit Bildern oder kleinen Texten zu diesem Thema. Auch die Einstellung zur Obrigkeit in einer Monarchie ist ganz und gar verschieden zu heutigen Vorstellungen in einer Demokratie, in der für alle Fehler und Missgeschicke Politiker verantwortlich gemacht werden können. Diese Unterschiede müssen bedacht werden, wenn man das Gedicht in seiner historischen Dimension verstehen will. Auszugehen wäre von der Frage, ob dieses Gedicht nur zum Lesen geschrieben worden ist. Daran ist zu zeigen, dass es eigentlich ein Text zum Sprechen ist. Eine entsprechende Szenerie kann man sich dazu vorstellen.

Weitere Gedichte:

Christian Adolf Overbeck: Fritzchen an den Mai (Komm, lieber Mai, und mache ...) (Wundertüte)
Viktor Blüthgen: Die fünf Hühnerchen (Wundertüte)
Richard Dehmel: Frecher Bengel (Wundertüte)
Robert Reinick: Der Faule (Wundertüte)

Literatur

Hinck, Walter (Hrsg.): Geschichte im Gedicht. Texte und Interpretationen (Protestlied, Bänkelsang, Ballade, Chronik). Frankfurt: Suhrkamp 1979 (edition suhrkamp 721)

XVIII. Vom Gestern lernen

„Wozu dem Kind eine Lehre, welche nur Erwachsene angeht?" fragte
1778 Joachim Heinrich Campe und Ewers kommentiert: „die thematische Konzentration auf kindliche Lebenswelten stellt sich im historischen
Rückblick als eines der zentralen Merkmale moderner Kinderliteratur
heraus". (Ewers 1996: 858) Was haben Kinder mit den Kriegen der Erwachsenen zu tun? Die Antwort ist nicht eindeutig, wenn man die neuen
Lesebücher anschaut. „Kindliche Lebenswelt" ist nichts Vorfindliches,
sondern etwas von Erwachsenen – und zwar *auch* historisch unterschiedlich – Definiertes.

Ob man aus der Geschichte lernen kann oder der Mensch überhaupt fähig
ist, aus ihr zu lernen, das wird meist auf die dunkelsten Zeiten der deutschen Geschichte bezogen: das Dritte Reich, den Holocaust. Die Frage
wird aber auch grundsätzlicher gestellt: ist Krieg nicht vermeidbar, sind
Hunger und Leid auf der Welt nicht vermeidbar? Wo unmittelbare An-
schauung (glücklicherweise) fehlt, dort müssen Erzählungen, und das
sind Texte und Bilder und Dokumente, sie ersetzen. Die deutsche Vergangenheit muss im kollektiven Gedächtnis lebendig bleiben, selbst wenn die
Zeitzeugen ausgestorben sind. Hier hat Literatur eine wichtige Funktion
– und speziell die Lyrik. „Stärker als die Historie speisen sich kollektive
Gedächtnisse aus der Vermittlung von Erfahrungen und Gefühlen" (Hurrelmann 1999: 3). Während in Erzählungen und Romanen, auch in Sach-
büchern für Kinder und Jugendliche seit den 70er Jahren Geschichte und
vor allem auch die Zeit des Nationalsozialismus und der Judenverfolgung
bearbeitet wurden, muss man Gedichte vorwiegend in der Erwachsenenliteratur suchen. Die Texte sind in der Regel so kurz, dass nicht die Gefahr
besteht, sie lediglich als Informationsquelle zu nutzen. Neben dem Gespräch über die Inhalte, deren Aktualität und Repräsentanz auch für die
Gegenwart wichtig sind, wird also die Analyse der Form stehen. Darunter
sind weniger Metrik und Reimschema zu verstehen als etwa das häufig zu
findende Merkmal der Lakonik, der prägnanten Kürze und Schärfe. Sowohl von der Entstehungszeit her wie von der poetischen Struktur sind die
Gedichte sehr unterschiedlich.

1. Bernd Jentzsch: Februar 1945

Zum Text:

Ein recht einfaches Gedicht mit drei Strophen, in denen nur einige Schlaglichter die Misere des Jahres 1945 zeigen: fünf, sechs Wochen Scharlach, kaum etwas zu heizen und wenig zu essen. Die Konstellation Mutter-Kind ist typisch für das Kriegsende, denn die Väter waren entweder gefallen oder in Gefangenschaft. Die letzte Strophe zeigt die mütterliche Fürsorge in dieser Situation: obwohl auch die Mutter hungrig ist, will sie dem geschwächten Kind nichts wegessen. Hier zeigt sich der Zusammenhang zur ersten Strophe.

Anregungen für den Unterricht:

Zunächst muss klar sein, welche Bedeutung das Datum in der Überschrift hat: es bedeutet Hunger und Mangel, wobei der Verlust von Menschen und die Zerstörung nach einem schrecklichen Krieg überhaupt nicht thematisiert wird. Dann können sich die Situationen nachzeichnen lassen in ihrem Bezug zur Zeit der letzten Kriegsmonate. Warum jemand Kohlen zählt, wird vielleicht auf Unverständnis stoßen. Möglicherweise können Kinder auch etwas aus ihrer Familiengeschichte beitragen, um die Probleme dieser Zeit verstehen zu können. Die didaktisch entscheidende Frage wird sein, was Kinder, die selbst nicht unter Mangel zu leiden haben, aus einem solchen Gedicht lernen können.

2. Rupert Schützbach: Ernstfall

Zum Text:

Kinder im Krieg, als Täter und Opfer, kennen unsere Kinder von den Kriegsberichten im Fernsehen. Das Spielen mit Kriegsspielzeug, die Faszination von Kriegs- und Horrorfilmen haben selbst pazifistische Eltern ihren Kindern nicht abgewöhnen können, und die Meinungen über die Folgen gehen in der permanenten Diskussion weit auseinander. Das Gedicht ist auf der Dialektik von Spielen und Töten aufgebaut, wie es Kindern von ihren Computerspielen her vertraut ist. Auf engstem Raum entfaltet Schützbach die Problematik in ihrer ganzen Breite bis hin zum Töten des Gegners im Kampfspiel bzw. im Kampf. Ein Drittel Jahrhundert liegt zwischen diesem Text und dem bekannteren Text von Fried; es könnten auch drei Jahrtausende sein: das Thema ist nicht erledigt, neu ist nur die Form.

Anregungen für den Unterricht:

Die beiden Antikriegsgedichte könnten verglichen werden; vielleicht
wird eine ganze Sequenz gesammelt (vgl. Kliewer 2000). Beim Weglassen
der zweiten Zeile ergibt sich eine völlig andere, ebenso realistische Situation, wie Kinder wissen. Warum wählt Schützbach seine Alternative? Die
letzte Zeile kann auch in übertragener Bedeutung gelesen werden: Töten
ist ganz leicht. Aber auch die Vorstellung, dass im Spiel der „Getötete"
wieder aufsteht und so weiterlebt, als wäre nichts geschehen, in der Realität es aber anders ist, sollte thematisiert werden.

3. Erich Fried: Humorlos

Zum Text:

„Ja, so ist es" wird die erste Reaktion auf das Gedicht sein, und es verbirgt
hinter der lakonischen Aussage der Fabel sowie der Einfachheit und Klar-
heit der Diktion die Tragweite des Problems und die kunstvoll angelegte
Struktur. Der Text besteht aus zwei Strophen mit fünf bzw. drei Zeilen, de-
ren ein bis zwei Wörter genau die Satzglieder abbilden: Subjekt, Prädikat,
Adverbialergänzung(en). Die drei parallel gebauten Zeilen müssen in
Strophe I durch zwei weitere Ergänzungen komplettiert werden, während
Strophe II ihrer nicht bedarf. Die Ergänzung *nach Fröschen* schafft die
Verbindung zur nächsten Strophe. So entstehen drei Bezugspaare:

Die Jungen	*Die Frösche*
werfen	*sterben*
zum Spaß	*im Ernst*

Groß/klein bzw. stark/schwach steht gegeneinander wie *werfen* und als
Folge *sterben*, wobei die Assoziation *Bomben* und der pazifistische
Grundton des Gedichtes nicht nur auf die Entstehungszeit zu beziehen ist,
also den Krieg der USA gegen Vietnam. Die Überschrift *Humorlos* steht
in Beziehung zu *zum Spaß* und *im Ernst*; außerdem wird die negative Ein-
schätzung eines humorlosen Menschen ins Positive gekehrt: beim Kriegs-
spielen hört der Spaß auf!

Anregungen für den Unterricht:

Der Unterricht wird die Erfahrung belegen: einfache Gedichte sind
schwer zu vermitteln; alles erscheint zu einsichtig und richtig. Die pazifistische Moral: unreflektiertes Handeln kann zu fundamentalen Schäden

führen, wird (allzu) schnell akzeptiert werden, am Beispiel des Kriegsspielzeugs oder der kriegsverherrlichenden Videospiele jedoch zu heftigen Diskussionen führen. Die kontroversen Standpunkte sollten geklärt werden. Am Anfang müsste die Analyse der Form stehen, die die Kenntnis der Satzglieder voraussetzt, um den Parallelismus benennen zu können. (Eine detaillierte Analyse mit didaktischen und methodischen Überlegungen und einer Skizze zur literarischen Struktur findet sich bei Müller 1981).

4. Günter Eich: Geh aus, mein Herz

Zum Text:

Ausgerechnet das fröhlichste Kirchenlied gab den Titel zu diesem nachdenklichen Gedicht, in dem gar keine Freude aufkommen kann angesichts der schlimmen Ereignisse, an die man sich immer wieder erinnert. Zunächst sind es die Reisbauern weit weg – *hinter Rangun*, auch für uns heute weit entfernt, die dem Ich des Gedichts einfallen, wenn es fröhlich ist. Die gleiche Struktur wie die erste hat die zweite Strophe, auf die es uns mehr ankommt, weil wir über dieses Thema mehr wissen und schon durch wenige Zeilen eine Reihe von bedrückenden Vorstellungen wachgerufen werden: in dieser Strophe der gleiche Satzbau wie in der ersten; die Wiederholung *glaube ich*, auch die Verben *sehen* und *wissen* werden wieder aufgenommen; und dann der letzte Satz noch einmal, genau wie in der ersten Strophe, nur sind es diesmal die Kinder, um die es geht.

Dass es die Kinder sind, die in den Konzentrationslagern umkamen, verraten nur wenige Worte: *in Polen, auf dem Weg zu den Duschräumen*, wobei auch die Duschräume nicht das sind, als was sie bezeichnet werden, sondern sich als die Gaskammern erweisen. Soll man das Gedicht nur in seinem zeitlichen Kontext der Nachkriegszeit verstehen, also in unmittelbarer Nähe zu dem verbrecherischen Geschehen oder hat es auch heute noch seine Geltung? Müssen auch wir heute noch immer, wenn wir uns der Freude hingeben wollen, an diese Dinge denken? Auch wir werden ständig mit Schreckensbildern aus aller Welt konfrontiert und müssen lernen, damit umzugehen: wo verdrängen wir, wo lassen wir uns zum Handeln verleiten? Vielleicht ist es mit der Nazi-Vergangenheit etwas anderes: Das war kein Erdbeben oder keine Überschwemmung wie in der ersten Strophe, sondern etwas von Menschen Gemachtes, das jederzeit wieder geschehen könnte.

Anregungen für den Unterricht:

Anknüpfungspunkt wäre die alltägliche Erfahrung: Wir sitzen an unseren reichgedeckten Tischen und sehen die Fernsehbilder von verhungernden Kindern. Wie gehen wir damit um? „Hinschauen" und „Wegsehen" ist das eigentliche Thema des Gedichts. Über die Schrecken der Nazi-Vergangenheit darf man nicht hinweggehen, auch wenn sie lange vorbei sind. Warum beschäftigen wir uns mit diesem Thema? Wie wird es in diesem Gedicht behandelt? Es genügen einige andeutende Worte, und wir wissen, worum es geht.

5. Ernst Jandl: vater komm erzähl vom krieg

Zum Text:

Im langweiligen Alltag sich etwas Spannendes erzählen lassen, etwas über den Krieg zu erzählen, das ist es, wozu man den eigenen Vater auffordert. Die Anklänge an den österreichischen Dialekt oder die angedeutete Kindersprache geben der Situation vorerst noch den Reiz des Gemütlichen, was zunehmend einen Kontrast bildet zu der Steigerung des Erzählten: es werden immer bedrohlichere Ereignisse erzählt bis zum Tod des Vaters, über den der angesprochene Erzähler nun wohl keine Aussagen mehr machen kann.

Anregungen für den Unterricht:

Heutige Kinder und Jugendliche sind vom zweiten Weltkrieg zeitlich so weit entfernt, dass sie keine Väter mehr befragen können, allenfalls die Großväter. Das Gespräch kann an Familiengeschichten vom Krieg erinnern und die Frage stellen, warum Kinder so gern davon hören wollen, obwohl es sich nicht um angenehme Geschichten handelt. Dass in diesem Gedicht ein Vater befragt wird, der gar nicht mehr am Leben ist, wird den SchülerInnen sicher bald auffallen. Dieser Widerspruch lässt sich auf verschiedene Weise erklären. Die knappen Aussagen in jeder Zeile können paraphrasiert werden, wobei dann auch bestimmte Begriffe sich klären lassen, die heute nicht mehr so geläufig sind wie „einrücken" oder „fallen".

6. Günter Kunert: Über einige Davongekommene

Zum Text:

Ein pessimistisches Gedicht, das letztlich zeigt, wie wenig lernfähig der Mensch ist. Noch nicht einmal der, der selbst alles mitgemacht hat und es besser wissen müsste, kann daraus die notwendige Lehre ziehen. Dies bezieht sich nicht nur auf einen Einzelnen, sondern auf *einige Davongekommene*, möglicherweise auf eine ganze Kriegsgeneration. Die überstandenen Schrecken schüttelt sie ab, auf Plakaten oder sonst ist sie bereit zu vollmundigen Parolen: *Nie wieder*. Die nachgereichte Zeile *Jedenfalls nicht gleich* zeigt, dass sich alles wiederholen kann.

Anregungen für den Unterricht:

An die Plakate mit der Aufschrift „Nie wieder Krieg!", die in den Jahren nach dem zweiten Weltkrieg gezeigt wurden, kann erinnert werden. Die Situation von damals, das Ausmaß der Zerstörung, die menschlichen Verluste, Hunger und Elend kann man allerdings heutigen Jugendlichen nicht vermitteln. Von heute aus betrachtet kann dies nur als Episode erscheinen, weil die Geschichte gezeigt hat, dass es weitergegangen ist. Die reale Erfahrung, dass die Bundesrepublik in einen Krieg eintritt, ist für sie kein epochales Ereignis. Mit diesen Einstellungen müssen LehrerInnen rechnen, wenn sie die Begegnung mit diesem Text herbeiführen.

7. Hildegard Wohlgemuth: Korczak und die Kinder

Zum Text:

Die grundsätzliche Frage wäre: ist die Poetisierung eines so schrecklichen Geschehens angemessen? Führt sie nicht zu einer unzulässigen Verklärung und lässt damit die Verbrechen aus dem Blickfeld rücken? Eine gewisse Verfremdung erfährt das Geschehen jedoch durch die Form des Bänkelsangs, der einsetzt mit *Leute, höret die Geschichte*. Mit sparsamen Strichen werden die wenigen eindrucksvollen Bilder gezeichnet in Strophen, deren zweite und vierte Zeile sich reimen. Der lehrhafte Charakter dieses Genres zeigt sich in der Aufforderung *fragt die Alten, wie das war* und in der abschließenden Frage, ob diese Geschichte sich heute wiederholen könnte. Die Autorin lässt das Gedicht also nicht mit dem anrührenden Bild des Doktor Korczak schließen, der *das kleinste in die Arme* nahm und mit allen in die Gaskammer ging. Sein Verhalten steht hier stellvertretend für andere, die versucht haben, in dem unmenschlichen Geschehen, so gut es ging, Erbarmen mit den leidenden Menschen zu haben. Es gelang ihm wenigstens, die Kinder so lange wie möglich über den wahren Grund ihres „Ausflugs" zu täuschen.

In welchem Alter man Kinder mit diesem schwierigen Thema konfrontieren sollte, lässt sich nicht klar definieren. Der Zeitpunkt könnte im Zusammenhang mit einem Jahrestag zur Judenverfolgung gewählt werden. Ein Anlass wäre beispielsweise die Kranzniederlegung an einer ehemaligen Synagoge.

Anregungen für den Unterricht:

Dieses Gedicht könnte auf dem Hintergrund der Situation von Kindern in Krieg und Krisenzeiten diskutiert werden, wie dies beispielsweise im Artikel 8 der *Erklärung der Rechte des Kindes* (1959) ausgesprochen wurde: „Das Kind gehört in jeder Lage zu denen, die zuerst Schutz und Hilfe erhalten" (zit. nach *Die Rechte des Kindes* 1994; vgl. auch Fitch 1999). In der NS-Zeit jedoch wurden jüdische Kinder ebenso unbarmherzig verfolgt wie die Erwachsenen: *weil sie Judenkinder waren,/mußten sie ins Massengrab*. Diese Zeile spricht das Verbrechen unverhüllt aus, während die Zeile mit den *Öfen* es erst andeutet. Die Aufklärung darüber wird sozusagen an die Eltern delegiert. Auch im Unterricht könnte sich der Lehrer/die Lehrerin mit diesem Hinweis entlasten, denn diese Aufgabe, Kindern den Holocaust zu erklären, kann und soll der Schule nicht allein aufgebürdet werden. Hier sollte es eher darum gehen, die zweite Strophe, in der die *kleinen Waisenkinder* einen Ausflug machen mit *Fahne, Stern und Blume* als ein positives Bild des Lebens einsichtig zu machen, auf das jeder Mensch, vor allem Kinder Anspruch haben. Dieser „Normalität" sollte das traurige Ende dieses Ausflugs gegenübergestellt werden, wie es in der fünften und sechsten Strophe beschrieben wird.

Weitere Gedichte:

Bert Brecht: Bitten der Kinder (Wundertüte)

Erich Fried: Weihnachtslied (Reihe IV)

Alfons Schweiggert: Was braucht ein Soldat im Krieg? (Wundertüte)

Günter Eich: Inventur (Conrady)

Literatur

Die Rechte des Kindes. Ill. Christoph Meckel. Ravensburg: Ravensburger Buchverlag 1994

Ewers, Hans Heino: Kinder- und Jugendliteratur. In: Ulfert Ricklefs (Hrsg.): Fischer Lexikon Literatur. Frankfurt: Fischer Taschenbuch Verlag 1996, S. 842–877

Fitch, Sheree: Wärst du mal ich und ich mal du. Ein Buch über Menschenrechte. (Toronto 1997) Übertragen von Martin Auer. Ill. Darcia Labrosse. Wien: Gabriel 1999

Hurrelmann, Bettina: Literatur und Erinnerung am Ende des Jahrtausends. Praxis Deutsch 26 (1999) Heft 158, S. 3–10

Müller, Peter: Gedichte Erich Frieds im Deutschunterricht. Vier Unterrichtsmodelle. In: Juliane Eckhardt (Hrsg.): Zeitgenössische Literatur im Unterricht. Braunschweig: Westermann 1981, S. 155–178

Kliewer, Heinz-Jürgen: Die Häuser sollen nicht brennen. Krieg und Frieden in Kindergedichten. In: Hans Joachim Nauschütz und Steffen Peltsch (Hrsg.): Frankfurter Blätter Heft 11 (2000), S. 16–21

XIX. Gedichte lassen sich vergleichen

Vergleiche haben schon in anderen Reihen aufschließenden Charakter gehabt: die Märchen werden den Parodien gegenübergestellt, Wind-Gedichte oder Bären-Gedichte stehen in Sequenzen zusammen, themengleiche Texte in verschiedenen Reihen können sich gegenseitig erhellen. Dabei ist die Gefahr nicht zu übersehen, dass Texte aneinander gemessen werden, bevor man sich auf die Eigenart eines Textes eingelassen hat. Wackenroder warnt: „Vergleichung ist ein gefährlicher Feind des Genusses; auch die höchste Schönheit der Kunst übt nur dann, wie sie soll, ihre volle Gewalt an uns aus, wenn unser Auge nicht zugleich seitwärts auf andere Schönheit blickt" (zit. nach Hock 1958: 5). Während in weiterführenden Schulen das Analysieren z. B. motivgleicher Gedichte zum selbstverständlichen Methodenrepertoire gehört, setzte (und setzt) man in der Grundschule lieber auf die vor allem emotionale Wirkung des Einzeltextes. Wo immer Kinder frei über Gedichte sprechen dürfen, tun sie dies auf dem Hintergrund ihrer Alltagserfahrungen und ihrer ästhetischen Vorkenntnisse, d. h. sie blicken ebenfalls seitwärts. Nur wo dies bewusst geschieht, wird man auf die häufig gestellte Frage: „Hat euch das Gedicht gefallen?" eine an Kriterien orientierte Antwort erwarten dürfen. Deshalb ist es auch in der Grundschule notwendig, dass Kinder sich über ihre Urteile klar werden. Die beiden ausgewählten Paare gehen ganz verschiedene Wege: ob Kinder ebenfalls den qualitativen Unterschied erfassen oder nicht, ist weniger wichtig als grundsätzlich das Arbeiten an Urteilen. Die beiden Übersetzungen, genauer Übertragungen des Stevenson-Gedichts können nicht qualitativ aneinander gemessen werden, sondern geben die Möglichkeit, punktuell und unsystematisch, aber sehr nah am Text zu sehen, wie unterschiedlich ein Eindruck sprachlich wiedergegeben werden kann.

1. Bruno Horst Bull: Der Wind
Josef Guggenmos: Geschichte vom Wind

Zum Text:

Auf die Ich-Personifikation (bei Guggenmos Er-Perspektive) wird in Zeile 1 eigens hingewiesen; zur wirklichen Veranschaulichung reichen allerdings das Personalpronomen und die kräftig eingesetzten Lautmalereien nicht aus. Im Unterschied zur *Geschichte vom Wind* bleiben die Gegenstände Staffage, in *Stadt und Straße* sogar Schablone; zwar lässt ihn Guggenmos auch um den Turm rasen (Zeile 19), aber nur, weil aus dem Schallloch die drei Eulen angstvoll hervorschauen. Es läuft nicht ein personifiziertes Wesen durch eine tote, isolierte Sachwelt, sondern seine Wirkungen treffen auf ebenfalls vermenschlichte Gegenstände und Tiere: die Linden, die Eulen und den Wetterhahn. Ihre Reaktionen bilden das dreigliedrige Mittelstück, um das sich ein Rahmen mit der eingehenden Veranschaulichung des Windes legt. Mit verschiedenen reimtechnischen Mitteln sind diese Teile in sich gegliedert und abgeschlossen: den einleitenden Paarreimen (Wind als Kind) folgen Zeile 5–11 zwei kunstvolle Kombinationen, die durch den Dreireim die Zäsur zwischen Rahmen und Mittelstück stark betonen (abaabbb). Der Gedichtschluss ist ganz ähnlich gebaut (Zeile 31–34); abgrenzende Funktion hat der umarmende Reim am Ende des Linden-Abschnitts (Zeile 14–17) und am Anfang der Wetterhahn-Stelle (Zeile 18–21).

Neben dem stereotypen *Hui* oder *Huiii* bei Bull erscheint der Einsatz der klanglichen Mittel bei Guggenmos wesentlich differenzierter. Die Zeilen 1-11 gipfeln nach einer merklichen Häufung der a-Laute in der lautmalenden Zeile 10 unter Zuhilfenahme der r- und s-Laute. Ins Ohr fallen vielleicht noch die gedehnten o-Laute der ächzenden Linden und die Alliteration in Zeile 27. Um das Windgeräusch zu zeichnen, bedient sich Guggenmos der aus dem Kinderreim bekannten Silbenreihung mit wechselndem Vokal: *Hi-, Hu-, Ha-, Heulen.* Auch die Hebungen der folgenden beiden Zeilen enthalten diese Selbstlaute. Während man einerseits den Wind der Lesebuchillustrationen vor sich sieht, ein Gesicht mit aufgeblasenen Bakken, wird andererseits der Hauptakzent nicht auf das Aussehen gelegt, sondern auf die Verbildlichung seiner Wirkungen. Er redet nicht, sondern er handelt! Stellvertretend für die Pflanzen-, Tier- und Dingwelt erläutern drei Betroffene sprechend ihre Situation. Guggenmos wählt Beispiele, in denen die Realität die Möglichkeit zur Übertragung bereithält: die Linden ächzen tatsächlich, die Augen der Eulen sind von Natur groß, und nichts ist wahrscheinlicher als ein Wetterhahn, dem ein paar Tropfen Öl fehlen. *Stadt und Straße* bzw. *Allee* tauchen auch im Absatz über die Linden auf, aber man beachte den Kontext! Die „Zutaten" bei Guggenmos liegen in der Detaillierung und im Bildreichtum. Die beiden ausgeführten Wie-Vergleiche am Gedichtschluss charakterisieren den Wind, zum Teil in Ergänzung zu den Zeilen 1–4 bzw. 5–11, wo er ohne Partikel neben Kind und Mann gesetzt wird. Genau in der Mitte des Textes findet sich ein weiterer Vergleich, der interessanteste, wenn man seine Entstehung betrachtet: *Bald sausen wir über Stadt und Hügel/als grüne Dohlen.* Die Linden wissen nicht, ob sie noch stehen oder sich schon bewegen, ob sie noch Zweige haben oder schon Flügel. Sie sehen sich schon fliegen, zwar noch *grün* wie die Linden, aber als Dohlen. Mit diesem unwirklichen Bild, zusammengefügt aus zwei wirklichen Bestandteilen, wird der Zwischenbereich gekennzeichnet, den der Wind aus Pflanze und Tier geschaffen hat. Die drei Eulen dagegen fliegen nicht; sie sitzen so unbeweglich wie der Wetterhahn. Jener schließlich ist ein Zwitter insofern, als er noch wie ein Vogel aussieht, aber nur ein relativ unbeweglicher Gegenstand ist im Vergleich zu dem Inbegriff des beweglichen Gegenstandes, den Autos, denen sich der Wind zuletzt zuwendet. Er hat die natürlichen Zustände von Bewegung und Ruhe durcheinandergewirbelt. Mit der Abschlusszeile setzt eine völlig neue Erzählsicht ein. Während zunächst ein unsichtbares *Er* vom Wind und seinen Auswirkungen berichtet, ergänzt der Seemann, der in seinem Leben am meisten vom Wind und seinen Launen abhängig ist, die Wortreihe: Hauch, Wind Sturm, Orkan, Brise.

Anregungen für den Unterricht:

Dieses Beispiel führt von der Personifikation einen Schritt weiter in die Richtung der Metapher und der Chiffre, den wesentlichen Darstellungsmitteln der modernen Lyrik also. Das Bild von den *grünen Dohlen* unterscheidet sich von jenen Formen dadurch, dass es noch völlig rational auflösbar ist, nicht optische oder akustische oder literarische Assoziationen wachrufen soll. Die offensichtliche Unrichtigkeit darf nicht mit dem Hinweis auf „dichterische Freiheit" oder Phantasie abgetan werden. Die SchülerInnen könnten vielmehr ein scheinbar unsinniges Bild (Vergleich) durch Einsicht in das Baumuster erklären.

Hinführung: Wir sagen, dass der Wind schweigt etc. – Wie sprechen wir vom Wind: wie von einem menschlichen Wesen. Man kann auch anders vom Wind reden: wie im Wetterbericht von Windstärke, von Windrichtung. Wie sprechen Dichter vom Wind? Der Gedichtvortrag von Lehrer/ Lehrerin ist geeignet einerseits als Eindruck für die Klangwirkung, andererseits kann hier die Gliederung schon angedeutet werden. Um den Text aufzuschließen, könnte man auf die Vergleiche eingehen: Wind, Linden; Eulen und Wetterhahn werden mit menschlichen Zügen ausgestattet. Sie erhalten die Eigenschaften, die zu ihnen passen: große Augen der Eulen bedeuten Angst; das Kreischen des Wetterhahns. Auf den Zusammenhang von Wirklichkeit und dichterischem Bild müsste man zu sprechen kommen: *Haben wir Zweige, haben wir Flügel? – grüne Dohlen.* Auch der äußere Aufbau sollte beachtet werden, d.h. die Gliederung mit Rahmen und nachklappendem Schlusssatz. Während der Sprechversuche kann auf die Vokalhäufungen, die Alliteration und die Silbenreihung der Zeile 18 aufmerksam gemacht werden.

2. Robert Louis Stevenson: Aus einem Eisenbahnwagen

James Krüss: Eisenbahnreise

Josef Guggenmos: Bahnfahrt

Zum Text:

> From a railway carriage
>
> Faster than fairies, faster than witches,
> Bridges and houses, hedges and ditches;
> And charging along like troops in a battle,
> All through the meadows the horses and cattle:
> All of the sights of the hill and the plain
> Fly as thick as driving rain;
> And ever again, in the wink of an eye,
> Painted stations whistle by.
>
> Here is a child who clambers and scrambles,
> All by himself and gathering brambles;
> Here is a tramp who stands and gazes;
> And there is the green for stringing the daisies!
> Here is a cart run away in the road
> Lumping along with man and load;
> And here is a mill, and there is a river:
> Each a glimpse and gone for ever!
>
> (Stevenson: *A Child's Garden of Verses*)

Ohne die Wirkungen zu unterschätzen, die vom Inhalt ausgehen, darf besonders bei der Lyrik nicht übersehen werden, in welcher Weise Reim, Rhythmus, Bild und Klang den Leser nicht nur einstimmen, sondern auch bestimmen. Inhalte kann jeder aussprechen, aber wie es der einzelne Autor tut, gibt Anlass zu vergleichenden Betrachtungen. Noch mehr Auf-

schlüsse über den Prozess des „Machens" als der Motivvergleich verspricht eine Gegenüberstellung von zwei Übersetzungen des gleichen Gedichts. An der Aufgabe des Nachdichtens haben sich nicht nur die großen
Barockpoeten geschult, auch heute benutzen Lyriker das Übersetzen
fremdsprachiger Gedichte, um ihre sprachliche Ausdruckskraft zu prüfen.

Weder diese Absicht noch Mangel an geeigneten Stoffen wird zwei der re-
nommiertesten Autoren auf dem Sektor des Kindergedichts dazu veran-
lasst haben, einen Klassiker der englischen Kinderlyrik zu übersetzen. Im
Abstand von wenigen Jahren greifen Guggenmos und Krüss nach *A
Child's Garden of Verses* (1885) von Robert Louis Stevenson, wählen teilweise die gleichen Texte und versuchen den Zauber wiederzugeben, der
vor allem von den Themen ausgeht: kindlichen Spielen, Erlebnissen und
Träumen, aber auch von der Fülle der Bilder und der Einfachheit der
Sprache.

Kaleidoskopartig werden die Eindrücke einer Bahnfahrt gereiht, genauer: beim Blick aus dem Zugfenster. Faszinierend nicht nur für Kinder das
Erlebnis: was steht, scheint sich zu bewegen; der fahrende Zug scheint zu
stehen! Zur Relativität im Räumlichen tritt vielleicht schon ein Gedanke
an die Flüchtigkeit der Eindrücke, wenn auch noch nicht der Zeit: diesen
Mann dort an der Schranke sehe ich nur Bruchteile von Sekunden, dann
nie mehr; wo kommt er her? ist er traurig? was wird er später tun? Die beiden Strophen Stevensons zeichnen diese Assoziationen, zunächst die flie-
genden Gegenstände und Tiere, dann einzelne Menschen. Die Geschwin-
digkeit lässt sich nicht nur an Wörtern und Vergleichen ablesen, sondern
wird dadurch spürbar, dass man sechs Zeilen lang auf das Verb warten
muss. Die zweite Strophe dagegen ist gekennzeichnet durch das dauernde
Here is. Es löst den Ablauf der Bewegung ins Punktuelle auf. Der Rhythmus bleibt jedoch abwechslungsreich, weil die Einzelbilder, entsprechend
den syntaktischen Einheiten, einmal eine Zeile einnehmen, dann ein
Reimpaar, dann nur eine Halbzeile wie am Beginn des Gedichts. Die
Schlusszeile zieht die Summe aus dem gesamten Bilderbogen, steht aber
andererseits mit ihrem *gone for ever* in eigentümlichem Kontrast zum
Schluss der 1. Strophe, wo die Wiederholung der Eindrücke, wenn auch
ebenfalls nur für einen Augenblick (*in the wink of an eye-a glimpse*) und
nicht das Einmalige der Strophe schließt.

Dieses zweimalige Gegeneinander von Bildern und Reflexionen haben
die Übersetzer erhalten, Krüss allerdings nicht ganz vollständig. Stevenson erreicht nämlich einen deutlichen Strophenabschluss, indem er auf

die daktylischen und daktylisch-trochäisch gemischten Zeilen eine reine
Trochäen-Zeile folgen lässt (mit Vorbereitung in I, 6). Diese Feinheit wird
nur von Guggenmos wiedergegeben, in II nicht durch ein Verknappen der
Senkungen, sondern durch Kürzung der Zeilen auf die Hälfte der Versfü-
ße. Überhaupt ist das die Methode des einen, Aufschwellung die des andern. Guggenmos verstärkt die Tendenz des Originals, nur Bilder d. h.
Substantive zu reihen; seine zweite Strophe verzichtet sogar auf die Zeige-
geste des *here is* und kommt ohne Prädikat aus. Er rafft das Bild von dem
Brombeeren pflückenden Kind (*all by himself*), das Krüss ausmalt und
verändert: es werden Mädchen und Buben, sie spielen und turnen in den
Brombeerhecken: eine ungeschickte Zusammenziehung der Zeilen 9 und
10 bei Stevenson. Er übergeht die Wiese mit den Gänseblümchen, wo
Krüss mit einem märchenhaften, offenbar akustisch gemeinten und deshalb hier unzutreffenden Vergleich die vollkommen reale Umwelt durchbricht. Im Original behalten alle Gegenstände ihre eigene Bedeutung.
Derlei Ungenauigkeit und Leerlauf, Folge des Reim- und Metrikzwanges,
findet man etwa in I, 7 *zwischenhinein*, I, 8 *zeigt sich*, II; 6 *Die Ladung, sie
schwankt* und II, 7 *In wechselnder Reih*. Schwerer wiegt eine andere Abweichung von der Vorlage. In I, 3 stört nicht so sehr das *fliehen*, das zum
Zeileneingang im Widerspruch steht, sondern die Änderung der Bewe-
gungsrelationen und das Einfügen des Betrachters. Während bei Stevenson die Außenwelt vorbeistürmt, heißt es hier: *Da seh ich Gräser*. Sollte
Krüss seinen Lesern nicht zutrauen, dass sie ohne das alte literardidakti-
sche Klischee vom Individualisieren und Identifizieren ein solches Gedicht verstehen könnten? Eine weitere Änderung gegenüber dem Original spricht ebenfalls dafür, dass er Verstehenshilfen geben möchte, dass er
schon im Text interpretiert, statt diese Aufgabe den Kindern zu überlassen. Natürlich hat man den Eindruck einer Bilderfolge, wenn man aus
dem fahrenden Zug schaut; diesen Eindruck hält Stevenson fest, aber
muss es denn gesagt werden? *Strömen uns Bilder um Bilder entgegen.*
Erst durch den Vergleich wird man auf Details aufmerksam, die einem
selbst bei gründlicher Lektüre leicht entgingen.

Dieser Gedichtvergleich mit drei Texten setzt ein schnelles Überschauen
und Zuordnen voraus, den Einsatz aller bisher erworbenen Kenntnisse
und Fähigkeiten beim interpretatorischen Zugriff. Er lässt besonders
deutlich werden, welche Bindungen der Übersetzer eingeht, welche Än-
derungen er vornehmen muss, wenn er aus einem Gedicht wieder ein Gedicht bilden möchte. Das didaktische Ziel der Gegenüberstellung von

Original und Nachdichtung soll weniger der Schärfung des Unterscheidungsvermögens dienen nach dem Muster der Lernspiele: in diesem Bild sind 10 Dinge geändert, als vielmehr einen ersten Ansatz geben zu der Frage: wie entsteht ein Gedicht? Sie ist eng verknüpft mit Überlegungen zum Wesen des Gedichts, zum Verhältnis von Realität und Dichtung: Was unterscheidet unser eigenes Bahnfahrterlebnis von einem Aufsatz darüber, was die Wort-für-Wort Übersetzung von der gebundenen Form?

Für die Arbeit an unseren Texten heißt das zunächst nur: woher bekommt der Dichter seinen Stoff und wie bearbeitet er ihn? Die Herkunft ist nie säuberlich herauszupräparieren. Erlebnis, Erinnerung, Einfall, Gehörtes und Gelesenes durchdringen einander. *Eine* Möglichkeit ist die Vorlage eines fremdsprachigen Gedichts, sei es das Original oder eine Prosaübertragung. Auf dem Umweg über Abweichungen lernen SchülerInnen die dichterischen Mittel kennen, mit denen der Autor seine Aufgabe löst: er braucht neue Reimwörter, die Sätze müssen umgestellt werden, hier lässt er ein Bild ganz beiseite, dort malt er eins aus. Liegen gar zwei Übersetzungen vor, verdoppelt sich der Effekt, der von einem solchen Unterrichtsgegenstand ausgehen kann. Wichtiger als das Abwägen der sprachlichen Realisierungen ist die Einsicht in die Fülle der Möglichkeiten. Lediglich die Vertauschung der Bewegungsaspekte in der 1. Strophe bei Krüss sollte man wertend analysieren. Die rhythmische Gestaltung der Strophenschlüsse gibt exemplarisch Aufschluss über die Art, wie der logische Aufbau erfasst und mit welchen Mitteln das Thema übertragen worden ist. Wir tun gleichsam einen Blick in die Werkstatt des Dichters. Das Rohmaterial ist bekannt (Textvorlage), die Produkte zweier Übersetzer unterscheiden sich voneinander in Umfang, Wortwahl, Bildern, Metrik.

Anregungen für den Unterricht:

1. Sammeln von Erlebnissen einer Eisenbahnfahrt als Einführung. Der Fensterplatz ist besonders beliebt; alles fliegt vorbei, der Zug scheint zu stehen. Man sieht nur einzelne Bilder, aber sie hängen nicht zusammen wie ein Film. Unterschiede klären. Der Text wird englisch vorgetragen: Das ergibt einen rhythmischen und klanglichen Eindruck.

2. Begegnung mit den Texten: Die Wort-für-Wort- Übersetzung wird ebenfalls vorgelesen. Nur das Gehör entscheidet, dass Reim und Ebenmaß im Sprechfluss fehlen. Erst jetzt lesen die Schüler still die drei deutschen Texte (ohne Aufgabenstellung). Die Reaktionen werden auf Zusammenhang und Abweichung hinweisen.

3. Die Übereinstimmungen: a) Gegenstände, Tiere und Menschen sind fast überall die gleichen; auch die Reihenfolge ist nicht geändert. b) Ein Vergleich des Originals mit den Nachdichtungen lässt am Beispiel der Zeilen 1 und 2 die Ähnlichkeit im Rhythmus hören. Eventuell kann auf die Schwierigkeit der Ein- oder Zweisilbigkeit des Wortes „Feen" eingegangen werden. c) Gegensatz von dem, was man sieht und dem, was man darüber denkt: I, 1–6 /7–8 und II, 1–7/8. Inhaltlicher Bau der Strophe findet Entsprechung im Metrischen. Verschiedene Wiedergabe bei den Übersetzern.

4. Die Abweichungen: Was mussten Guggenmos und Krüss tun, damit aus der wörtlichen Übertragung wieder Gedichte wurden? a) es werden neue Wörter gebraucht, da neue Reime entstehen müssen. Am Beispiel der beiden Eingangszeilen kann sehr leicht die Verarbeitung des originalen Wortmaterials gezeigt werden, da es fast durchweg Substantive sind. Eine Nomenliste aller drei Texte ist sehr aufschlussreich. b) die Sätze sind anders gebaut. Das erste Prädikat kommt viel früher als bei Stevenson. c) Auslassungen, Raffungen und Ergänzungen lassen Möglichkeiten erkennen, entweder nur die Grundabsicht wiederzugeben oder alle Einzelheiten beizubehalten.

Literatur

Hock, Erich: Motivgleiche Gedichte. Neuausgabe. Bamberg: Bayerische Verlagsanstalt 1958

XX. Gedichte kann man unterschiedlich verstehen

Was in der Literaturwissenschaft und weitgehend auch in der Literaturdidaktik längst selbstverständlich ist: der Text entsteht im Leseprozess und
ist deshalb nicht auf eine Deutung festzulegen, diese Binsenweisheit hat
es immer noch schwer, in der Praxis von Schule und Hochschule zur Basis
des Gesprächs zu werden. Die Behauptung im Thema der Reihe muss sich
auf den Literaturunterricht auswirken: nicht die einzig mögliche „Aussage" des Gedichts wäre demnach zu formulieren, sondern Vermutungen
über den Text, möglicherweise auch die Frage, wie wir uns selbst in dem
Gedicht wiederfinden können, ob es eigene Erfahrungen ausspricht etc.
Der Verstehensprozess wäre wichtiger als das Resultat, das am Ende jeder
Interpretation steht. Der Vorwurf der Beliebigkeit, die Schutzbehaup-
tung, die übrigens von vielen SchülerInnen geteilt wird, Textarbeit er-
schöpfe sich im Schwafeln, führen immer wieder zu einem Literaturunterricht, der nicht Kenntnisse und Erfahrungen in ein offenes Gespräch ein-
fliessen lässt. Stattdessen wird er immer wieder zur Zielscheibe satirischer
Angriffe (vgl. das Gedicht von Lamprecht und das Motto-Gedicht von
Lunghard). Es wäre jedoch genauer zu analysieren, warum gerade Gedichte noch mehr als Texte anderer Gattungen verschiedene Deutungen
zulassen bzw. fordern. Ist es nicht ein Kriterium guter Lyrik, dass in nicht
redundanter Form, oft in Bildern reduziert Gedanken, Stimmungen und
Gefühle zu präzisen Aussagen gebracht werden, die überraschen und denen nichts mehr hinzuzufügen ist? Sie bringt auf den Punkt, was bei LeserInnen als diffuse Vorstellung vorhanden ist. Es gibt jedoch auch die lyrisch verschwimmenden, ebenfalls in Bilder gekleideten Gebilde, die sich
dem eindeutigen Verstehen ebenso entziehen und offen sind für mehrere
Deutungen. Das „Enträtseln" wird dort notwendig sein, wo es sich um
stark kodierte Inhalte handelt. Dabei kann es natürlich zu Irrtümern kommen. Schwierigkeiten beim Interpretieren von Gedichten wird es dort geben, wo biografische, historische oder ideologische Kontexte sich nur den
literaturwissenschaftlich Kundigen erschließen und sonst nicht ohne weiteres erkennbar sind. Ist es zulässig, diese Kontexte zu ignorieren?

1. Hans Manz: Was im Buche steht

Zum Text:

Das Gedicht ist eine Anweisung zum Interpretieren in gereimter Form. Es
ist unmittelbar an den Leser oder die Leserin gerichtet und verbirgt nicht

seinen belehrenden Ton. Die Vieldeutigkeit des Gedruckten wahrzunehmen führt der Text in den einzelnen Redewendungen vor. *stehen* kann demnach mehrere Bedeutungen haben: es kann das meinen, was in einem Buch gedruckt ist, kann im Sinne Luthers verwendet werden: *Das Wort, sie sollen lassen stahn*; *stehen lassen* kann auch Verschiedenes bedeuten: unbeachtet lassen, nicht an seinem Sinn zweifeln und anderes mehr. Wie dreht man Worte *so oder so*? Kann es auch dazu kommen, dass man ihren Sinn verdreht? Etwas *auf die Goldwaage legen* hat eher einen negativen Sinn. Die Fortsetzung dieses Satzes müsste gleichsam dreimal unterstrichen werden, so wichtig ist dies fürs Interpretieren: *beweg sie mit einer Frage*. Dadurch werden einerseits die unumstößlichen Wahrheiten relativiert, andererseits wird der Prozess des Verstehens angesprochen: bei den Lesenden werden Unklarheiten benannt und damit ein Schritt zum Textverstehen gewagt. *Wo er verstummt und was er verschweigt* lässt sich schließlich mit dem Fachbegriff vom Subtext erklären.

Anregungen für den Unterricht:

„Warum sagen Sie uns nicht, was in dem Gedicht steht?" So könnte die Aufforderung an den Lehrer/die Lehrerin lauten. Am liebsten hätten es die SchülerInnen, wenn sie alle eine gültige Interpretation in Händen hielten. Diese Sicherheit muss ihnen genommen werden. Deshalb ist eine Anweisung notwendig, die all dem widerspricht. Diese in allen Punkten nachzuvollziehen und zu verstehen, sollte das Ziel der Beschäftigung mit diesem Text sein. Alle einzelnen Punkte müssen auf ihre Richtigkeit überprüft werden.

2. Helmut Lamprecht: Deutschstunden

Zum Text:

In der ersten Strophe treffen wir auf die im Deutschunterricht leider noch häufig gestellte Frage. Sie geht von der Annahme aus, dass es nur *eine* gültige Aussage in einem Text gibt, die gleichzusetzen ist mit der Intention des *Dichters*. Wenn diese nicht klar zum Ausdruck kommt, handelt es sich in diesem Interpretationskonzept nur um ein Übertragungsproblem von einer Ebene zur anderen: vom *Dichter* zum Text, vom Text zu den SchülerInnen und von denen zum *Lehrer*. Der muss dann beurteilen, ob die Aussage „richtig" ist, ob sie „rüberkommt". Wenn nun aber *die Dichter nicht gleich das sagen, was sie gar nicht sagen wollten*, wie dies in der Pointe der zweiten Strophe heißt, bewegen wir uns auf dem Seil plötzlich ohne Netz,

und diese Unsicherheit müssen SchülerInnen schon aushalten. Es wäre
dann zu überlegen, ob irgendein Sinn fälschlicherweise in den Text hinein-
interpretiert werden kann und ob das überhaupt legitim ist, wie wir mit
dem Text umgehen. Möglicherweise hat der Autor seine Texte aber freige-
geben und beharrt nicht mehr auf seiner Version oder aber er hat etwas geschrieben, was er so gar nicht sagen wollte, und er wäre erstaunt, was man
aus seinem Gedicht herauslesen kann. Alle diese Fragestellungen sind
möglich aufgrund des Schlusses. Interpretieren hieße dann nicht mehr,
sich der Illusion einer einzigen gültigen Deutung hingeben, sondern offen
sein für einen Diskurs über den Text mit all seinen Angeboten.

Anregungen für den Unterricht:

Im Hinblick auf abfragbare Resultate, die auch noch eine gute Note einbringen müssen, sind SchülerInnen interessiert an der einzig richtigen
Aussage eines Textes, und sie können sich nur schwer daran gewöhnen,
wenn auch gegensätzliche Interpretationen zugelassen werden. Bei einer
solchen Situation wäre die Auseinandersetzung mit diesem Text sinnvoll,
könnte allerdings zu einer ablehnenden Haltung führen: Wenn die Autoren schon nicht wissen, was sie mit ihren Texten sagen wollen, wie sollen
wir es wissen! Das würde das Vorurteil gegenüber Gedichten bestärken,
dass es sich dabei um völlig irrationale Gebilde handelt. Insofern ist es
nicht ganz einfach, diesen Text nicht nur als witziges Bonmot stehen zu lassen, sondern entscheidende Strategien für den Literaturunterricht überhaupt daraus zu gewinnen. Man könnte sich einen Cartoon vorstellen, auf
dem mehrere LeserInnen mithilfe von Sprechblasen einerseits ihr Nicht-
verstehen, andererseits ihre Vermutungen über einen Text zum Ausdruck
bringen.

3. Martin Anton: Eine schöne Geschichte

Zum Text:

Wie kann sich ein Text in der Rezeption verschiedener LeserInnen über
die Zeiten hinweg verändern? Diese literaturwissenschaftliche Frage wird
hier reflektiert und auch noch für Kinder fassbar in die Form eines Gedichts gebracht. *Eine schöne Geschichte* könnte ein Märchen meinen, das
von Mund zu Mund ging und später aufgezeichnet wurde. Dann beginnt
sozusagen ihr Leidensweg. War sie vorher *außen unsichtbar und innen
bunt*, so wird sie nun *außen schwarz und innen bunt*, wahrscheinlich durch

die Druckerschwärze. Aber ihre Renaissance erfährt sie (immer noch die Geschichte, die nur am Anfang einmal genannt wird) durch die Phantasie eines Kindes. Was lehrt uns das? Ist es ein Angriff gegen die wissenschaftliche Beschäftigung mit einem Text oder kann es auch bedeuten, dass Lesen überhaupt nur die Texte am Leben erhalten kann? Nicht nur Kinder können verschiedene Meinungen zu diesem Gedicht haben.

Anregungen für den Unterricht:

Anknüpfen könnte man an der Vorstellung von einem wunderschönen großen Bücherschrank, in dem wertvolle Bücher stehen, aber keiner geht hin und holt sich eines. Worin liegt der Wert einer solchen Bibliothek, wenn sie nicht gelesen wird? Dagegen gibt es die Bücher, die so oft gelesen werden, dass sie äußerlich abgenutzt und nicht mehr ansehnlich sind. Diese Gedankenspiele können zum Kern des Gedichts führen, zu der *schönen Geschichte,* die früher einmal mündlich weitergegeben worden war, nun aber Gegenstand wissenschaftlichen Interesses ist. Situationen, in denen früher erzählt wurde und wie sie heute vielleicht noch möglich sind, kann man sich vorstellen.

4. Dieter Mucke: Vorfrühling

Zum Text:

Nebel und Dämmerung tragen dazu bei, dass alles im Ungenauen verschwimmt, sich *Wirklichkeit und Märchen mischen.* Die vierzeilige Strophe enthält geradezu programmatisch das Thema dieser Art von Lyrik, in der zwar Bilder verknappt und dadurch auch wahrnehmbar werden, aber dennoch etwas Schwebendes, nicht eindeutig Fassbares darstellen. So ist hier nicht unbedingt auf *Vorfrühling* zu schließen, wenn nicht der Titel von vornherein diesen Kontext bestimmen würde. Eher könnte man sich an die thematische Nähe der Morgendämmerung in einem Mörike-Gedicht erinnert fühlen.

Anregung für den Unterricht:

Es ist sinnvoll, dieses Gedicht ohne den Titel vorzustellen und Vorschläge für eine Überschrift von den SchülerInnen einzuholen. Auch für Erwachsene wird das nicht ganz einfach sein, genau auf diese Überschrift zu kommen, denn man könnte den Inhalt auch dem frühen Morgen zuordnen.

Wenn der richtige Titel bekannt ist, sollten einzelne Elemente, die dem „Vorfrühling" entsprechen, benannt und zugeordnet werden. Das Schwanken oder Schweben zwischen zwei Gegensätzen könnte als wichtiges Thema dieses Textes erfahren werden: Vorfrühling ist eben nicht mehr als Winter, aber auch noch nicht als Frühling wahrzunehmen.

5. Bert Brecht: Der Pflaumenbaum

Zum Text:

Das Gedicht gehört in den Abschnitt *Kinderlieder* der *Svendborger Gedichte* (1939), die Brecht im schwedischen Exil geschrieben hat, eines der insgesamt nahezu fünfzig Kindergedichte. Zwei paarig gereimte Vierheber und zwei paarig gereimte Dreiheber bilden eine Strophe. Die dritte nimmt Reimwörter der ersten auf, allerdings in anderer Folge; liest man III,3 auch dreihebig (mit doppeltem Auftakt), dann erhält *ist* den richtigen Nachdruck. Auch in I,2 sollte durch Herausheben des *der* (in manchen Ausgaben kursiv gedruckt) vom metrischen Schema abgewichen werden, ebenso in III,1 durch Akzent auf *glaubt*. Mit diesen rhythmischen Markierungen will Brecht die „Sprechweise des Alltags" darstellen, wie er in seinem Essay *Über reimlose Lyrik mit unregelmäßigen Rhythmen* begründet, der aus der Entstehungszeit des Gedichts stammt. Auch die verkürzten Wortformen (*Sonn', Red', drum*) sind nicht Anklänge an bayerische Mundart, sondern „Sprechsprache". Die beiden Binnenreime (II,2 und III,1) verstärken andere vorhandene Reimwörter, nämlich II,1 bzw. I,1 und I,2 (vgl. weitere Details in der Interpretation von Cesare Cases). Dass auch Kinder größer werden wollen, dass sie sich mit dem Baum identifizieren können, sagt noch nichts darüber aus, wofür Brecht das Bild nutzen möchte bzw. wie LeserInnen es deuten wollen. Im Kontext der Brecht'schen Natur- und Gesellschaftsauffassung, und nach ihr zu fragen hat mindestens die gleiche Berechtigung wie die Lesart der Kinder, fordert der Text zum Hinterfragen und zum Ändern der politischen und gesellschaftlichen Situation auf.

Anregungen für den Unterricht:

Die Idee der Kinder zu akzeptieren oder gar selbst anzuregen, den Baum zu verpflanzen, hält sie in der Bildebene gefangen. Da hilft auch alles Zeichnen und Selberschreiben nicht heraus. Nach einer solchen Motivationsphase sollten Reflexionen einsetzen, die natürlich an eigene Erfahrungen gebunden sein müssen. Naturliebe ist nicht das Thema des Gedichts. Wer oder was hindert mich am Größerwerden? Was erwarte ich von den Veränderungen? Wie weit tragen die Parallelen zwischen Pflaumenbaum ohne Früchte, der nur am Blatt als solcher zu erkennen ist und Mensch, und mir? Dass schließlich die Beobachtung von Sprache und Rhythmus im Unterricht als „akademisch" verunglimpft werden darf, sondern auch Kindern als das Poetische des Textes vermittelt werden kann, ist im gegenwärtigen Schulalltag leider keine Selbstverständlichkeit.

Literatur

Cases, Cesare: „Der Pflaumenbaum", Brecht, Benjamin und die Natur. In: ders: Stichworte zur deutschen Literatur. Kritische Notizen. Wien: Europa Verlag 1969, S. 211–240

Kaulen, Heinrich: Kinderlieder, Lehrstücke, Parabeln. Literatur für Kinder und Jugendliche bei Bertolt Brecht (erscheint 2002)

XXI. Gedichte nur für Erwachsene?

Nicht erst an Beispielen dieses Kapitels sollte deutlich geworden sein, dass Kinderlyrik nicht ein Bereich ist, für den allenfalls die Grundschuldidaktik zuständig ist, weil nach Meinung vieler in dieser Altersstufe nur mehr oder weniger kindische Reimereien gelesen und gelernt werden. Vielmehr handelt es sich durchaus um ernstzunehmende Texte, bei denen es sich lohnt sie aufzuschließen, sei es mit der Nachdenklichkeit, wie sie auch von literaturwissenschaftlich nicht gebildeten Erwachsenen, also den Eltern erwartet werden kann, sei es mit literaturwissenschaftlichem Instrumentarium. Dass dabei auch didaktischer Sachverstand wichtig ist, versteht sich von selbst. Es handelt sich also in der Lyrik für Kinder um einen Bereich, der nach zwei Seiten offen sein muss: einerseits an Kinder und Jugendliche adressiert, für sie verständlich in Sprache und Inhalt, andererseits muss er auch für Erwachsene interessant und bedenkenswert sein.

An den Texten dieser Reihe wird nun der Blickwinkel umgekehrt: Kinder und Jugendliche versuchen Gedichte zu verstehen, die ursprünglich nicht an sie adressiert sind. Neu ist nicht, dass Kinder Erwachsenengedichte lesen, der Kanon reicht von Claudius und Mörike bis zu Morgenstern und Jandl, sondern dass nicht die VermittlerInnen in Verlag und Schule diese Auswahl treffen, sondern Kinder selbst ausprobieren, ob ihnen Erwachsenengedichte „etwas sagen". Dabei muss es sich immer noch um solche handeln, die ihr Fassungsvermögen nicht übersteigen, ihren Neigungen und Interessen nicht entgegenstehen. Um dies herauszufinden, Möglichkeiten des Verständnisses anzubahnen, ist wiederum der didaktische Blickwinkel notwendig. Gerade in der Antizipation liegt eine Herausforderung, die sich didaktisch als fruchtbar erweisen kann. Anders als leicht verständliche „schöne" Texte sind sie oft schwerer zu entschlüsseln, bieten Widerstände, lassen vielleicht manches offen, was sich erst zu einem späteren Zeitpunkt erschließt.

1. Günter Eich: Wo ich wohne

Zum Text:

Dieses Gedicht könnte auch unter dem Thema „Traumbilder" (Reihe XIII) stehen, denn dass Fische, Heringe ins Zimmer schwimmen, gehört sicher ins Reich der Phantastik. Realistischer sind schon die Matrosen, die *ans offene Fenster kommen und um Feuer bitten*. Sie aber sind es, die noch weniger als die Fischschwärme ertragen werden und schließlich zu dem Schluss führen: *Ich will ausziehen*. Das mag daran liegen, dass es sich bei ihnen um *höhere Ränge, Steuerleute, Kapitäne* handelt. Die längere erste Strophe beschreibt ausführlich den Weg der Fische an verschiedenen, eher idyllischen Orten in der Natur: *Birnbäume, Wald, Schonungen* und *Kiesgruben*. Obwohl die Vorstellung von Fischen an diesen Orten etwas Malerisches hat, heißt es doch ganz lapidar: *sie sind lästig*. Ähnlich wie in seinem berühmten Hörspiel *Träume* finden sich auch in diesem Gedicht surrealistische Elemente, wenn ihm auch die zeitkritischen und apokalyptischen Dimensionen fehlen.

Anregungen für den Unterricht:

Mag die erste Strophe noch die Vorstellung von einem Aquarium nahe legen, redet die zweite Strophe von Seeleuten, also auch von denen, die etwas mit Seefahrt beziehungsweise mit dem Wasser zu tun haben. Auf diese Zusammenhänge muss man eingehen, um eine Vorstellung von dieser unwirtlichen und unwirklichen Behausung zu bekommen. Was ist das Unwirkliche an diesem Text? Wo vermischen sich Reales und Irreales? Welche Wirkung entsteht dadurch? Auch dieses Gedicht gilt es möglicherweise zu verteidigen gegen den Vorwurf, dass es sich um Unsinniges handelt.

2. Hans-Ulrich Treichel: Alles vergeht

Zum Text:

Was zuerst erscheint wie ein barockes Memento-mori-Gedicht über die Vergänglichkeit der Welt, wird schnell zur Klage über Umweltzerstörung. Die ersten beiden Zeilen behandeln das Thema noch ironisch: *Das bisschen Himmel/wird auch immer kleiner*. Es kommt auf den Betrachter und seinen Standort an, ob er von dem weiten Himmel oder dem *bisschen Himmel* reden kann. Die, die es betreffen könnte, *die Spatzen merken noch nichts*. Die Titelzeile steht etwa in der Mitte des Textes und zentriert ihn. Wieder eine ironische Wendung: *Vielleicht überleben die Autos*. Dies kann die LeserInnen gar nicht trösten. Mit kleinen Sinneinheiten, kurzen Sätzen werden immer neue Vorstellungen angestoßen wie das Aussterben der Saurier. Dann aber am Schluss des Gedichts entsteht noch ein Bild von großem Gewicht und in seiner Wehmut ein bewegender Nachruf auf die Bäume.

Anregungen für den Unterricht:

Die kurzen Sätze, die einfache Diktion lassen diesen Text für etwas ältere Kinder zugänglich erscheinen, der zu einer fruchtbaren Auseinandersetzung mit dem Thema „Natur" führen kann. Zuvor aber ist es sinnvoll, das Gedicht sorgfältig zu betrachten unter dem Gesichtspunkt: wie gestaltet ein Autor seine Sorge um die Zerstörung der Natur? Dabei wären die ironischen Elemente genauer zu beleuchten und zu fragen, warum jemand in diesem Ton spricht, wenn er eigentlich etwas Negatives und Deprimierendes beschreiben will.

3. Uwe Michael Gutzschhahn: Notwendig

Zum Text:

Sind es nur die Probleme von Erwachsenen, die hier thematisiert werden? Man könnte sich auch Jugendliche vorstellen, die ohne ein Zuhause herumirrend eine freundliche Geste von anderen brauchen. Auf diese positive Grundhaltung ohne großes Filmpathos kommt es an, wie es sich in der Formulierung ausdrückt: *er legt seine Jacke/dir über die Schultern/eine wollene Decke.* Was konkret unter dem *rumlaufen* zu verstehen ist, muss jede/r selbst herausfinden. Die Anfänge der unterschiedlich langen Strophen sind gleich und sind auch im Titel enthalten. Während die erste Strophe die elementaren Hilfeleistungen anspricht, thematisiert die zweite Strophe das psychologische Verhalten dessen, der weder ausfragt noch Ausweispapiere verlangt, also den andern so nimmt, wie er ist, weil er selbst wohl schon in dieser Situation war.

Anregungen für den Unterricht:

Die Jugendlichen werden sich erinnert fühlen an Bilder und Szenen aus Filmen. Vielleicht können sie unterscheiden zwischen deren falschem Pathos und den sparsamen, einprägsamen Gesten dieses Textes, aus denen Fürsorge für den anderen spricht. Es geht eigentlich immer um alltägliche Dinge, eine *Jacke, eine wollene Decke,* die allerdings für die Betroffenen ungeheuer wichtig sind. Es geht um die bedingungslose Zuwendung und das Akzeptieren des andern.

XXII. Sein eigenes Gedicht entdecken

„Manchmal muss man gar nichts mit einem Gedicht machen, als es lesen und einfach gut finden. Oder es jemandem zeigen" (Fritzsche 1995: 149). Dies ist natürlich mit jedem Gedicht möglich. Aus einer Fülle von Texten kann demnach *ein* Gedicht ausgewählt werden, mit dem jede Schülerin/ jeder Schüler so umgehen kann, wie erwachsene LeserInnen dies normalerweise tun: sie lesen ein Gedicht, verstehen es nicht, legen es weg oder finden es gut, d. h. sie lesen es nochmals, denken über unverständliche Formulierungen nach, glauben ihre aktuelle Lebenssituation in einem solchen Text zu entdecken, lernen das Gedicht vielleicht auswendig oder teilen es anderen mit in der Annahme, dass es für sie ebenso zutrifft. Das wird naturgemäß keine hermetische Lyrik sein wie beispielsweise ein Celan-Gedicht, in das einzudringen wirklich nur „CelanistInnen" vorbehalten bleibt. Um sich vorbehaltlos auf ein Gedicht einzulassen, bedarf es keiner Analyse, keiner Anleitung zum Lesen und Verstehen; es ist wie das Hören von Musik, bei dem ja auch nicht der Musikwissenschaftler oder Musiklehrer benötigt wird. Natürlich können Gedichte auch gesammelt und etwa nach inhaltlichen Kriterien zusammengestellt werden, beispielsweise Naturgedichte, Tiergedichte, Jahreszeitengedichte, Liebesgedichte. Ein weiterer Schritt wäre der Versuch, eigene Stimmungen und Gefühle, Reflexionen und Erfahrungen in eine lyrische Form zu bringen. Für jüngere Kinder wäre das Schreiben und bildnerische Gestalten denkbar als kreativer Akt.

Weil es in dieser Reihe vorwiegend um das Auswählen anderer Texte geht, wird hier nur ein Textvorschlag gemacht, in dem dieser individuelle, eher private Umgang mit Gedichten eine Rolle spielt.

1. Kurt Marti: gedicht von gedichten

Zum Text:

Gedichte über das Dichten und über Gedichte haben eine lange Tradition; die Reflexion über das künstlerische Tun begleitet das Schreiben. Auch Kinder fragen SchriftstellerInnen immer wieder: Wie geht das eigentlich, das Schreiben? Neben dem Produktionsprozess interessiert vielleicht nicht nur LehrerInnen, welche Wirkung von Gedichten ausgeht, wozu man sie gebrauchen kann. Kurt Marti geht dieser Frage nach in einem Text

mit einer komplizierten Struktur. Die beiden Teile sind sehr unterschiedlich: während der erste zyklisch angelegt ist, reiht der zweite acht Negativ-
aussagen über die Funktion des Gedichts und mündet in die zweizeilige
Grundaussage. Der erste Teil spielt verschiedene Möglichkeiten durch,
mit denen man sich einem Gedicht nähern kann, einsetzend mit dem
Wortspiel *begreifen* und *betasten*, d. h. rationales und quasi taktiles An-
nähern. Auch *betreten* und *betrachten* stehen in ähnlichem Kontrast von
Nähe und Distanz. Der Kreis wird ermöglicht durch die doppelte Bedeutung von *begreifen*. Im zweiten Teil wird zunächst jeweils eine negative
Aussage über *gedichte* gemacht (*sind nicht*). Die Zeilen werden kürzer,
die Aussagen darüber, was Gedichte sind, reduzieren sich schließlich auf
ein kurzes: *Gedichte sind frei/gedichte sind da*, sie sind allein dadurch eine ständige Provokation. *gedicht von gedichten* handelt davon, wie mit
Lyrik umgegangen werden kann, was ein Gedicht bewirkt und wie sich
Gedichte allen Erwartungen entziehen.

Anregungen für den Unterricht:
Ausgehend von der Frage: „wie viel Lyrik braucht der Mensch?" und einem Gespräch darüber, warum andere Menschen sich mit Gedichten beschäftigen, wird sich eine persönliche Standpunktklärung ergeben, die
über affektive Ablehnungen hinausgeht. Dabei wird das Argument eine
Rolle spielen, Lyrik sei verschlüsselt und zu schwierig; gerade beim Suchen nach „eigenen" Gedichten wird es sich eventuell relativieren lassen.
Die Alternativen, die Marti gleich gewichtig nebeneinander stellt, werden
im Unterricht ebenso diskutiert werden wie die eigenwillige Form, in der
er sie abwägt. Das schwierige Gedicht sollte nicht davon abhalten, auch
unabhängig davon Kinder ihre Gedichte auswählen, zu persönlichen (Ge-
schenk)-Anthologien zusammenstellen und kommentieren zu lassen.

Weitere Gedichte:

Eine Fülle von Beispielen bieten die Anthologien im Anhang.

Literatur

Fritzsche, Joachim: Überschrift Deutsch. Arbeitsbuch Literatur und Kommunikation. Sekundarstufe II. Hannover: Schroedel 1995

Literatur

A. Fachliteratur

Altner, Manfred: Zur Entwicklung der sozialistischen Kinder- und Jugendlyrik in der DDR von 1945–1975. Berlin: Kinderbuchverlag 1976 (Studien zur Geschichte der deutschen Kinder- und Jugendliteratur 9)

Breuer, Dieter: Deutsche Metrik und Versgeschichte. München: Fink 1981; 3. Auflage 1994 (UTB 745)

Burdorf, Dieter: Einführung in die Gedichtanalyse. Stuttgart: Metzler 1995. 2., überarb. und aktualisierte Auflage 1997 (Sammlung Metzler 284)

Cordes, Roswitha (Hrsg.): Lyrik für Kinder und junge Leute. Schwerte: Katholische Akademie 1988 (Dokumentationen 19)

Ewers, Hans Heino: Kinderlyrik im bürgerlichen Zeitalter. JuLit 19 (1993), Heft 2, S. 32–46

Frank, Horst Joachim: Wie interpretiere ich ein Gedicht? Tübingen: Francke 1991, 5. Auflage 2000 (UTB 1639)

Franz, Kurt: Kinderlyrik. Struktur, Rezeption, Didaktik. München: Fink 1979 (UTB 855)

Franz, Kurt/Hans Gärtner (Hrsg.): Kinderlyrik zwischen Tradition und Moderne. Baltmannsweiler: Schneider Hohengehren 1996 (Schriftenreihe der Deutschen Akademie für Kinder- und Jugendliteratur Volkach e. V. Bd. 17)

Franz, Kurt: Kinderlyrik. In: Günter Lange (Hrsg.): Taschenbuch der Kinder- und Jugendliteratur. Baltmannsweiler: Schneider Hohengehren 2000, Band 1, S. 201–227. Auch in: Alfred C. Baumgärtner und Heinrich Pleticha (Hrsg.): Kinder-und *Jugendliteratur.* Ein Lexikon. Meitingen: Corian 1995 ff. Loseblattausgabe

Gelfert, Hans-Dieter: Wie interpretiert man ein Gedicht? Stuttgart: Reclam 1990 (Arbeitstexte für den Unterricht)

Gelfert, Hans-Dieter: Einführung in die Verslehre. Stuttgart: Reclam 1998 (Arbeitstexte für den Unterricht)

George, Edith: Zur Ästhetik und Leistung der sozialistischen Lyrik für Kinder. Diss. (A) Dresden 1971, Berlin 1976 (Schriftenreihe zur Kinderliteratur 3)

Germann, Heide u. a.: Töne für Kinder. Kassetten und CDs im kommentierten Überblick. Ausgabe 2001/2002. Freiburg: KoPäd 2001

Kaulen, Heinrich: Zwischen Affirmation und sozialistischer Utopie. Überlegungen zu Bertolt Brechts Kinderliedern von 1950. In: Hans-Heino Ewers u. a. (Hrsg.): Kinder- und Jugendliteraturforschung 1994/95. Stuttgart: Metzler 1995, S. 74–90

Kliewer, Heinz-Jürgen: Was denkt die Maus? Gesammelte Aufsätze zur Kinderlyrik. Frankfurt: Lang 1999 (Kinder- und Jugendkultur, -literatur und -Medien Band 5)

Kliewer, Heinz-Jürgen: Doppeladressierung in der Kinderlyrik (erscheint 2002)

Köpf, Gerhard (Hrsg.): Neun Kapitel Lyrik. Paderborn: Schöningh 1984

Lamping, Dieter: Das lyrische Gedicht. Definitionen zu Theorie und Geschichte der Gattung. Göttingen: Vandenhoeck & Ruprecht 1989, 2. Auflage 1993

Motté, Magda: Moderne Kinderlyrik. Begriff – Geschichte – Literarische Kommunikation – Bestandsaufnahme. Frankfurt: Lang 1983

Segebrecht, Wulf (Hrsg.): Fundbuch der Gedichtinterpretationen. Paderborn: Schöningh 1997

Vogdt, Ines-Bianca: Wunderhorn und Sprachgitter. Geschichte der internationalen Kinderlyrik seit dem 18. Jahrhundert. München: Fink 1998

Wagenknecht, Christian: Deutsche Metrik. Eine historische Einführung. München: Beck 1981. 4., neu durchgesehene Auflage 1999

B. Fachdidaktische Literatur

Andresen, Ute: Versteh mich nicht so schnell. Gedichte lesen mit Kindern. Ill. Andrea Bastian. Weinheim: Quadriga 1992. Auflage 1999 (Beltz Taschenbuch 36) mit einem Nachwort „Rettet die Poesie!" (S. 310–333)

Christmann, Beate: Das Gedankengut der reformpädagogischen Bewegung im Gedichtunterricht der Grundschule. Frankfurt: Haag + Herchen 1994

Eckhardt, Juliane: Kindergedichte. Stuttgart: Reclam 1980 (Arbeitstexte für den Unterricht)

Forytta, Claus/Eva Hanke (Hrsg.): Lyrik für Kinder – gestalten und aneignen. Frankfurt/M: Arbeitskreis Grundschule e.V. 1989 (Beiträge zur Reform der Grundschule 76)

Kliewer, Heinz-Jürgen: Elemente und Formen der Lyrik. Ein Curriculum für die Primarstufe. Hohengehren: Burgbücherei Wilhelm Schneider 1974

Kliewer, Heinz-Jürgen und Ursula: Jugendlyrik. Stuttgart: Reclam 2000 (Arbeitstexte für den Unterricht)

Menzel, Wolfgang/Karl Binneberg: Modelle für den Literaturunterricht. Entwurf einer Elementarlehre Lyrik. Braunschweig: Westermann 1970 (Westermann Taschenbuch 66)

Pielow, Winfried: Das Gedicht im Unterricht. Wirkungen, Chancen, Zugänge. München: Kösel 1965

Reger, Harald: Kinderlyrik in der Grundschule. Literaturwissenschaftliche Grundlegung. Schülerorientierte Didaktik. Baltmannsweiler: Pädagogischer Verlag Burgbücherei Schneider 1990, 4. Auflage 2000

Reichgeld, Manfred: Gedichte in der Grundschule. Ein Glanz schwebt in die Weite. München: Oldenbourg 1993 (Prögel Praxis 178)

Schulz, Gudrun: Umgang mit Gedichten: didaktische Überlegungen, Beispiele zu vielen Themen, Methoden im Überblick. Berlin: Cornelsen Scriptor 1997

Spinner,Kaspar H.: Umgang mit Lyrik in der Sekundarstufe I. Baltmannsweiler: Pädagogischer Verlag Burgbücherei Schneider 1984, 3. Auflage 1997, 4. Auflage 2000

Steffens, Wilhelm u. a.: Das Gedicht in der Grundschule. Strukturen, Lernziele, Experimente. Frankfurt: Hirschgraben 1973

Steffens, Wilhelm: Spielen mit Sprache. Aspekte eines kreativen Sprach- und Literaturunterrichts im 1. bis 6. Schuljahr. – Frankfurt: Hirschgraben 1981, grundlegende Neufassung: Spielen mit Sprache im ersten bis sechsten Schuljahr. Baltmannsweiler: Schneider Hohengehren 1998

Stocker, Karl: Wege zum kreativen Interpretieren: Lyrik. Sekundarbereich. Baltmannsweiler: Schneider Hohengehren 1993

Venus, Dankmar: Celan im vierten Schuljahr? Zu einem Unterrichtsgespräch über Paul Celans „Sprachgitter". Westermanns Pädagogische Beiträge 13 (1961) S. 446–450

Verlan, Sascha (Hrsg.): Rap-Texte. Stuttgart: Reclam 2000 (Arbeitstexte für den Unterricht)

Waldmann, Günter: Produktiver Umgang mit Lyrik. Baltmannsweiler: Pädagogischer Verlag Burgbücherei Schneider 1988. 5., völlig neubearb. und erweiterte Auflage 1998

C. Anthologien

1. Allgemeine Anthologien

Andresen,Ute (Hrsg.): Im Mondlicht wächst das Gras. Gedichte für Kinder und alle im Haus. Ill. Dieter Wiesmüller. Ravensburg: Maier 1991

Bartos-Höppner, Barbara (Hrsg.): Kindergedichte unserer Zeit. Ill. Christine Wilhelm. Würzburg: Arena 1984

Bartos-Höppner, Barbara (Hrsg.): Das grosse Reimebuch für Kinder. Ill. Monika Laimgruber. Wien: Betz 1990

Buhmann, Heide / Hanspeter Haeseler (Hrsg.): HipHop XXL. Fette Reime und Fette Beats in Deutschland. Mit zwei CDs. Schlüchtern: Rockbuch 2001

Bydlinski, Georg (Hrsg.): Der Wünschelbaum. 151 Gedichte für Familie, Schule und Kindergarten. Ill. Agnès Rosenstiehl. Wien: Herder 1988

Bydlinski, Georg (Hrsg.): Der neue Wünschelbaum. Gedichte für Kinder und ihre Erwachsenen. Ill. Birgit Antoni. Wien: Dachs 1999

Conrady, Karl Otto (Hrsg.): Das große deutsche Gedichtbuch. München: Artemis & Winkler 1991. Der neue Conrady. Das große deutsche Gedichtbuch von den Anfängen bis zur Gegenwart. 2000

Dencker, Klaus Peter: Deutsche Unsinnspoesie. Stuttgart: Reclam 1978, durchges. Ausgabe 1995

Dirx, Ruth (Hrsg.): Kinderreime. Ill. Renate Seelig. Ravensburg: Maier 1987

Enzensberger, Hans Magnus (Hrsg.): Allerleirauh. Viele schöne Kinderreime. Frankfurt: Suhrkamp 1961

Gabrisch, Anne (Hrsg.): Ich will euch was erzählen ... Deutsche Kinderreime. Ebenhausen: Langewiesche 1970, Wiesbaden: Fourier 1979, Leipzig: Reclam 1983, 8. Auflage 1988

Gelberg, Hans-Joachim (Hrsg.): Die Stadt der Kinder. Gedichte für Kinder in 13 Bezirken. Ill. Werner Blaebst. Recklinghausen: Bitter 1969, 2.Auflage 1982. Ill. Janosch. München: dtv 1972

Gelberg, Hans-Joachim (Hrsg.): Überall und neben dir. Gedichte für Kinder in sieben Abteilungen. Ill. von Künstlern. Weinheim: Beltz & Gelberg 1986

Gelberg, Hans-Joachim (Hrsg.): Großer Ozean. Gedichte für alle. Weinheim: Beltz & Gelberg 2000

George, Edith und Hänsel, Regina (Hrsg.): Ans Fenster kommt und seht. Gedichte für Kinder. Ill. Eberhard Binder-Straßfurt. – Berlin: Kinderbuchverlag 1963

George, Edith (Hrsg.): Was sieht die Ringeltaube? Gedichte für Kinder. Ill. Hans Ticha. – Berlin: Kinderbuchverlag 1978, 4. Auflage 1984

George, Edith (Hrsg.): Jüngst sah ich den Wind. Deutsche Gedichte für Kinder. Ill. Eberhard Binder. Berlin: Kinderbuchverlag 1984, 2. Auflage 1987

George, Edith (Hrsg.): Es war ein König in Thule. Gedichte erzählen. Ill. Hannelore Teutsch. Berlin: Kinderbuchverlag 1989

Harranth, Wolf (Hrsg.): Im Pfirsich wohnt der Pfirsichkern. Gedichte für Kinder. Ill. Christine Sormann. Mödling-Wien: St. Gabriel 1994

Harries, Edith (Hrsg.): Kindergedichte. Ein Bilderbuch von Margret Rettich mit 120 alten und neuen Versen und Gedichten. Ravensburg: Maier 1978

Heckmann, Herbert und Michael Krüger (Hrsg.): „Kommt, Kinder, wischt die Augen aus, es gibt hier was zu sehen." Die schönsten deutschen Kindergedichte. München: Hanser 1974. Unter dem Titel: Hausbuch der schönsten deutschen Kindergedichte. Reinbek: Rowohlt 1980

Holtz-Baumert, Gerhard (Hrsg.): Menschen, liebe Menschen, laßt die Erde stehn. Ill. Albrecht von Bodecker. – Berlin: Kinderbuchverlag 1969

Hüsler, Silvia (Hrsg.): Al fin Serafin. Kinderverse aus vielen Ländern. Ill. Caroline Mendelin. Zürich: pro juventute 1993 (atlantis kinderbücher)

Jacoby, Edmund (Hrsg.): Dunkel war's, der Mond schien helle. Verse, Reime und Gedichte. Ill. Rotraut Susanne Berner. Hildesheim: Gerstenberg 1999

Kliewer, Heinz-Jürgen (Hrsg.): Die Wundertüte. Alte und neue Gedichte für Kinder. Stuttgart: Reclam 1989

Krüss, James (Hrsg.): So viele Tage wie das Jahr hat. 365 Gedichte für Kinder und Kenner. Ill. Eberhard Binder-Staßfurt. München: Bertelsmann 1959, 8. Auflage 1989. Neu ill. von Elfriede Binder und Eberhard Binder

Laufhütte, Hartmut (Hrsg.): Deutsche Balladen. Stuttgart: Reclam 1991

Lins, Bernhard (Hrsg.):Das Jahr lacht unterm Regenschirm. Gedichte für Kinder. Ill. Linda Wolfsgruber. Innsbruck: Tyrolia 1995

Neumeister, Andreas und Marcel Hartges (Hrsg.): Poetry! Slam! Texte der Pop-Fraktion. Reinbek 1996

Pleticha, Heinrich ((Hrsg.): Schöne alte Kindergedichte von Martin Luther bis Christian Morgenstern. Würzburg: Stürtz 1997

Preißler, Helmut (Hrsg.): Das Windrad. Kindergedichte aus zwei Jahrzehnten. (Mit Erläuterungen) Ill. Gertrud Zucker. Berlin: Kinderbuchverlag 1967

Preußler, Otfried und Regine Stigloher (Hrsg.): Eins, zwei, drei im Bärenschritt. Ill. Petra Probst. Stuttgart: Thienemann 1998

Preußler, Otfried und Heinrich Pleticha (Hrsg.): Das große Balladenbuch. Stuttgart: Thienemann 2000

Schweikart, Ralf (Hrsg.): Explicit Lyrics. Songtexte und Gedichte. Reinbek 1999

Tiede, Hans-Otto (Hrsg.): Sieben Blumensträuße. Reime und Gedichte für den Kindergarten. Berlin: Volk und Wissen 1983, 2. Auflage 1985

Walter, Ilse (Hrsg.): Das Jahreszeiten-Reimebuch. Ill. Maria Blazejovsky. Wien: Herder 1992

Walter, Ilse (Hrsg.): Kinderzeit im Festtagskleid. Gedichte für besondere Anlässe. Ill. Maria Blazejovsky. Wien: Herder 1993

Zakis, Ursula (Hrsg.): Wenn die weißen Riesenhasen abends übern Rasen rasen. Kindergedichte aus vier Jahrhunderten. Ill. Cornelia von Seidlein. Zürich. Sanssouci 1998

2. Anthologien für die Schule

(chronologisch)

Bilder und Gedichte für Kinder zuhaus, im Kindergarten und für den Schulanfang. Hrsg.: Werner Halle, Klaus Schüttler-Janikulla. Ill. Janosch. Braunschweig: Westermann 1971

Klang, Reim, Rhythmus. Gedichte für die Grundschule. Hrsg. Fritz Bachmann, Herbert Chiout, Wilhelm Steffens. Frankfurt/Main: Hirschgraben 1972

Ein Gedicht – was ist das? Hrsg.: Heinz-Jürgen Kliewer. Ill. Ursula Kliewer Heft 1. Erstes und zweites Schuljahr. Hohengehren: Burgbücherei Wilhelm Schneider 1972. Heft 2. Drittes und viertes Schuljahr 1974

Blätter für meinen Kalender. Gedichtsammlung für die Grundschule. Hrsg.: Gerhard Rademacher und Hermann Wacker. Ill. Burkhard Kracke. Hannover: Schroedel 1979

Kindergedichte. Für die Primarstufe. Hrsg. Juliane Eckhardt. Stuttgart: Reclam 1980

Jahreszeiten. Gedichte und Geschichten für das ganze Jahr. Hrsg. Wolfgang Finke unter Mitarbeit von Ursula Finke. Paderborn: Schöningh 1983

✳ *Und mittendrin der freche Hans.* Gedichte für Grundschulkinder. Hrsg. Gerhard Sennlaub. – Berlin: Cornelsen-Velhagen & Klasing 1986

* *Frühmorgens bis Silvester.* Gedichte für Kinder. Hrsg. Baumgärtner, Coldewey.
  Bochum: Kamp 1993

* *Wann Freunde wichtig sind.* Gedichte für die Grundschule. Hrsg. Klaus Lindner.
  Ill. Heinz Schindele. Leipzig: Klett 1996

* *Gefunden.* Gedichte für die Grundschule.Ncubearbeitung. Hrsg.: Mascha
  Kleinschmidt-Bräutigam und Margarete Kolbe. Ill. Pia Eisenbarth u. a. Frankfurt: Diesterweg 1997

* *Das Flügelpferd.* Gedichte für die Grundschule. Hrsg.: Signe Sellke. Ill. Susanne
  Berger. Hannover: Schroedel 1999

* noch auf dem Markt

3. Materialien für den Unterricht

(chronologisch)

Gedichte für die Grundschule 1. Jahrgangsstufe Schülerarbeitsheft von Oswald
Watzke u. a. Donauwörth: Auer 1981, 3. Auflage 1986; dass. 2. Jahrgangsstufe
1980, 4. Auflage 1988

Gedichte in Stundenbildern 1. Jahrgangsstufe Lehrerheft von Oswald Watzke u. a.
Donauwörth: Auer 1981, 4. Aufl. 1988; dass. 3. Jahrgangsstufe 1980, 6. Auflage
1988

* *Verseschmiede. Spielerischer Umgang mit Gedichten.* Alexander Bertsch und
  Hartmut Merkt.- Stuttgart: Klett 1986

* *Gedichte für Grundschulkinder.* Hrsg.: Oswald Watzke und Peter Högler. Ill. Peter Seuffert. Donauwörth: Auer 1986

* *Interpretationen zu „Gedichte für Grundschulkinder"* 1./2. Jahrgangsstufe. Oswald Watzke u. a.Donauwörth: Auer 2. Auflage 1988

* *Interpretationen zu „Gedichte für Grundschulkinder"* 3./4. Jahrgangsstufe. Oswald Watzke u. a. Donauwörth: Auer 2. Auflage 1988

Gedichte in Stundenbildern 4. Jahrgangsstufe. Unterrichtsvorschläge mit Kopier-
vorlagen. Hrsg. Oswald Watzke u. a. Donauwörth: Auer 1990

Vorhang auf. Gedichte. Idee und Auswahl Jochen Hering. Bremen: Pädagogische
Kooperative 1990

Wie ist es im Lande der Zwerge? Arbeitsheft Gedichte 2. Schuljahr von Max-Moritz
Medo. – Stuttgart: Klett 1991

Was wünschen sich Kinder? Arbeitsheft Gedichte 3./4. Schuljahr von Max-Moritz
Medo. – Stuttgart: Klett 1991

* *Lyrik für Kinder. Die Dichterwerkstatt.* Hrsg. Karin Heinrich, Rita Holver-
  scheid, Ill. Corinne Berger u. a. Verlag an der Ruhr 1991

Ein Käfer kam im Mai daher. Gedichte für dich zum … Ausgewählt von Barbara
Coldewey und Hans Iblher. – Bochum: Kamp 1992

* *Hiphop. Sprechgesang: Raplyriker und Reimkrieger.* Unterrichtsmaterialien für die Sekundarstufen. Hannes Loh und Sascha Verlan. Mülheim: Verlag an der Ruhr 2000
* *Mach mit! Die kleine Gedichte-Werkstatt.* Eckhard Rüger. Lichtenau: AOL, 2. Auflage 2001
* noch auf dem Markt

D. Kassetten/CDs

Gelberg, Hans-Joachim (Hrsg.): Überall und neben dir. Interpret: Hans-Joachim Gelberg. Hamburg: Polygram 1994

Gelberg, Hans-Joachim (Hrsg.): Großer Ozean. Gedichte für alle. Interpret: Hans-Joachim Gelberg. Hamburg: Hörcompany 2001

Görner, Lutz: Das große Kindergedichte-Buch. Buch und 2 CDs. Nr. 1 „Zauberlehrling & Co". Interpret: Lutz Görner. Köln: Reziteater 1998

Goethe, Johann Wolfgang: Da läuft die Maus! Goethe für Kinder und andere Zauberlehrlinge. Interpret: Donata Höffer u. a. Hamburg: Jumbo 1999

Goethe, Johann Wolfgang: Ich bin so guter Dinge. Interpret: Peter Härtling. München: Der HörVerlag 1999

Guggenmos, Josef: Oh, Verzeihung, sagte die Ameise. Interpret: Anneliese Rottenberger u. a. Hamburg: Polygram 1991

Hacks, Peter: Der Bär auf dem Försterball. Enthält außerdem: Das musikalische Nashorn, Gedichte aus: „Der Flohmarkt". Interpret: Eberhard Esche u. a. Dortmund: Igel Records 2000

Hüsler, Silvia(Hrsg.): Al fin serafin. Kinderverse aus vielen Ländern. Interpret: Ruth Aders. Zürich: Pro juventute/UNICEF1993

Jacoby, Edmund (Hrsg.): Dunkel war's, der Mond schien helle. Interpret: Donata Höffer u. a. Hamburg: Jumbo/Gerstenberg 2000

Kleinschmidt, Mascha und Margarethe Kolbe (Hrsg.): Gefunden. Gedichte für die Grundschule. Ausgewählte Texte. Interpret: Horst Krebs u. a. Frankfurt: Diesterweg o. J.

Kruse, Max: Federleicht und Windkinder. Interpret: Otto Sander. Düsseldorf: Patmos 1998

Ringelnatz, Joachim: „Ritze, Rotze, Ringelnatz". Ausgesprochene Frechheiten. Interpret: Otto Sander. Düsseldorf: Patmos 1996

Saalmann, Günter und Helmut „Joe" Sachse: Fez & Firlefanz. Hamburg: Polygram 1992

Vahle, Fredrik: Der Himmel fiel aus allen Wolken. Brabbellieder, Zauberreime und Erzählgedichte. Interpret: Fredrik Vahle u. a. Düsseldorf: Patmos 1996

Wittkamp, Frantz: Du bist da, und ich bin hier. Gedichte und Geschichten. Interpret: Manfred Steffen. Hamburg: Hörcompany 2001

Autoren und Autorinnen

Anonym

Eni beni suptraheni (34)
Aus: Hans Magnus Enzensberger (Hrsg.): Allerleirauh. Viele schöne Kinderreime. Frankfurt: Suhrkamp 1961

Johann, spann an / Himpelchen und Pimpelchen (34 / 123)
Aus: Anne Gabrisch (Hrsg.): Ich will euch was erzählen … Deutsche Kinderreime. Ebenhausen: Langewiesche 1972, Leipzig: Reclam 8. Auflage 1979

Ein alter Posthalter / Auf dem Berge Sinai (34 / 51)
Aus: Marlene Reidel (Hrsg.): ri-ra-rutsch. München: Lentz 1959

Bidele, badele, budele Batzen (41)
Aus: Bergese / Schmolke (Hrsg.): Singen und Spielen. Wolfenbüttel: Möseler 1963

Ich ging einmal nach Buschlabeh (51)
Aus: Maria Kühn (Hrsg.): Macht auf das Tor. Alte deutsche Kinderlieder. Königstein: Langewiesche 1965

Lilofee (95)
Aus: Echtermeyer / von Wiese / Paefgen (Hrsg.): Deutsche Gedichte. Düsseldorf: Cornelsen 1990

Das bucklige Männlein (124)
Aus: Achim von Arnim / Clemens Brentano (Hrsg.): Des Knaben Wunderhorn. München: Winkler 1957

Anton, Martin (*1950)

d. i. Dr. Helge Weinrebe; lebt in Mittelbiberach; Studium Erz.wissenschaften, Deutsch, Bildende Kunst; tätig in der Lehrerbildung; veröffentlichte Texte in Lesebüchern.

Eine schöne Geschichte (178)
Aus: Großer Ozean

Arp, Hans (1887–1966)

Bildhauer, Dichter, Maler; 1916 Mitbegründer des Dadaismus in Zürich; lebte lange in Frankreich; schrieb in deutscher und französischer Sprache.

Märchen (131)

Aus: Gesammelte Gedichte Band 1. Gedichte 1903–1939. Hrsg. in Zusammenarbeit mit dem Autor von Arp-Hagenbach und Peter Schifferli. Zürich: Arche 1963

Auer, Martin (*1951)

Lebt in Wien; »Dichter und Zauberkünstler« (Kürschner); versch. Berufe, Schauspieler, Dramaturg, Werbetexter; veröffentlichte Gedichte, Erzählungen, Kinderbücher; Österreichischer Staatspreis.

Unnützes Gedicht (90)

Aus: Lieblich klingt der Gartenschlauch. Ein Buch zum Lesen, Singen, Zaubern, Blödeln, Spielen. Ill. Jutta Bücker. Musik von Klaus Trabitsch (mit CD). München: Thienemann 1999

Zufall (147)

Aus: Was niemand wissen kann. Seltsame Verse und sonderbare Geschichten. Ill. Hansi Linthaler. Weinheim: Beltz&Gelberg 1986

Ausländer, Rose (1907–1988)

In Czernowitz / Bukowina geboren; erlebte Ghetto und Verfolgung; emigrierte 1946 in die USA und kehrte 1965 in die Bundesrepublik zurück; vor allem Lyrik, seit 1939 (vgl. KLG).

Nicht vergessen (91)

Aus: Im Atemhaus wohnen. Gedichte. Frankfurt: Fischer Taschenbuch Verlag 1981

Bächler, Wolfgang (*1925)

Lebt in München; studierte Germanistik, Romanistik, Kunstgeschichte und Theaterwissenschaft; jüngstes Gründungsmitglied der Gruppe 47; vor allem Lyrik, daneben Kurzprosa und Romane seit 1950 (vgl. KLG).

Märchen (138)

Aus: Nachtleben. Gedichte. Frankfurt: Fischer 1982

Ball, Hugo (1886–1927)

Studium der Philosophie und Soziologie abgebrochen; Regieausbildung und Dramaturg u. a. an den Kammerspielen in München; lebte vorwiegend in der Schweiz; 1916 Mitbegründer des Dadaismus in Zürich; Dramen, Essays, Briefwechsel mit Hermann Hesse.

Karawane (47)

Aus: Dada Gedichte. Zürich: Arche 1957

Becke, Julius (*1927)

Lebt in Bad Homburg; Grundschullehrer; Veröffentlichungen: u. a. *Grundschule Innenstadt. Gedichte* (1981).

Maria schickt den Michael auf den Schulweg (112)

Aus: Dass achte Weltwunder. 5. Jahrbuch der Kinderliteratur. Hrsg.: Hans-Joachim Gelberg. Weinheim: Beltz&Gelberg 1979

Bletschacher, Richard (*1936)

Lebt in Wien; Regisseur an der Wiener Staatsoper; veröffentlichte Lyrik, Dramen, Operntexte, einen Roman, Übersetzungen, Kinder- und Jugendbücher, Kinderlyrik u. a. *Milchzahnlieder* (1970), *Krokodilslieder* (1973), *Der Mond liegt auf dem Fensterbrett* (1982) (vgl. LexKJL).

Der dumme August (126)

Aus: Großer Ozean

Neues vom Rumpelstilzchen (138)

Aus: Geh und spiel mit dem Riesen. 1. Jahrbuch der Kinderliteratur. Hrsg.: Hans-Joachim Gelberg. Weinheim: Beltz&Gelberg 1971

Borchers, Elisabeth (*1926)

Lebt in Frankfurt/Main; MA an der Ulmer Hochschule für Gestaltung: seit 1960 Lektorin bei Luchterhand, dann bei Suhrkamp / Insel; Deutscher Jugendbuchpreis, versch. Literaturpreise; Lyrik, Prosa, Hörspiele, Übersetzungen, Kinderbücher u. a. *Das rote Haus in einer kleinen Stadt* (1968), Hrsg.: *Das große Lalula. Gedichte und Geschichten von morgens bis abends* (1971) (vgl. LexKJL).

September (142)
November (139)
Aus: Und oben schwimmt die Sonne davon. Ill. Dietlind Blech. München:
Ellermann 1965

Brecht, Bert (1898–1956)
Brecht hat sich in verschiedenen Phasen seines Schaffens intensiv mit Literatur für Kinder und Jugendliche beschäftigt; neben den Lehrstücken und den Kalendergeschichten sind vor allem seine Kindergedichte, etwa fünfzig an der Zahl, rezipiert worden; sie stammen zu einem großen Teil aus der Zeit der Emigration, etwa die Hälfte gehört der Sammlung *Kinderlieder* aus dem Jahr 1950 an, u.a. die bekannte *Kinderhymne* (vgl. KLG, LexKJL, KJLLex).
Der Pflaumenbaum (180)
Aus: Svendborger Gedichte (1939). Gesammelte Werke in 20 Bänden. Band 9, Gedichte 2. Frankfurt: Suhrkamp 1967

Brentano, Clemens (1778–1842)
Brentano ist in die Geschichte der Kinder- und Jugendliteratur nicht nur mit der Sammlung von Kinderreimen *Des Knaben Wunderhorn* (1806/08 mit Achim von Arnim) eingegangen, sondern auch mit seinen Kunstmärchen, die italienische und deutsche Volksmärchen »weiterschreiben«; andererseits gehören einige seiner Erwachsenengedichte zum festen Bestand von Kindergedicht-Anthologien und Lesebüchern für die Grundschule (vgl. LexKJL, KJLLex).
Wiegenlied (37)
Aus: Die Märchen des Clemens Brentano. Zum Besten der Armen nach dem letzten Willen des Verfassers hrsg. von Guido Görres. Erster Band (1846). Werke. Hrsg. von Friedhelm Kemp. Band 1. Gedichte. Romanzen vom Rosenkranz. Hrsg. von Wolfgang Frühwald, Bernhard Gajek und Friedhelm Kemp. München: Hanser 1968

Bull, Bruno Horst (*1933)
Lebt in München; studierte Germanistik und Kunstgeschichte; Herausgeber eines Pressedienstes; Lyrik, Kinderbücher, Kinderreime für Bilderbücher, Kindergedichte u.a. *Verskinder* (1966), *Aus dem Kinderwunderland*

(1968): Herausgeber vieler Anthologien u. a. *Glück und Segen* (1964), *Heitere und besinnliche Verse für das Poesiealbum* (1990) (vgl.LexKJL).

Der Wind (168)

Aus: Quelle nicht zu ermitteln; vor 1974

Bulla, Hans Georg (*1949)

Lebt in Münster; Studium Anglistik, Germanistik, Pädagogik in Münster und Konstanz, 1981 Promotion; danach freier Autor; Kritiker bei Presse und Rundfunk (vgl. KLG).

Sommertage (143)

Aus: Hans Georg Bulla: Kindheit und Kreide. Gedichte. Frankfurt a.M.: Suhrkamp 1986

Busch, Wilhelm (1832–1908)

Mit der Bildergeschichte *Max und Moritz* wurde Busch 1865 bekannt, nachdem er vorher in der Münchener Wochenschrift *Fliegende Blätter* veröffentlicht hatte; später folgten die bekannten *Die fromme Helene* (1872), *Fipps der Affe* (1879) u. a., die bei Kindern und Jugendlichen heute vielleicht durch die Comics verdrängt wurden; erst in seinen letzten Lebensjahren wurden Gedichtbände gedruckt; wegen ihres beißenden Spotts und ihrer Skurrilität sind nur wenige Texte Kindern zugänglich (vgl. LexKJL).

Bewaffneter Friede (106)

Aus: Gedichte. Hrsg.: Friedrich Bohne. Zürich: Diogenes 1974

Busta, Christine (1915–1987)

d.i. Christine Dimt; studierte Germanistik und Anglistik; versch. Berufe, Bibliothekarin; veröffentliche Gedichte; Georg-Trakl-Preis (1954). (vgl. LexKJL).

Wovon träumt der Astronaut auf der Erde (60)

Aus: Die Zauberin Frau Zappelzeh. Gereimtes und Ungereimtes für Kinder und ihre Freunde. Ill. Hilde Leiter. Salzburg: Müller 1979

Wo holt sich die Erde die himmlischen Kleider? (77)

Aus: Die Sternenmühle. Ill. Johannes Grüger. Salzburg: Müller 1959

Claudius, Matthias (1740–1815)

Einige seiner Gedichte sind zu Volksliedern geworden (*Der Mond ist aufgegangen*) bzw. durch die Vertonung bekannt geblieben (*Der Tod und das Mädchen*); seine liedhafte Lyrik besingt aus einem christlichen Grundverständnis die kleinen und auch schmerzlichen Dinge des Alltagslebens: Liebe und Freude, Krieg, Tod und Vergänglichkeit (vgl. LexKJL).

Ein Lied, hinterm Ofen zu singen (156)

Aus: Asmus omnia sus secum portans oder Sämtliche Werke des Wandsbeker Boten (1783). Sämtliche Werke. Textred. Jost Perfahl. Nachwort und Bibliogr. von Rolf Siebke. Anmerkungen von Hansjörg Platschek. München: Winkler 1968

Eich, Günter (1907–1972)

Studierte Volkswirtschaft und Sinologie; ab 1932 freier Schriftsteller; wurde nach dem Krieg durch seine Hörspiele und als Hauptvertreter der Kahlschlagyrik bekannt; gehörte in den 30er Jahren zur Gruppe der Naturlyriker (vgl. KLG).

Geh aus, mein Herz (163)

Wo ich wohne (182)

Aus: Gesammelte Werke in vier Bänden, Band 1. Hrsg.: Axel Vieregg. Frankfurt: Suhrkamp 1991

Eichendorff, Joseph von (1788–1857)

Lebte auf Schloss Lubowitz / Oberschlesien; wichtigster Lyriker der Hochromantik; *Aus dem Leben eines Taugenichts* (1826) u. a. Novellen; vom Katholizismus geprägte literarhistorische Schriften (vgl. LexKJL).

Herbst (72)

Der alte Garten (80)

Meeresstille (131)

Aus: Sämtliche Werke. Hist.-krit. Ausgabe. Band I,1 Hrsg.: Harry Fröhlich und Ursula Regener. Stuttgart: Kohlhammer 1993

Ende, Michael (1929–1995)

Schauspieler, Filmkritiker, freier Autor; seit 1974 freier Schriftsteller; lebte von 1970 bis 1985 südlich von Rom, dann wieder in Deutschland; veröffentlichte Romane, Gedichte, Kinderbücher; erhielt zweimal den Deutschen Jugendbuch- bzw. Jugendliteraturpreis (vgl. KLG, LexKJL).

Ein Schnurps grübelt (146)

Aus: Das Schnurpsenbuch (1969). 3. veränd. und erw. Ausgabe. Ill. Rolf Rettich. – Stuttgart: Thienemann 1979, 8. Auflage 1997.

Endrikat, Fred (1890–1942)

Lebte in Berlin und München, schrieb für literarische Kabaretts, v. a. in Schwabing witzig-satirische Brettl-Lieder, die sehr erfolgreich waren.

Die Wühlmaus (67)

Aus: Der fröhliche Diogenes. Verse in Kürze und Lebenswürze (1942) Das große Endrikat-Buch. München: Blanvalet 1976

Falke, Gustav (1853–1916)

Sieben Jahre Buchhändler; 1877–1903 Klavierlehrer; ab 1903 Ehrenpension des Hamburger Senats; von Liliencron entdeckt und gefördert; Romane, Mundartlyrik; mehrere Texte zu Bilderbüchern u. a. *Katzenbuch* (1900) zu Bildern aus dem Nachlass von Otto Speckter; mit Jakob Loewenberg gibt er 1906 die einflussreiche Anthologie heraus *Steht auf ihr lieben Kinderlein. Gedichte aus älterer und neuerer Zeit für Schule und Haus* (vgl. LexKJL).

Ausfahrt (64)

Winter (145)

Närrische Träume (132)

Aus: Gesammelte Dichtungen. 5 Bände. Band 3: Der Frühlingsreiter. Hamburg: Janssen 1912

Fontane, Theodor (1819–1899)

Lediglich ein Gedicht hat sich einen festen Platz in Kinderlyrikanthologien erworben: *Herr von Ribbeck auf Ribbeck im Havelland*; Krüss hatte in seine Sammlung *So viele Tage wie das Jahr hat* außerdem ein lyrisches Gedicht, das Erzählgedicht *Fritz Kratzfuß* und die Ballade *John Maynard* aufgenommen. Sowohl seine historischen Balladen wie seine resignative Alterslyrik kann man Kindern nicht vermitteln.

Herr von Ribbeck auf Ribbeck im Havelland (102)

Aus: »Zur guten Stunde« 3. Jahrgang (1889). Sämtliche Werke. Hrsg.: Edgar Groß u. a. Band 20. Balladen und Gedichte. Hrsg.: Edgar Groß und Kurt Schreinert. München: Nymphenburger 1962

Frank, Karlhans (*1937)

Lebt in Ortenberg; seit 1961 freier Schriftsteller; veröffentlichte Lyrik, Erzählungen, Romane, zahlreiche Kinderbücher, Kindergedichte u. a. *Himmel & Erde mit Blutwurst. Geschichten und Gedichte* (1981), *Mit Ketchup und mit Senf. Jazz und Lyrik für Kinder.* Mit Tonkassette (1988), *Teuflische Lügengeschichte. Gedichte für Kinder* (1997).

Das Haus des Schreibers (54)

Aus: Hans-Joachim Gelberg (Hrsg.): Die Stadt der Kinder. Recklinghausen: Bitter 1969

Krimi (126)

Eine berühmte Prinzessin (137)

Aus: Vom Dach die Schornsteinfeger grüßen mit Taucherflossen an den Füßen. Ill. Paul Maar. München: Schneider 1987

Fried, Erich (1921–1988)

Aufgewachsen in Wien; seit 1938 als Jude im englischen Exil; seit 1958 veröffentlicht er Gedichte in Deutschland, einen Roman, Hörspiele und vor allem Übersetzungen u. a. von Shakespeare; politisches Engagement gegen den Vietnamkrieg, die Politik Israels gegenüber den Palästinensern, die Formen der Terrorismusbekämpfung in Deutschland (vgl. KLG).

Weihnachtslied (59)

Aus: Befreiung von der Flucht. Gedichte und Gegengedichte Hamburg: Claassen 1968

Humorlos (162)

Aus: Anfechtungen. Fünfzig Gedichte. Berlin: Wagenbach 1967

Fuchs, Günter Bruno (1928–1977)

Studium an der Hochschule für Bildende Kunst in Berlin, gleichzeitig an der Ingenieurschule für Hochbau; Zeichenlehrer, Straßenbauarbeiter und Mitarbeiter an Zeitungen und Rundfunk; 1950 von Ostberlin nach Westdeutschland, ab 1958 Westberlin; veröffentlichte Gedichte, Kurzprosa, Hörspiele, auch Kinderbücher; übersetzte 1967 *Frederick* von Leo Lionni; dreibändige Werkausgabe 1990 ff. (vgl. KLG).

Für ein Kind (111)

Aus: Pennergesang. München: Hanser 1965

Gernhardt, Robert (*1937)

Lebt in Frankfurt/Main; Studium der Malerei und Germanistik in Stuttgart und Berlin; arbeitet freiberuflich als Maler und Kritiker, Schriftsteller und Karikaturist; Mitarbeit an der Zeitschrift *pardon* und Mitbegründer des Satiremagazins *Titanic*; veröffentlichte Romane, Erzählungen, Essays, vor allem Lyrik sowie Cartoons und ein großes zeichnerisches Werk (vgl. KLG).

Heut singt der Salamanderchor (120)

Aus: Almut Gernhardt/ Robert Gernhardt: Mit dir sind wir vier. Frankfurt: Insel 1976

Goethe, Johann Wolfgang von (1749–1832)

Goethe habe 1830 geäußert: Campe »hatte sein ganzes Leben lang nur für Kinder geschrieben; ich dagegen gar nichts für Kinder, ja nicht einmal für große Kinder von zwanzig Jahren«. Dennoch wird immer wieder versucht, Kindern seine liedhafte Liebeslyrik wie *Gefunden* oder *Heidenröslein* näher zu bringen oder ein paar Gelegenheitsgedichte, die kaum ein Abglanz seiner Lyrik sind. *Die wandelnde Glocke* und die *Legende vom Hufeisen* sind gar zu penetrant erzieherisch, und so bleiben nur ein paar Balladen: *Der Fischer, Der König in Thule* und die beiden ausgewählten; neuere Anthologien (Andresen, Jacoby) machen weitere Vorschläge (vgl. LexKJL).

Der Zauberlehrling (46)

Erlkönig (100)

Aus: Hamburger Goethe-Ausgabe. Hrsg.: Erich Trunz. Hamburg: Wegner 1952

Goy, Sebastian (*1943)

Lebt in Dießen am Ammersee; arbeitete als Lehrer; 1981–1984 Redakteur in der Hörspielabteilung des SFB; schrieb einen Roman, Kinderbücher und über hundert Hörspiele; 1998/99 erhielt er für sein Hörspiel *Frau Holle auf Reisen* den Deutschen Kinderhörspielpreis und den Preis der Deutschen Schallplattenkritik.

Liebeserklärung an einen Apfel (66)
Aus: Großer Ozean

Grosche, Erwin (*1955)

Lebt in Paderborn; Schauspieler, Kabarettist, Schriftsteller; veröffentlichte Lyrik, Kinderbücher; Deutscher Kleinkunstfördepreis (1985).

Übermütige Sätze (90)
Aus: Großer Ozean

Guggenmos, Josef (*1922)

Lebt in Irsee; Studium der Kunstgeschichte und Germanistik; als Verlagslektor tätig; danach Übersetzer und freier Autor; veröffentlichte, Lyrik, Erzählungen, Kindergedichte, zahlreiche Kinderbücher: Prämie zum Deutschen Jugendbuchpreis (1968), Großer Preis der Deutschen Akademie für Kinder- und Jugendliteratur (1992), Sonderpreis für Lyrik zum Deutschen Jugendliteraturpreis (1993), Großer Österreichischer Staatspreis für Kinderlyrik (1997); u. a. *Ein Elefant marschiert durchs Land*. Ill. Eva Johanna Rubin (1968), *Oh, Verzeihung, sagte die Ameise*. Ill. Nikolaus Heidelbach (1990), *Katzen kann man alles sagen Neue Gedichte.* (1997) (vgl. LexKJL).

(1) Ich geh durch das Dorf (55)

(2) Verkündigung (57)

(3) Kater, Maus und Fußballspiel (62)

(4) So geht es in Grönland (118)

(5) Auf dieser Erde (133)

(6) Geschichte vom Wind (168)

Aus: Großer Ozean (1)

Aus: Das kunterbunte Kinderbuch. Gedichte und Geschichten für Kinder. Ill. Eva Johanna Rubin. Recklinghausen: Bitter 1968 (2)

Aus: Was denkt die Maus am Donnerstag? 123 Gedichte für Kinder. Ill. Günther Stiller. Recklinghausen: Paulus 1966 (3,6)

Aus: Immerwährender Kinderkalender. Gedichte und Geschichten für Kinder. Ill. Romulus Candea. Wien: Österreichischer Bundesverlag 1958 (4)

Aus: unter dem Titel *Beschämender Traum.* In: *Gugummer geht über den See* (1957), hier nach *Überall und neben dir. Gedichte für Kinder in 7 Abteilungen.* Hrsg.: Hans-Joachim Gelberg. Weinheim: Beltz&Gelberg 1986 (5)

Gutzschhahn, Uwe-Michael (*1952)

Lebt in München; Studium Germanistik und Anglistik; Promotion über Prosa und Lyrik Christoph Meckels (1980); Lektor im Hanser Verlag; Lyrik, Prosa, Kinder- und Jugendbücher, Übersetzungen.

Notwendig (184)
Aus: Fahrradklingel. Berlin: Oberbaum 1979

Halbey, Hans Adolf (*1922)

Direktor des Klingspor-Museums für Buchkunst und Illustration in Offenbach 1957–1977; auf seine Initiative hin wurde dort eine der berühmtesten Bilderbuchsammlungen in Deutschland angeleg; Leiter des Gutenbergmuseums in Mainz 1977–1987 (vgl. LexKJL).

Traktorgeknatter (36)
Aus: Pampelmusensalat. Dreizehn Verse für Kinder. Ill. Günther Stiller. Weinheim: Beltz&Gelberg 1965

Halle, Werner (1921–1993)

War Lehrer und Schulrat in Karlsruhe; von den sieben Gedichten aus der von ihm mit herausgegebenen Anthologie hat sich nur dieses eine behaupten können.

AEIOU (42)

Aus: W. H. / Janosch / Klaus Schüttler-Janikulla: Bilder und Gedichte für Kinder. Braunschweig: Westermann 1971

Heine, Heinrich (1797–1856)

Es ist wie mit Goethe – mit dem Unterschied, dass im *Lexikon der Kinder- und Jugendliteratur* nur Helme Heine erwähnt wird; eine Handvoll Gedichte taucht hier und da in Anthologien auf: *Die heilgen drei Könge*, die beiden »Volkslieder« *Leise zieht durch mein Gemüt* und *Ich weiß nicht, was soll es bedeuten*, häufig unter dem Titel *Lorelei*, schließlich seine Ballade *Belsazar*.

Der Wind zieht seine Hosen an (39)

Ich weiß nicht, was soll es bedeuten (85)

Belsazar (97)

Aus: Buch der Lieder. Werke und Briefe in zehn Bänden. Hrsg.: Hans Kaufmann Band 1. Berlin: Aufbau, 3. Auflage 1980

Hohler, Franz (*1943)

Lebt in Zürich; Kabarettist (»Mann mit dem Cello«) und Schriftsteller; veröffentlichte Erzählungen, Romane, Hörspiele, Theaterstücke, Lyrik, Bücher für Kinder; viele Schallplatten, CDs; erhielt u. a. den Kinder- und Jugendbuchpreis der Stadt Oldenburg (1978) (vgl. KLG, LexKJL).

Sprachlicher Rückstand (150)

Aus: Vierzig vorbei. Gedichte. Darmstadt: Luchterhand 1988

Jandl, Ernst (1925–2000)

Studierte Germanistik und Anglistik; Lehrer an Höheren Schulen in Wien; freier Schriftsteller; veröffentlichte Lyrik, Essays, Hörspiele u. a. 1968 das epochemachende *Fünf Mann Menschen*; mehrere Schallplatten, CDs mit seinen Lautgedichten; Georg-Büchner-Preis (1984), zahlreiche Literaturpreise (vgl. KLG).

ottos mops (69)

ein schulmädchen (135)

vater komm erzähl vom krieg (164)

Aus: Poetische Werke. München: Luchterhand 1997

Janosch (*1931)

Lebt auf Teneriffa; Romane, Märchen, Kinderbücher, viele Bilderbücher, Kindergedichte u. a. *Das große Buch vom Schabernack. 333 lustige Bilder von Tomi Ungerer mit frechen Versen von Janosch* (1990); Deutscher Jugendliteraturpreis 1979 (vgl. LexKJL).

Das Liebesbrief-Ei (117)
Aus: Wie man Berge versetzt. 6. Jahrbuch der Kinderliteratur. Hrsg.: Hans-Joachim Gelberg. Weinheim: Beltz&Gelberg 1981

Jentzsch, Bernd (*1940)

Lebt in Euskirchen; studierte Germanistik und Kunstgeschichte in Leipzig und Jena; bis 1974 Lektor im Verlag Neues Leben (Berlin/Ost); Hrsg.: *Poesiealbum* 122 Bände (1967–1976); 1976 Ausweisung aus der DDR; lebte in der Schweiz, dann in der BRD; 1992 Gründungsdirektor des Deutschen Literaturinstituts Leipzig; vor allem Lyriker, Übersetzer und Herausgeber von Lyrik (vgl. KLG).

Februar 1945 (161)
Aus: Alphabet des Morgens. Halle: Mitteldeutscher Verlag 1961

Jepsen, Peter (*1947)

Lebt in Hamburg.

Graue Ha re (54)
Aus: Großer Ozean

Kästner, Erich (1899–1974)

Aufgewachsen in Dresden; 1925 Promotion in Literaturwissenschaft; ab 1927 Theaterkritiker und freier Mitarbeiter an versch. Zeitungen in Berlin, u. a. *Weltbühne*; 1933 Bücherverbrennung und Schreibverbot, Publikationen in Zürich; 1945 Kabarett *Die Schaubude* in München; Georg-Büchner-Preis (1957), Hans-Christian-Andersen-Medaille (1960) und andere Preise; Romane für Erwachsene und Kinder, Nacherzählungen klassischer Erzählstoffe u. a. *Till Eulenspiegel* (1938); Lyrik für Kinder nur

Das verhexte Telefon (1932) und *Die dreizehn Monate* (1957) (vgl. KLG, LexKJL, KJKLex).

Moral (53)

Aus: Werke. Hrsg.: Franz Josef Görtz. Band I Zeitgenossen, haufenweise. Gedichte. Hrsg.: Harald Hartung in Zusammenarbeit mit Nicola Brinkmann. München: Hanser 1998

Kilian, Susanne (*1940)

Lebt in Eltville im Rheingau; war vorübergehend als Lehrerin und als Buchhändlerin tätig (vgl. LexKJL).

Irgendwann fängt etwas an (149)

Aus: Am Montag fängt die Woche an. 2. Jahrbuch der Kinderliteratur. Hrsg.: Hans-Joachim Gelberg. Weinheim: Beltz&Gelberg1973

Krüger, Michael (*1943)

Lebt in München; Abitur in Berlin; Lehre als Verlagsbuchhändler; Buchhändler in London; seit 1968 Lektor des Hanser Verlags; seit 1986 Verlagsleiter; Herausgeber von Zeitschriften, u. a. *Tintenfisch, Akzente*; veröffentlichte Lyrik, ab 1984 auch Erzählungen und Romane (vgl. KLG).

Rede des Postboten (127)

Aus: Das verlorene Alphabet. Deutschsprachige Lyrik der 90er Jahre. Hrsg.: Michael Braun / Hans Thill. Heidelberg: Wunderhorn 1998

Krüss, James (1926–1997)

Lebte seit 1966 auf Gran Canaria; Ausbildung als Lehrer, dann freier Schriftsteller; veröffentlichte viele Kinderbücher, Romane und Lyrik für Kinder; Herausgeber von Kindergedicht-Anthologien; Fernsehsendungen *ABC und Phantasie*; erhielt den Deutschen Jugendbuchpreis (1960,1964), die Hans-Christian-Andersen-Medaille (1968) (vgl. KLG, LexKJL).

Das Feuer (43)

Aus: Der wohltemperierte Leierkasten. 12 mal 12 Gedichte für Kinder, Eltern und andere Leute. Nachwort von Erich Kästner. Ill. Eberhard Binder-Staßfurt. Gütersloh: Mohn 1961

Lied des Menschen (151)
Aus: James Tierleben. Eine kleine Zoologie ... Ill. Eberhard Binder.
München: Betz 1965

Kruse, Max (*1921)
Lebt im Süden von München; Kaufmann, Werbetexter, freier Schriftstel-
ler; veröffentlichte Lyrik, Romane, Kinderbücher, Kinderlyrik u. a.
Windkinder (1968), *Federleicht und Windkinder* (1998, auch CD) (vgl.
LexKJL).

Zeit-Wörter (148)
Aus: Die Stadt der Kinder. Hrsg.: Hans-Joachim Gelberg. Ill. Werner
Blaebst. Recklinghausen: Bitter 1969

Kunert, Günter (*1929)
Lebt in Kaisborstel bei Itzehoe/Holstein; fünf Semester Graphik (ab
1946); Eintritt in die SED; ab 1972 Gastprofessuren in USA und Großbri-
tannien; 1976 Mitunterzeichner der Biermann-Petition; seit 1979 in der
BRD; veröffentlichte Lyrik, Erzählungen, Hörspiele, Autobiographi-
sches; erster Gedichtband *Wegschilder und* Mauerinschriften (1950); erhielt viele Literaturpreise in der DDR und der BRD (vgl. KLG).

Über einige Davongekommene (164)
Aus: Wegschilder und Mauerinschriften. Berlin: Aufbau 1950

Lamprecht, Helmut (*1925)
Studium der Germanistik, Philosophie, Soziologie; Leiter des Abendstu-
dios bei Radio Bremen.

Deutschstunden (177)
Aus: Hans-Joachim Fuhrmann (Hrsg.): Tagtäglich. Gedichte. Reinbek
bei Hamburg: Rowohlt 1976 (rotfuchs 135)

Lunghard, Bernd (*1949)
Lebt in Meuro; Pädagogikstudium; Kunsterzieher, Autor veröffentlichte
Kinderbücher; u. a. Kindergedichte: *Luise Berg.* Ill. Johannes K.G.Nied-
lich (1987); *Eine Frau aß gern Radieschen. 23 Märchenrätsel.* Ill. Klaus
Müller (1991)

Gedichtbehandlung (11)
Aus: Großer Ozean

Lohmeyer, Julius (1835–1903)

Apotheker in Elbing; Redakteur am *Kladderadatsch*; 1873 gründete er die Jugendzeitschrift *Die deutsche Jugend*, für die Theodor Storm den *Pole Poppenspäler* schrieb, u. a. Jugendzeitschriften (vgl. LexKJL).

Wie Heini gratulierte (155)

Aus: Sonniges Jugendland. Eine Sammlung von Gedichten, Kinderliedern und Reimen zum Vorlesen und Lernen im Gesamtunterricht. Hrsg.: Paul Faulbaum. Osterwieck: Zickfeldt 1922

Manz, Hans (*1931)

Lebt in Zürich und in der Toskana; Primarlehrer, vornehmlich für Kinder ausländischer Arbeitnehmer; seit 1987 freier Schriftsteller; schreibt Sprachspielbücher und Kindergedichte, auch in Zürcher Mundart, u. a. *Worte kann man drehen* (1974), *Kopfstehn macht stark* (1978), *Lieber heute als morgen* (1988), *Mit Wörtern fliegen* (1995), Romane für Kinder und Erwachsene; u. a. Österreichischer Staatspreis für Kinderlyrik (1993) (vgl. KLG, LexKJL).

Winter (79)

Aus: Viktor Christen / Jürgen Wulff (Hrsg.): Schnick schnack Schabernack. Oldenburg: Stalling 1973

Was im Buche steht (176)

Aus: Die Welt der Wörter. Sprachbuch für Kinder und Neugierige. Weinheim: Beltz&Gelberg 1991

Marquardt, Axel Maria (*1943)

Lebt in Wewelsfleth; veröffentlichte Lyrik.

Nichts drin (89)

Aus: Standbein, Spielbein. Zürich: Haffmans 1989

Marti, Kurt (*1921)

Lebt in Bern; studierte zwei Semester Jura, dann Theologie in Bern und Basel; Doppelberuf Pfarrer/ Schriftsteller; veröffentlichte Gedichte, auch in Mundart; Predigten, Essays, Prosa, Tagebuchaufzeichnungen (vgl. KLG).

gedicht von gedichten (185)

Aus: Werkauswahl in fünf Bänden. Band 5 Gedichte. Zürich: Nagel&Kimche 1996

Michel (-Kerpes), Gerhild (*1942)

Lebt als Lehrerin in Heidelberg; Studium Theaterwissenschaften in Wien und Pädagogik in Heidelberg; Lyrik ab 1981, Kinderbuch; Veröffentlichungen in Zeitschriften und Anthologien.

Ein Frühlingstag (144)

Aus: Hans Kruppa (Hrsg.): Gedichte gegen den Frust. Frankfurt a.M.: S.Fischer 1987 (Fischerboot 7538)

Mörike, Eduard (1804–1875)

Pfarrer in Cleversulzbach/ Schwaben; mit neununddreißig Jahren aus dem Pfarramt ausgeschieden; begann mit dem Roman *Maler Nolten* (1832), der schon die Ballade vom *Feuerreiter* enthielt; *Gedichte* (1838), Märchen und Erzählungen; Übersetzer griechischer und römischer Lyrik; gilt als bedeutendster Lyriker zwischen Romantik und Realismus, des Biedermeier; mit wenigen Gedichten (u. a. *Er* ist's, *Septembermorgen*) gehört er zum klassischen Lesebuchbestand (vgl. LexKJL).

Um Mitternacht (44)

Lied vom Winde (73)

Feuerreiter (99)

Der Gärtner (98)

Aus: Gerhart Baumann (Hrsg.): Sämtliche Werke, Briefe. Ausgabe in 3 Bänden. – Stuttgart: Cotta 1959-1961

Mucke, Dieter (*1936)

Lebt in Halle; Lyrik, Erzählung, Kinderbuch, Satire, Kinderlyrik u. a.
Der Dunkelmunkel. Ill. Regine Grube-Heinecke (1988). *Von Affenstall
bis Ziege. Bocksprünge zur Genüge.* Ill. Regine Grube-Heinecke (1991).
Was flüstert der Wind mit dem Baum. Gedichte für Kleine und Große. Ill.
Eva Natus-Salamoun (2001).

(1) Die einfältige Glucke (113)

(2) Vorfrühling (179)

(3) Pantomime (85)

(4) Chaplin (84)

Aus: Freche Vögel. Ill. G.Ruth Mossner. Berlin: Kinderbuchverlag 1977
(1,4)

Aus: Die Lichtmühle. Ill. Regine Grube-Heinecke. Berlin: Kinderbuchverlag 1985 (2,3)

Nöstlinger, Christine (*1936)

Lebt in Wien oder im Waldviertel; Studium an der Kunstakademie; veröffentlichte Romane, Drehbücher, Gedichte, zahlreiche Kinder- und Jugendbücher. Erhielt viele Literaturpreise, u. a. mehrfach den Österreichischen Staatspreis, den deutschen Jugendbuchpreis (1973 und 1988), den
Zürcher Kinderbuchpreis »La Vache qui lit« (1990) und für ihr Gesamt-
werk die Hans-Christian-Andersen-Medaille (1984); Kinderlyrik u.a.:
Mein Gegenteil. Ill. Nikolaus Heidelbach (1996) (vgl. LexKJL, KJLLex).

Mein Gegenteil (151)

Aus: Ein und alles. Ein Jahrbuch mit Geschichten, Bildern, Texten, Sprüchen, Märchen und einem Tagebuch-Roman. Ill. Jutta Bauer. Weinheim:
Beltz&Gelberg 1992

Petri, Walther (*1940)

Lebt in Berlin; Pädagoge, Theatermaler, Schriftsteller; Lyrik, Kurzprosa,
Kinderbuch, Dokumentarfilm; viele Preise; einer der bekanntesten Kin-
derlyriker der DDR; u.a.: *Humbug ist eine Bahnstation. Gedichte an
Kinder.* Ill. Gisela Neumann (1978), *Tohuwabohu. Gedichte an Kinder.*
Ill. Gisela Neumann (1986), *Menke Kenke. Gedichte an Kinder.* Ill. Gise-
la Neumann (1993).

Wende (68)
Aus: Großer Ozean

Rathenow, Lutz (*1952)
Lebt als freier Schriftsteller in Berlin; Studium Germanistik und Geschichte in Jena; 1977 Exmatrikulation, Transportarbeiter; viele Preise;
veröffentlichte Kurzprosa, Lyrik, Drama, Essay, Hörspiel, Kinderbücher,
Kindergedichte; zuletzt *Der Himmel ist heut blau*. Ill. Egbert Herfurth
(2000) (vgl. KLG).

Was sonst noch passierte (130)
Aus: Großer Ozean

Reinick, Robert (1805–1852)
Maler, Lyriker; Studium an der Kunstakademie in Düsseldorf; drei Jahre
in Italien; ab 1844 in Dresden; *Lieder und Fabeln für die Jugend* (1844),
ABC-Buch für kleine und große Kinder (1845); mit Güll, Hey und Hoffmann von Fallersleben gehört er zu den bedeutendsten Kinderlyrikern
des 19. Jahrhunderts (vgl. LexKJL).

Das Dorf (157)
Aus: Märchen-, Lieder- und Geschichtenbuch. Gesammelte Dichtungen
Reinicks für die Jugend. Zum ersten Mal ges. und hrsg. mit zahlreichen
Bildern. Bielefeld: Velhagen&Klasing 1905

Schützbach, Rupert (*1933)
Lebt in Passau; Dipl. Finanzwirt, Zollbeamter i.R., Schriftsteller; veröffentlichte u. a. Lyrik, Kurzprosa, Aphorismen.

Ernstfall (161)
Aus: Großer Ozean

Seidel, Heinrich (1842–1906)
Stammt aus einem Pfarrhaus in Mecklenburg; geht 1866 als Ingenieur
nach Berlin; ab 1880 freier Schriftsteller; Märchen und Bilderbuchtexte;
Ernst und Scherz. Kindergedichte (1884), *Allerlei Kindergedichte* (1884),
Gesammelte Schriften (Band 1–20, 1888–1907) (vgl. LexKJL).

Das Huhn und der Karpfen (108)
Aus: Gedichte. Gesamtausgabe. Stuttgart/Berlin: Cotta 1903

Silverstein, Shel (1932–1999)
Amerikanischer Cartoonist, u. a. für *Playboy*; Sänger, komponierte eigene Texte; seine von ihm selbst illustrierten Kindergedichte wurden seit 1987 in mehreren Bänden u. a. von Harry Rowohlt nachgedichtet.

Erfindung (121)
Aus: Wo der Gehweg endet. Übers. Fredrik Vahle. Ill. Shel Silverstein. Köln: Middelhauve 1987

Sölle, Dorothee (*1929)
Lebt in Hamburg; Evangelische Theologin, Literaturwissenschaftlerin, Schriftstellerin; lehrt seit 1975 am Union Theological Seminary in New York; veröffentlichte theologische Texte, Gebete, Lyrik.

Auf die frage was glück sei (149)
Aus: Großer Ozean

Spohn, Jürgen (1934–1992)
Professor für Graphik an der Hochschule für Bildende Künste in Berlin; seit den 60er Jahren Bilderbücher, Kinderbücher, Kinderlyrik, freie Graphik; erhielt viele Preise, u. a. den Deutschen Jugendbuchpreis (1981); u. a. *Bärereien* (1989), *Pardauz&Co. Verse zum Vorsagen, Nachsagen, Weitersagen*. Ill. Jürgen Spohn (1991) (vgl. LexKJL).

Ernste Frage (114)
Aus: Drunter&drüber. Verse zum Vorsagen, Nachsagen und Weitersagen. Ill. Jürgen Spohn. München: Bertelsmann 1980

Stevenson, Robert Louis (1850–1894)
Während *Die Schatzinsel* (1883), *Dr. Jekyll und Mr. Hyde* (1886) und *Das Flaschenteufelchen* (1891) zu Klassikern geworden sind, blieben die 64 Gedichte seiner Kindergedichtsammlung aus dem Jahre 1885 in Deutschland unbekannt, bis in den 60er Jahren gleich zwei der bekanntesten deutschen Kinderlyriker mit Übersetzungen aufwarteten (vgl. LexKJL, KJLLex).

(1)   Mein Bett ist ein Boot (75)

(2)   Aus einem Eisenbahnwagen (171)

Aus: The Child's Garden of Verses. Ill. Eve Garnett. London: Lowe&Brydone 1971 (Puffin Books)

Aus: Im Versgarten. Gedichte für ein Kind. Ein Bilderbuch von A.und M.Provensen, ins Deutsche übertragen von James Krüss. Ravensburg: Maier 1960 (1,2)

Aus: Mein Königreich. Ins Deutsche übertragen von Josef Guggenmos. Ill. Brian Wildsmith. Baden-Baden: Signal 1969 (2)

Treichel, Hans-Ulrich (*1952)

Lebt in Leipzig; Studium Germanistik und Politologie an der FU Berlin; promovierte über Wolfgang Koeppen; seit 1995 Professor am Deutschen Literaturinstitut Leipzig; veröffentlichte Lyrik seit 1979, Literaturkritik, Libretti, Prosa u. a. den Roman *Tristanakkord* (2000) (vgl. KLG).

Alles vergeht (183)

Aus: Seit Tagen kein Wunder. Gedichte. Frankfurt a.M.: Suhrkamp 1990

Weerth, Georg (1822–1856)

Kontakte zu Engels und Marx; als Lyriker, Erzähler und Feuilletonist sozialistischer Gesellschaftskritiker, der den deutschen Spießer und das Junkertum angriff.

Hungerlied (158)

Aus: Vergessene Texte. Werkauswahl. Nach den Handschriften hrsg. Jürgen W. Goette u. a. Band I. Köln: informationspresse-c.w.leske 1975

Wittkamp, Frantz (*1943)

Lebt in Lüdinghausen; Studium der Kunsterziehung und Biologie; seit 1970 freischaffender Graphiker, Maler und Autor; veröffentlichte Gedichte, Kinder- und Bilderbücher; verschiedene Literaturpreise, u. a. Großer Österreichischer Staatspreis für Kinderlyrik (1995); u. a. *Alle Tage immer wieder. Kalendermerkbuch mit Versen* (1990).

(1)   Da sitzt er in der Kammer (94)

(2)   Zum Abschied liebkoste er ihr Haar (94)

(3) Übermorgen bin ich verreist (116)

(4) Wie gut, dass ein Hase nicht lesen kann (117)

(5) Auf einmal fiel ich aus dem Nest (134)

(6) Wenn der Bär nach Hause kommt (82)

Aus: Ich glaube, dass du ein Vogel bist. Verse und Bilder. Weinheim: Beltz&Gelberg 1987 (1,2,3,4,6)

Aus: Großer Ozean (5)

Wittmann, Josef (*1950)

Lebt in Tittmoning/Obb.; Kabarettist; veröffentlichte Szenen, Erzählungen, Gedichte (auch in Mundart).

dornresal / Dornröschen (136)

Aus: Menschengeschichten. 3. Jahrbuch der Kinderliteratur. Hrsg. von Hans-Joachim Gelberg. Weinheim: Beltz&Gelberg 1975

Wohlgemuth, Hildegard (1917–1998)

Mitglied der Gruppe 61; Hrsg.: u. a. *Frieden: Mehr als ein Wort. Gedichte und Geschichten* (1981).

Korczak und die Kinder (165)

Aus: Am Montag fängt die Woche an. 2. Jahrbuch der Kinderliteratur. Hrsg. Hans-Joachim Gelberg. Weinheim: Beltz&Gelberg1973

Die Nachweise *Großer Ozean* beziehen sich auf die Anthologie *Großer Ozean*, hrsg. von Hans-Joachim Gelberg (2000). Auch biographische und bibliographische Angaben wurden z. T. aus dem Band übernommen. Die Angaben *KLG* beziehen sich auf die Loseblattsammlung *Kritisches Lexikon der Gegenwartsliteratur*, (jetzt auch als CD-ROM), *LexKJL* auf das vierbändige *Lexikon der Kinder- und Jugendliteratur*, hrsg. von Klaus Doderer (1975–1982), *KJLLex* auf die Loseblattsammlung *Kinder- und Jugendliteratur. Ein Lexikon* (seit 1995).

Die Übung im Deutschunterricht der Primarstufe

Hrsg. von **Wolf Dietrich**

**Band 1: Die Übung im Lernprozess –
Vom Jahresarbeitsplan zum Arbeitsblatt**
2002. XII, 388 Seiten. Kt. ISBN 3896765191. FPr. € 25,—

Band 2: Modelle für den Unterricht – Methoden-Findungslisten
2002. XII, 326 Seiten. Kt. ISBN 3896765205. FPr. € 22,—

Beide Bände zusammen € 39,80 (ISBN 3896765213).

Die vorliegenden Bände wollen ein beobachtbares Defizit an übender Arbeit im Deutschunterricht abbauen helfen und Sicherheit bei der Planung solcher Übungsphasen vermitteln.

Durch die Ausrichtung dieser übenden Arbeit an den **drei Übungsdimensionen**: dem Kartieren von Lernwegen (Fähigkeiten), dem Einarbeiten und Ausformen von Kenntnissen und dem Automatisieren von Fertigkeiten soll der didaktische Ort für Übungen herausgestellt, sollen Übungsdichte und Übungstiefe gewährleistet werden. Dabei liegen im **Band 1** die Schwerpunkte auf der Herleitung einer **Übungstheorie** und dem Aufbau von **Methodenkompetenz** in Gestalt eines Leitfadens für Unterrichtsplanung, veranschaulicht an Erlebnisberichten aus dem **Unterrichtsalltag einer Lehrerin**.

Der **Band 2** stellt zahlreiche ausgearbeitete und selber erprobte **Unterrichtsbeispiele** vor, die aus Übungssicht kommentiert werden. Er enthält zudem eine breit angelegte **Methodenwerkstatt** für Übungen in allen Teilbereichen des Deutschunterrichts, wiederum ausgerichtet an den drei Dimensionen Kartieren, Einarbeiten und Ausformen, Automatisieren.

Die Autoren sind beschäftigt in der Schule, in der Lehrerausbildung und Lehrerfortbildung und arbeiten schon viele Jahre zusammen.

Zeit für Märchen

Kreativer und medienorientierter Umgang mit einer epischen Kurzform
Von **Michael Sahr**. 2002. VI, 181 Seiten. Kt. ISBN 3896766139. € 15,—

Im ersten Teil werden insgesamt sieben (um der Märchenzahl „Sieben" die Reverenz zu erweisen) *Thesen über Märchen* vorgetragen und anschließend erläutert. Jeder These ist ein passendes Stichwort wie „Märchenphantasie", „Kreativer Umgang mit Märchen", „Wirkungen der Märchen" oder „Märchenfilme im Unterricht" hinzugefügt. Im zweiten Teil wird über die *unterrichtspraktische Arbeit* berichtet, also davon, wie man heute Märchen lesen könnte. Der Grundgedanke dabei war, zu zeigen, daß es für Kinder ab einem bestimmten Alter (in der Regel von neun Jahren an) interessant und anregend sein kann, wenn sie neben dem Original immer auch einige moderne Märchenvarianten kennenlernen und sich kritisch mit medialen Adaptionen auseinandersetzen. Davon gibt es mittlerweile eine solche Fülle, daß man als Lehrer an ihnen nicht vorbeikommt.

Schneider Verlag Hohengehren
Wilhelmstr. 13; D-73666 Baltmannsweiler